三民主義要論　目次

國家圖書館出版品預行編目資料

三民主義要論／周世輔著.－－修訂初版二刷.－－
臺北市；三民，民91
5,340面；21公分
附錄：建國的步驟等6種
ISBN 957-14-0001-7 (平裝)

1. 三民主義

005.121/8653

網路書店位址 http : // www. sanmin. com. tw

© 三民主義要論

著作人 周世輔
發行人 劉振強
著作財產權人 三民書局股份有限公司
臺北市復興北路三八六號
發行所 三民書局股份有限公司
地址／臺北市復興北路三八六號
電話／二五○○六六○○
郵撥／○○○九九九八──五號
印刷所 三民書局股份有限公司
門市部 復北店／臺北市復興北路三八六號
重南店／臺北市重慶南路一段六十一號
初版一刷 中華民國七十二年一月
修訂二版一刷 中華民國七十八年八月
修訂二版二刷 中華民國九十一年八月
編 號 S 00002
基本定價 肆 元
行政院新聞局登記證局版臺業字第○二○○號

ISBN 957-14-0001-7 (平裝)

三民主義要論

周　世　輔　編著

學歷：國立暨南大學文學士
韓國東國大學名譽哲學博士
經歷：國立湖南大學教授
國立中興大學教授
國立臺灣師範大學教授
國立政治大學三民主義研究所教授

三民書局印行

第一章 緒 論

第一節 三民主義概説

本節包括：⑴主義與三民主義，⑵三民主義與其他主義不同的特徵，⑶三民主義與其他主張或口號的關係，⑷三民主義的時代意義。

壹、主義與三民主義

㈠主義的意義

主義在英文爲一種語尾（Ism），這種語尾多可譯爲主義或教義。如 Idealism 譯爲唯心論或者唯心主義，Darwinism 譯爲達爾文主義，Mohammedanism 譯爲回教。主義最初表現爲思想學說，經過多數人信奉，鼓吹推行，便形成學派、黨派或教派，就會在社會上產生很大的力量。若依 國父（一八六六——一九二五）的看法：「主義就是一種思想，一種信仰，和一種力量。」「大凡人類對於一件事，研究當中的道理，最先發生思想；思想貫通以後，便起信仰；有了信仰，就生出力量。所以主義是先由思想再到信仰，次由信仰生出力量，然後完全成立。」（民族主義第一講）這是就主義發生和完成的過程而下的定義。

㈡三民主義的意義

國父心目中的三民主義，計有下列五種定義：㈠、三民主義是救國主義，㈡、三民主義是建國主義，㈢、三民主義是建設新世界的工具，㈣、三民主義包含民族主義、民權主義和民生主義，㈤、三民主義就是平等和自由的主義。茲分別闡述如下：

1. **三民主義是救國主義**：就三民主義的作用或目的而言，三民主義就是救國主義。　國父說：「何以說三民主義是救國主義？」「因爲三民主義係促進中國之國際地位平等，政治地位平等，經濟地位平等，使中國永久適存於世界，所以說三民主義就是救國主義。信仰三民主義，便能發生出極大的勢力，這種極大的勢力，便可以救中國。」（民族主義第一講）

2. **三民主義是建國主義**：從　國父遺教看來，三民主義不僅是救國主義而且是建國主義。　國父說：「三民主義能夠實行，民國才可以建設得好。」（三民主義爲造成新世界之工具）國歌稱：「三民主義，吾黨所宗，以建民國……」建國大綱載：「國民政府本革命之三民主義五權憲法以建設中華民國。」即是最好的說明。

3. **三民主義是建設新世界的工具**：　國父說：「我們想造成一個完完全全的新世界，一定要用三民主義來做建設這個新世界的工具。」（三民主義爲造成新世界之工具）又說：「求新世界之出現，則必有高尚思想，以爲之先。」此高尚思想爲何？卽孔子之「大同世界」（同上）。

4.三民主義是平等和自由的主義：就三民主義的精神言，三民主義就是平等和自由的主義。國父曾說：「三民主義是自由平等的主義。」（三民主義爲造成新世界之工具）

就平等精神而言，三民主義的民族主義，要打破種族上的不平等，這是對外爭平等；民權主義，要打破政治上的不平等，這是對內爭平等；民生主義，要打破社會上的不平等，這是對富人爭平等。對外爭平等，那是爭國格的平等；對內爭平等，那是爭人格的平等；對富人爭平等，那是爭生活的平等。因此國父說：「這三種主義可以一貫起來，一貫的道理，都是打不平等的，……要把不平等的世界，打成平等。」（救國救民之責任在革命軍）

就自由精神而言，三民主義的民族主義，是打破強國的壓迫和束縛，對國際爭取民族的自由；民權主義，是打破帝王軍閥官僚及一切特權階級的壓迫和束縛，對國內爭政治自由；民生主義，是打破富人和資本家的壓迫和束縛，爭社會生活自由。

所謂民族自由，乃民族自決之意，也就是國家獨立自主之意，這是大範圍的國家自由；至於政治自由和生活自由，前者是人民公權行使的自由，後者是人民私權生存的自由。

5.三民主義包含民族主義、民權主義與民生主義：就三民主義的內涵或構成而言，國父曾說：「三民主義，就是民族主義、民權主義、民生主義。」又說：「世界各國都是先由民族主義，進到民權主義，再由民權主義，進到民生主義。」（三民主義爲造成新世界之工具）

補充說明：本節將救國主義與建國主義列於三民主義的意義方面，但高中三民主義課本則列於第一課四、三民主義和國家及時代的關聯性方面，與三民主義和自由、平等、博愛的關係並列，讀者參加各種考試時，要注意及此。

貳、三民主義與其他主義不同的特徵

國父為了救國和建國，一方面創立三民主義的思想學說，一方面更由此而訂立系統性的制度和方略，不僅三民主義的思想學說精深博大，而其形成的制度和方略，尤其適合中國的需要，切實能行，可大可久。

因為三民主義是要針對中國面臨的民族、民權、民生三大問題，謀求徹底而全面的同時解決，所以國父說得很明白：「今者中國以千年專制之毒而不解，異種殘之，外邦逼之，民族主義、民權主義殆不可以須臾緩，而民生主義，歐美所慮積重難返者，中國獨受病未深而去之易。是故或於人為既往之陳跡，或於我為方來之大患，要為繕吾羣所有事，則不可不並時而弛張之。」（民報發刊詞）因而「決定以民生主義與民族主義、民權主義同時並行」（中國革命史），要「將民族革命、政治革命與社會革命，畢其功於一役。」（蔣公著蘇俄在中國）國父特別強調：「各國的革命黨，不是只抱一個主義，最多就抱兩個主義，向來沒有抱三個主義去革命的。世界中明明白白抱三個主義來革命的，祇有我們中國國民黨是頭一個。」（三民主義之具體辦法）這就是三民主義和其他主義最大不同的特徵。

叁、三民主義和其他主張或口號的關係

三民主義與其他主張或口號的關係，計分下列四項：

㈠三民主義與自由平等博愛的關係

國父說：「從前法國革命的口號，是用自由、平等、博愛。我們革命的口號是用民族、民權、民生。究竟我們三民主義的口號，和自由、平等、博愛三個口號有什麼關係呢？……用我們三民主義的口號和法國革命的三個口號來比較，法國的自由和我們的民族主義相同，因爲民族主義是提倡國家自由的。平等和我們的民權主義相同，因爲民權主義是提倡人民在政治上之地位都是平等的。……此外，還有博愛的口號，和我們的民生主義是相同的，因爲我們的民生主義是圖四萬萬人幸福的，爲四萬萬人謀幸福就是博愛。」（民權主義第二講）由此可見自由、平等、博愛與三民主義有密切的關係。

㈡三民主義與民有民治民享的關係

國父說：「兄弟所主張的三民主義，實是集合古今中外底學說，順應世界潮流，在政治上所得的一個結晶品。這個結晶的意思，和美國大總統林肯（Abraham Lincoln, 1809-1865）所說的："of the people, by the people, for the people" 的話是相通的。這句話的中文意思，沒有適當的譯文，兄弟把他譯作：民有、民治、民享。of the people 就是民有，by the people 就是民治，for the people 就是民享，林肯所主張的這民有、民治和民享主義，就是兄弟所主張的民族、民權、和民生主義。」（三民主義的具體辦法）可見三民主義與民有、民治、民享有其密切的關係。

㈢**三民主義與情理法的關係**

先總統　蔣公（一八八七——一九七五）說：「我們人類之所以異於一切動物，高於一切動物的原因，而且能夠不斷地自然求進步，不斷進化的原因，就是因爲我們人類有感情、有法紀，而且又有理性的緣故。」又說：「民族主義本乎情，民權主義本乎法，民生主義本乎理。我們以提高民族感情，以求民族的獨立；以確立法治，爲實行民權的基礎；再以公平劃一的條理，調劑公私經濟的盈虛，以解決民生問題。」（三民主義之體系及其實行程序）由上可知，我們中國人最重情、理、法，而三民主義是合情、合理、合法的主義。

㈣**三民主義與倫理民主科學的關係**

先總統　蔣公認爲三民主義的本質爲倫理、民主、科學；民族主義的本質爲倫理，民權主義的本質爲民主，民生主義的本質爲科學。（詳見二八一頁）

肆、三民主義的時代意義

㈠**三民主義的時代意義**

1.現代世界的潮流怎樣？近數十年來，世界潮流的主流，已趨向於三民主義：在民族方面，趨向於民族獨立與國際地位平等的民族主義；在政治方面，趨向於政治地位平等和注重主權在民的民權主義；在社會經濟方面，趨向於經濟地位平等和注重全民利益的民生主義。

2.我國反共的前途如何？　國父說：「夫事有順乎天理，應乎人情，適乎世界之潮流，合乎人羣之需要，而為先知先覺者所決志行之，則斷無不成者也。」（孫文學說第八章）在國民革命的歷程中，我們雖時時遭受內憂外患的侵襲，但一個接一個的敵人，無不倒在我三民主義的旗幟之下，由此以觀我反共前途，其成功和勝利乃是必然的。

3. 世界人類的出路何在？今日世界混亂的局面，主要係根源於蘇俄建立了共產世界及扶持中共竊據大陸的結果。近年來，由於匪俄的權力衝突，致引起西方若干國家「聯匪制俄」的幻想，姑息氣氛，瀰漫於整個世界。其實，蘇俄與共匪，臭味相同，隨時可以復合。共產黨利用尚未完全解決的民族、民權、民生三大問題，製造事端，益使世界阢隉不安。今日我們要解決世界禍亂的根源，必先要中共放棄四個堅持，並完成以三民主義統一中國的目標，從而依據三民主義的原則，徹底解決全國的三大問題，國內三大問題解決了，便能進而依據　國父遺教以促進世界大同。

(二)二十世紀是三民主義的世紀

二十世紀是一個民族、民權、民生三大潮流奔騰不已的世紀。

先總統　蔣公曾這樣說：「不論國際政治潮流如何在衝擊，人權理念如何被戕賊，科學文明如何受濫用，在在都只有更加證明二十世紀乃是三民主義的世紀。」（復國建國的方向和實踐）

作業題

(一)主義是什麼？以　國父見解答之。

㈡何謂三民主義？有多種不同的定義，試簡述之。
㈢試述三民主義與民有、民治、民享的關係。
㈣三民主義與情理法有何關係？試略答之。
㈤法國革命的口號是自由、平等、博愛；我們革命的口號是民族、民權、民生，兩者有何關係？試簡答之。
㈥略述三民主義的時代意義。

第二節　三民主義的創建與演進

本節包括：⑴三民主義形成的背景，⑵三民主義的演進。

壹、三民主義形成的背景

國父出生前後，正面臨到世界上民族、民權、民生潮流此起彼落的大動亂時代。因此，國父曾說：「余維歐美之進化，凡以三大主義：曰民族、曰民權、曰民生。羅馬之亡，民族主義興，而歐洲各國以獨立，洎自帝其國，威行專制，在下者不堪其苦，則民權主義起，十八世紀之末，十九世紀之初，專制仆而立憲政體殖焉；世界開化，人智益蒸，物質發舒，百年銳於千載，經濟問題繼政治問題之後，則民生主義躍躍然動，二十世紀不得不爲民生主義之擅場時代也。」（民報發刊詞）

又說：「今者中國以千年專制之毒而不解，異種殘之，外邦逼之，民族主義、民權主義殆不可以須臾緩，而民生主義歐美所慮積重難返者，中國獨受病未深而去之易。是故或於人爲既往之陳跡，或於我爲方來之大患，要爲繕吾羣所有事，則不可不並時而弛張之。」又說：「吾國治民生主義者，發達最先，覩其禍害於未萌，誠可舉政治革命、社會革命畢其功於一役。」（同上）

以上引論，加以熟思，卽可知三民主義之產生，一爲順應世界潮流，二爲適合中國的需要，此卽三民主義發生形成之二大背景。茲分別闡述如後：

㈠順應世界潮流的趨向（**外國方面的時代背景**）

根據前述，吾人可歸結出 國父創立民族、民權、民生主義的世界方面背景有如下述：

1.民族主義的世界方面背景：

(1)民族意識凝聚、民族國家相繼興起與獨立。

(2)義大利的復興、德意志的統一。

(3)帝國主義的發生：帝國主義者屢次侵略他人國土、侵奪他人主權，促使被侵略者起而反抗，樹起民族主義的大纛。

國父提倡民族主義就是順乎上述民族潮流趨向的。

2.民權主義的世界方面背景：

(1)西元一六八八年的英國光榮革命發生，翌年發佈「權利法案」，承認人民權利。

(2)孟德斯鳩、盧梭等提倡民權學說，促使美國獨立成功。

(3)法國民主思想高漲，終致發生大革命，發佈「人權宣言」。

國父提倡民權主義，就是順乎上述民權潮流趨向的。

3.民生主義的世界背景：

(1)產業革命造成社會問題。

(2)道德家爲了要解決社會問題，起而提倡社會主義。

(3)社會革命運動的發生，推動社會主義。

國父鑒於歐美之社會問題愈演愈烈，中國社會問題雖未發生，然爲思慮預防，避免社會革命運動，乃創立民生主義。

(二)合乎中國環境的需要（中國方面的時代背景）

清朝末葉的中國，呈現出弱、亂、貧的局面，此種局面吾人可從下列四種現象窺其大概：

1.國力的衰微：回溯清朝建立伊始，由於康熙、雍正、乾隆的治績，因而建立了全盛時代的皇朝，中國正似羅馬帝國全盛時代，四境綏服，是爲亞洲的偉大國家。很不幸的，中國文化只因忽視科學，因此從西元一八四〇年到一九〇〇年，發生一連串極具破壞性的戰爭（西元一八四〇年的鴉片戰爭，一八五一年至一八六四年的洪楊革命，一八五八年、一八六〇年兩次的英法聯軍之役，一八八五年的中法戰爭，一八九五年的甲午戰爭），尤其是義和團拳匪亂後（西元一九〇〇年），列強的侵略，使中國國力更加衰微，成爲　國父所說的次殖民地國家。

2.政治的腐敗：滿清政治自慈禧太后以下，大小官吏無不貪瀆顢頇，移用國家正當的軍費供個人的娛樂；宮廷妃嬪閹宦小人，相繼出賣官缺；而供職於政府的人既以賄賂圖謀個人位置之取得、維持並陞遷，因而剋扣軍餉，侵吞公帑，弄得軍備窳劣，軍紀士氣大壞，凡此，可窺見其政治腐敗之一斑。

3.經濟社會的破產：自五口通商以後，外國的經濟勢力侵入，中國固有的舊式工業（農村手工業），受了壓迫，失業的人口漸次增多，加以屢次對內對外的用兵；因軍費賠償，橫征暴斂而致負擔加重；戰爭結束後，兵勇的解散，潰卒的流亡，伴以不斷的天災：大水、大旱、或河決，皆足以擴大失業人口，導致經濟的破產。

4.人心的陷溺：中國積弱久矣，然中國人的政治思想，在下層的老百姓認爲天子神聖不可侵犯，儒生文人（縉紳階級）受了幾千年名教的浸漬，對皇帝不敢起不敬的念頭，是故皇帝卽使昏瞶無用，不能振衰起弊，甚致使國家益形靡爛，大部分人民也只有逆來順受，因此有識之士雖開始注意到應以一個更好、更現代化的政府來代替專制帝王，然其阻力仍大，此由革命於義和團拳亂之後十一年（西元一九一一年）方成功之事實足可印證。

目睹上述四種腐敗的現象， 國父痛心疾首之餘，乃倡國民革命，亟思革除這些現象。故就國內而言，三民主義的創立可謂是合乎中國環境的需要：

(一)民族主義與中國需要

國父提倡民族主義，就中國而言，是一爲反抗帝國主義的侵略；二爲反對滿清的壓迫：

1.反抗帝國主義的侵略：在世界已進入產業革命的時代，亦卽在帝國主義開始發展時代，仍停留在農業手工業階段和地大人眾的中國，正是帝國主義者侵略的最好對象。而清廷之無知、腐敗和內部矛盾，又給帝國主義者侵略的機會。英國在此時與中國商業關係最密切，發展中的英國資本主義，由於工商階級或資產階級勢力勃興，他們要求在國會中有更大勢力，要求自由貿易，當彼等在國會中獲得支配權力，卽開始要求使用國家的力量保護和擴張其海外貿易，而此時的中國：

第一、在政治上，閉關自守，相當孤立，未加入國際社會。

第二、在通商制度上，頗多不合理者：譬如稅則不可靠（稅吏額外需索，數多而手續繁）；商埠的限制（清廷爲防夷計，僅准外人在廣東一處通商，其他不准外人入口）；公行的專制（由於商務的糾紛，而由政府指定的官商，亦卽所謂的公行、洋行爲經理對外通商機關，彼等依恃特權十分專制）。凡此，自然成爲英國擴展貿易的絆腳石，西元一八四〇年，中、英衝突導致的鴉片戰爭。而此一衝突，卽爲帝國主義侵略中國的開端。

鴉片戰爭後中國的國威受損，權利盡喪。帝國主義對此一廣大市場遂爭相奔競，因而有一連串的外患，中國國勢因而一落千丈，淪爲「次殖民地」。

由於中國淪於次殖民地的地位，所以　國父主張要以民族主義救中國。

2. **反對滿清壓迫**：滿清入主中原，統治垂二百餘年，在此期間採高壓兼採懷柔麻醉政策，前者如「揚州十日」，「嘉定三屠」，殺人數以萬計，且大興文字獄，株連者甚廣；後者如開科取士，重用降臣，倡世界主義。誠如　國父所說：「滿清專政，彼爲主而我爲奴，以他民族壓制我民族，不平孰甚？故種族革命因之而起。」（軍人精神教育）此種革命，洪秀全曾倡導於前，國父則繼起於後，由是創立民族主義以開化人心，促進民族革命運動。

㈡民權主義與中國需要

國父提倡民權主義，就國內需要而言，其一係爲推翻專制政體，二爲革除腐敗政治。

1. **推翻專制政體**：滿清政府爲一專制政體，國父認爲世界潮流已進至民權時代，此項專制政體，必須加以推翻。西元一九一一年，辛亥革命建立的民主政體，是國父爲縮短國內戰爭，使「人人都可做皇帝」的主權在民政治。

2. **革除腐敗政治**：滿清當政時期政治腐敗，前面所述可知其大概。國父爲了要革除腐敗政治，不得不從根著手，推翻滿清政府，實行民主共和。故在興中會誓詞中，提倡「驅除韃虜，恢復中華」之後，主張「建立合眾政府」。

㈢民生主義與中國需要

國父創立民生主義，就國內需要而言，其一係爲解決民生困苦，二爲防患未然。

1. **解決民生困苦**：此可分爲下述兩項說明之：

第一、滿清政府貪污無能，天災人禍兼至，中國經濟已達山窮水盡之地步，人民生活苦不堪言，國父爲了解除民生困苦，遂提倡民生主義，期增益民生的福祉。

第二、帝國主義者挾不平等條約，不斷地進行經濟侵略，誠如先總統蔣公所說：「我們中國經濟，受了不平等條約這種影響，所以造成了國不自保，而民不聊生的危機。」（中國之命運），國父爲了抗拒帝國主義之經濟侵略解除民生困苦，不得不提倡民生主義。

2. **防患未然**：十五世紀的文藝復興時期，使人類對於自然的奧秘，漸能了解，久而形成自然科學的知識，並且運用於政治，經濟方面。經過三個世紀的進展，它孕育了前所述及的產業革命。到了距今約一百五十年前的十九世紀，產業革命發展迅速，成就非凡。然而，西歐國家自十八世紀開始以來的產業革命成就，固然增加了國家的富裕，帶給人民財富和希望，卻也因此導發了許多的社會問題。國父曾說：「社會問題，在歐美是積重難返，在中國卻還在幼稚時代；但是將來總會發生的，到那時候收拾不來，又要弄成大革命了。革命的事情，是萬不得已才用，不可頻頻傷國民的元氣。我們實行民族革命、政治革命的時候，須同時想法子改良社會經濟組織，防止後來的社會革命，這眞是最大的責任。」（三民主義與中國民族之前途）足見　國父爲了防止上述問題之患於未然，乃提倡民生主義。

綜結前面各項所述，　國父有如下之見解：「余之革命主義內容，賅括言之，三民主義、五權憲法是已。苟明乎世界之趨勢，與中國之情狀者，則余之主張，實爲必要而且可行也。」（中國革命史）按：　國父思想以三民主義爲最重要，就三民主義的時代背景而論，旣合乎世界潮流，也合乎中國需要，這實在就是三民主義能保持長久不衰的道理。

貳、三民主義的演進

國父三民主義思想是指民族、民權、民生三思想而言。這些思想如前面所述是在變動時代中，依當時需要而創的，故其內容隨著時代之不同，有其不同階段之演進。玆分別敍述如下，俾明　國父在不同的時、空中所構思的不同主張，進而從其最後階段的思想中，體認三民主義思想的優越性：

㈠民族思想的演進

民族主義的演進，首爲排滿，次爲民族同化，再次爲打倒帝國主義與取消不平等條約，並主張由濟弱扶傾與扶弱抑強，以促進世界大同：

1. 排滿：國父的民族主義思想發生最早，他十一歲時愛聽洪楊革命故事，遂以「洪秀全第二」自居。中法戰爭以後，由於滿清政府的喪權辱國，激起了他的民族革命決心。西元一八九四年，國父成立興中會，即以代表民族大義的「驅除韃虜，恢復中華」爲誓詞，同盟會時期仍以排滿爲民族主義的主要精神。

2. 民族同化：至辛亥革命成功，國父即主張對滿清不以復仇爲事，要使漢、滿、蒙、回、藏合爲一家，並主張勵行種族同化：「漢族當犧牲其血統、歷史，與自大自尊之名稱，而與滿、蒙、回、藏之人民，相見以誠，合爲一爐而冶之。」（文言本三民主義）

3. 打倒帝國主義，取消不平等條約：民族主義本以打破種族上之不平等爲目的。民國成立後，帝國主義掩護軍閥，割據稱雄，影響統一，又利用不平等條約，束縛我們，國父乃決志打倒軍閥與軍閥賴以生存之帝國主義，以及廢除不平等條約。因之，民國十二年中國國民黨政綱中，主張「改正條約」，十三年政綱，要明言取消「不平等條約」。

4. 濟弱扶傾與扶弱抑強，促進世界大同：國父在民國十三年演講本三民主義中，指出人口、政治、經濟三大壓迫之後，又指示要團結四萬萬同胞，實行扶弱抑強，「對於弱小民族要扶持他，對於世界列強要抵抗他。」（民族主義第四講）並主張在民族地位恢復以後，要「濟弱扶傾」，要以固有的和平道德做基礎，完成大同之治。

㈡民權思想的演進

民權主義的演進，首爲建立民國，次爲主張建國三時期，實行五權憲法，再次則爲主張地方自治、護法、北伐、打倒軍閥，建設完全民國，並提倡革命民權、全民政治、直接民權、權能區分等：

1. **建立民國**：國父幼時在檀香山讀書，嚮往美國式的民主政治。西元一八八五年立志革命，欲建立民國，自此奠定了民權主義的思想根基，與中會誓詞中有「創立合眾政府」一語，此語的含意，即在「建立民國」。

2. **主張建國三程序、實行五權憲法**：西元一九〇五年，同盟會成立，曾規定建國程序的三個時期：第一期爲軍法之治，第二期爲約法之治，第三期爲憲法之治。換言之，第一期爲軍政時期，第二期爲訓政時期，第三期爲憲政時期。翌年，國父在民報發刊週年紀念日，演講「三民主義與中國民族之前途」時，既講到三民主義，亦講到五權憲法。

3. **主張地方自治、建設完全民國**：民國元年同盟會所宣布之九條政綱中，第一條爲「完全行政統一，促進地方自治」。民元國民黨五條政綱中第二條爲「發展地方自治」。可見國父對於地方自治之提出，爲時甚早（民國九年著「地方自治開始實行法」，詳言各種應做工作）。民國三年，中華革命黨政綱中，第一條爲推翻專制政府，第二條爲建設完全民國，這裏以討伐袁世凱爲目標，亦是以後打倒軍閥的張本。民國六年護法運動及後來北伐，仍以此二條爲宗旨。

4. **提倡革命民權、全民政治、直接民權、權能區分**：民國三年，中華革命黨成立，其規定國民權利，即含有「革命民權」之意。民國十三年中國國民黨第一次全國代表大會宣言，對於革命民權的意義，更有詳細之說明。國父在「建設雜誌」創刊後曾論及全國政治，主張實行選舉、罷免、創制、複決四權。民國八年，手著「文言本三民主義」曾提到四種政權。民國十一年　國父講「中華民國建設之基礎」，講到直接民權與間接民權、全民政治、五權分立等。民國十三年，「演講三民主義」對於權能區分、全民政治，言之更爲詳細。

㈢民生思想的演進

民生主義的演進，首爲平均地權與耕者有其田，次爲節制私人資本，與發達國家資本，再次爲解決食衣住行問題。至於育樂問題，其解決方法爲先總統　蔣公於民國四十二年所補述，至此，民生主義的內容，乃告完成：

1. **主張平均地權、耕者有其田**：　國父於「倫敦脫險」後，看到當時各國的社會問題，非常嚴重，「欲爲一勞永逸之計，乃採取民生主義。」（孫文學說）這是民生主義思想的創立。在同盟會時期，以「平均地權」解決土地問題爲主要目標。西元一九〇七年　國父曾說，不耕者不得有尺寸土地（「章太炎語」）。又民元　國父與袁世凱談話，亦主張耕者有其田。

2. **主張節制私人資本、發達國家資本**：迨民國成立後，中國的近代工業，逐漸發達，自然發生勞資對立問題，　國父乃提倡「節制資本」的辦法，以節制私人資本，而爲解決民生問題的方法。民國九年發表之「實業計畫」，卽爲發達國家資本的藍本。

3. **提出民生四大需要的解決辦法**：民國十三年所發表的講演本三民主義，除講平均地權與節制資本外，亦講到耕者有其田，並提出民生的四大需要（食、衣、住、行）的解決方法。

4. **「民生主義育樂兩篇補述」**：先總統　蔣公於民國四十二年十一月十四日，發表了「民生主義育樂兩篇補述」一文，民生主義育樂兩篇的補述，不但是爲了要完全民生主義的內容，而且也是爲了要建立一個自由安全的社會。

從以上所述，吾人知曉 國父三民主義思想演進的最後理想，係歸結於濟弱扶傾，主權平等、福利社會的大同世界，此乃爲我中華民國一直所倚恃，並爲世界潮流之歸趨者。

作業題

㈠三民主義產生的世界時代背景爲何？試簡答之。
㈡三民主義產生的中國時代背景爲何？試簡答之。
㈢國父民族主義思想演進情形如何？試述其要。
㈣國父民權主義思想演進情形如何？試述其要。
㈤國父民生主義思想演進情形如何？試略述之。

第三節　三民主義的思想淵源

本節研討三民主義的思想淵源，分爲：⑴中國固有思想方面，⑵歐美學說事蹟方面，⑶ 國父的獨見與創獲方面。

關於三民主義的思想淵源，國父曾一再提示。他在「民族主義第一講」中說道：「三民主義，實在是集合古今中外的學說，順應世界的潮流，在政治上所得的一個結晶品。」又在「中國革命史」中說：「余之謀中國革命，其所持之主義，有因襲吾國固有之思想者，有規撫歐洲之學說事蹟者，有吾所獨見而創獲者。」我們研究三民主義思想，考其淵源可分三方面，一是中國固有思想，二是歐洲學說事蹟，三是 國父的獨見與創獲。

此外，先總統 蔣公對於三民主義思想的淵源，有精闢的闡釋。他說：「我們 總理的主義，是淵源於中國固有的政治與倫理哲學的正統思想，而同時參酌中國現代的國情，擷取歐美社會科學和政治制度的精神，再加以 總理他自已獨自見到的眞理所融鑄的思想體系。」（國父遺教概要）

歸結 國父與先總統 蔣公的提示，可知三民主義的思想淵源包括有三方面：第一、中國固有思想方面，第二、歐美學說事蹟方面，第三、 國父的獨見與創獲方面。玆分別闡述如後：

壹、中國固有思想方面（我國政治與倫理哲學的正統思想）

㈠民族主義與中國固有思想

1.民族思想：孔子作春秋，嚴夷夏之防，管仲相桓公，九合諸侯，一匡天下，孔子加以贊許云：「微管仲，吾其披髮左衽矣。」孟子云：「吾聞用夏變夷者，未聞變於夷者也。」（孟子）孔孟這種民族思想，可作民族主義的重要淵源。

2.倫理思想：儒家講仁愛、忠恕、孝悌、信義，以及「和爲貴」。墨子尚兼愛、尚義、尚和平。

國父在民族主義提倡恢復民族固有道德（八德），以儒家思想為主，亦與墨家有關。

3.反侵略思想（王道主義）：墨子提倡和平、反對侵略（非攻），孔子反對強凌弱，眾暴寡，並提倡世界大同。孟子主張以大事小，以德服人。國父所提出的「扶弱抑強」及「濟弱扶傾」等主張，便是受了上列王道主義與反侵略思想的影響，亦與管子有關❶。

㈡民權主義與中國固有思想

1.民本思想：我國自古有一種民本思想，卽以人民為國家基礎的政治思想，如書經稱：「民可近，不可下，民為邦本，本固邦寧。」「天視自我民視，天聽自我民聽。」孟子說：「民為貴，社稷次之，君為輕。」以上這些言論和主張，都是　國父提倡民權主義的思想淵源。

2.揖讓政治：堯舜的帝位揖讓，含有禮運「天下為公，選賢與能」的民主風度，所以　國父認為這種揖讓名為君權，實為民權。孟子對於「湯放桀武王伐紂」，稱為「誅一夫」，卽誅獨夫而已，不指為「弒君」，亦含有民權革命思想。　國父之從事民權革命，乃繼承了湯武革命之精神，而易帝王革命為人民革命。（詳軍人精神教育）

3.伊、周訓政：書經有「伊訓」，「太甲」上中下及「咸有一德」等篇，載明伊尹輔訓太甲的經過。又有「金滕」「無逸」等篇，載明周公輔訓成王的經過。　國父解釋訓政時期的訓字說：「我這個訓字，就是從『依訓』上訓字用得來的。」（民九在上海國民黨總部會議上講詞）又說：「在昔專制之世，猶有伊尹、周公者，於其國主太甲、成王不能為政之時，已有訓政之事。……革命黨尤當負伊尹、周公之責，使民國之主人長成，國基鞏固。」

4.**考試與監察制度**：秦置御史大夫，位列三公之一，獨立行使監察職權。漢因秦制，職權相似。唐代改稱御史臺，專司彈劾、糾察之責。至考試制度，本起源於薦舉，漢代的鄉舉里選，演變爲先選後試。隋唐創建「分科取士」辦法，乃形成一種考試制度。　國父取此兩種獨立的考試權與監察權，以之與西洋的立法權、行政權、司法權融貫起來，創立五種治權及五權憲法。

㈢**民生主義與中國固有思想**

1.**仁政思想**：成湯「子惠困窮」，文王發政施仁，必先鰥寡孤獨。孔子論政，首重「足食」。大同篇主張「老有所終，壯有所用，幼有所長，鰥寡孤獨廢疾者皆有所養。」孟子提倡王道仁政，要「使民養生喪死無憾！」這類仁政思想，都可作民生主義重視食、衣、住、行以及育幼、濟困、養老等問題的思想淵源。

2.**均產思想**：孔子云：「不患寡而患不均，不患貧而患不安。」孟子主張均田制度。　國父的平均地權可說是受了這些均產思想的影響。

3.**井田制度**：周代實行井田制度，由政府分配土地於農民耕種。孟子論井田制說：「方里爲井，井九百畝，其中爲公田，八家皆私百畝，同養公田，公事畢，然後敢治私事。」　國父提倡平均地權，自云「乃師井田制度之遺意。」又說：「周朝所行井田制度，漢朝王莽想行的井田方法（指王田制言），王安石的新法，乃是民生主義的事實。」（打破舊思想要用三民主義）

4.**公賣制度**：管子治齊，實行「官山海」，以今日術語稱之，就是鹽鐵公賣，或鹽鐵公營。又漢代桑弘羊實施鹽鐵公賣及均輸制，唐代實施鹽茶公賣，王安石亦推行均輸法。這些與　國父提倡國營事業與發達國家資本不無歷史的淵源。

貳、歐美學說事蹟方面（歐美社會科學與政治制度的精華）

㈠民族主義與歐美學說事蹟

1.世界主義：希臘哲學家斯多噶派（Stoics）老早便是提倡世界主義，羅馬帝國時代更是推行世界主義，近代英、俄等國亦講世界主義（詳民族主義），這些思想與主張，除含有帝國主義要素者外，都對 國父講世界主義有相當的影響。

2.民族解放與統一運動：自羅馬帝國解體後，歐洲乃有民族文學與民族國家出現，逐漸成爲民族主義運動。如一八二〇年左右，歐洲有希臘民族國家之胚胎出現，美洲有一羣西班牙語之共和國產生。一八三〇年比利時脫離荷蘭而獨立，一八五〇年意大利建設其民主獨立的國家，一八七〇年德意志成立民族統一的聯邦。以上這些民族解放與統一的事蹟，都給予 國父提倡民族主義的刺激和鼓勵。

3.民族自決主張：當第一次世界大戰發生後，世界各弱小民族，認爲是帝國主義的戰爭，多持觀望態度。美國威爾遜總統主張「民族自決」政策，各弱小民族便展開民族解放運動，要求民族與國家獨立。 國父對民族自決主張，非常贊許。

㈡民權主義與歐洲學說事蹟

1.民權學說：歐美民權學說，影響於民權主義者，不勝枚舉。如盧梭（Rousseau）提倡天賦人權，洛克（Locke）鼓吹個人自由，保護個人利益，孟德斯鳩（Montessqoicn）創立三權分立說，威爾確斯

（Wilcox）主張直接民權。這些民權學說都直接影響到　國父在民權主義講自由、平等、直接民權與五權憲法。

2.民主制度：自英國一二一五年草定「大憲章」後，民主革命卽已開始。一六八九年公布「權利法案」，獲得了不流血的「榮譽革命」的勝利。一七八三年美國獨立，卽實行三權分立的民主制度。迨法國大革命成功，亦實行三權分立。自是世界民主政治更獲得穩固的基礎。以後意大利、德意志、瑞士等國先後改建共和國，民主政治遂成爲不可遏止之潮流。　國父爲了順應世界潮流，便在中國提倡民權主義。

㈢民生主義與歐洲學說事蹟

1.工業革命與民生問題：「自工業革命以後，機器發明，而生產之力爲之大增，得有土地及資本之優勢者，悉成暴富，而無土地及資本之人，則轉因之謀食日艱，由是富者愈富，貧者益貧，則貧富之階級日分，而民生之問題起矣。此問題在歐美今日，愈演愈烈，循此而往，非至發生社會之大革命不止也。」（國父手著本三民主義）　國父爲謀中國革命之一勞永逸計，乃於民族主義、民權主義之外，提倡民生主義，以期預先解決民生問題（卽社會問題），俾防社會革命、階級鬥爭於無形。

2.社會主義運動：歐美有心人士爲了解決社會問題，乃提倡各種社會主義。　國父簡化各種社會主義爲兩大類。他說：「自予觀之，則所謂社會主義，僅可區分爲二派：㈠集體主義，㈡共產社會主義。前者如亨利佐治（Henry George）著『進步與貧困』，主張土地公有，遂發生單一稅社會主義之一說。後者如馬克斯之『資本論』，主張資本公有，將來的資本爲機器，遂有機器公有之說一說。」（詳社會主義之派別與批評）俾士麥（Bismark）實行國家社會主義，一面大企業國營，一面注重勞工福利。

國父斟酌本國國情，擷取上列學說精華，乃以民生主義代替社會主義，提倡平均地權與耕者有其田，節制私人資本與發達國家資本，以期解決中國的社會問題。

叁、國父的獨見與創獲方面

㈠國父對民族主義的獨見與創獲

1.民族主義是世界主義的基礎：講世界主義者往往輕視民族主義，講民族主義者又多反對世界主義。國父的新見解是：以民族主義作世界主義的基礎，以大同主義作民族主義的目標。

2.扶弱抑強與濟弱扶傾：世界各民族，往往在衰弱時被人侵略，強盛時又侵略他人，自己變成帝國主義。國父的特見是：在衰弱時應反對侵略，強盛後亦不侵略他人，要扶弱抑強與濟弱扶傾，不作帝國主義。（詳民族主義）

3.主張恢復固有道德：當五四運動打倒孔家店反對舊禮教高唱入雲之後，很多人不敢談固有道德。國父的獨見是主張恢復固有道德（八德），特別說明「忠」的重要。

4.人口壓迫說：人口壓迫說，爲　國父的創見。他曾對劉成禺先生說：「政治壓迫與經濟壓迫，他人說過，人口壓迫說，爲本人的獨見。」（見劉著　總理舊德錄）

㈡國父對民權主義的獨見與創獲

1.革命民權：盧梭講天賦人權說，世人隨聲附和，　國父則創革命民權說以糾正之。他說：「蓋民國之民權，唯民國之國民乃能享之，必不輕授此權於反對民國之人，使得藉以破壞民國。」（第一次全國代表大會宣言）這便是革命民權的要義。

2.權能區分：近代學者認爲人民權力與政府權力不易平衡，難得兩全其美，國父特創「權能區分」說以解決之。使人民有權，能管理政府；政府有能，能爲人民辦事，造成萬能政府。

3.五權憲法：西洋有三權分立制，中國亦有三權獨立之事實，國父加以融會貫通而創立五權憲法。他說：「我們現在要集合中外的精華，防止一切的流弊，便要採用外國的行政權、立法權、司法權，加入中國的考試權和監察權，連成一個很好的完璧，造成一個五權分立的政府，才是世界上最良善的政府。」

4.均權制度：中央集權制，很易趨於專制獨裁；地方分權制，亦易造成各自爲政的割據局面。國父爲調整中央與地方政府的權力，提倡均權制，既不偏於中央集權，亦不偏於地方分權。（見建國大綱第十七條）

㈢國父對民生主義的獨見與創獲

1.平均地權：平均地權制度雖與井田制度有關，但平均地權方法，乃 國父所創。如：①地主自報地價，②照價徵稅，③照價收買，④漲價歸公等。

2.節制資本：舊日經濟學者多主張保障私人財產；馬克斯主義者則主張沒收私人資本（資本國有），國父乃提出節制私人資本的折衷辦法。

3.民生史觀：馬克斯講唯物史觀，認爲物質爲歷史社會的中心，階級鬥爭爲社會進化的原因；

國父則創民生史觀，認爲民生爲歷史社會的中心，經濟利益相調和（社會互助）爲社會進化的原因。

4. **社會價值說**：馬克斯認爲剩餘價值爲勞工所獨有，　國父則認爲剩餘價值非勞工所獨有，乃社會有用分子共同努力的結果。

附　註

❶ 普通以爲「濟弱扶傾」乃儒家王道思想，實際上亦與管子思想有關。如千字文載：「齊桓匡合，濟弱扶傾。」乃指管仲相桓公「九合諸侯」「一匡天下」而言，又按　國父少時讀過千字文。

作　業　題

㈠國父對三民主義的思想淵源，有何提示？試解答之。
㈡先總統　蔣公對三民主義的思想淵源，有何補充意見？試解答之。
㈢試述中國方面有那些固有思想與民權主義有關？
㈣民生主義與那些中國固有思想有關？試分述之。
㈤歐美那些學說事蹟與民族主義有關？試分述之。
㈥試簡答民權主義與歐美有關的學說和事蹟。
㈦國父對民族主義有何創見？試簡答之。
㈧國父對民權主義有何創見？試簡答之。

(九)國父對民生主義有何創見？試簡答之。

第四節　三民主義與國民革命

本節包括：(1)革命的意義與破壞及建設，(2)國民革命的意義與目的，(3)國民革命的性質與方針，(4)國民革命的程序，(5)三民主義與國民革命的關係。

壹、革命的意義與破壞及建設

(一)革命的意義

革命是什麼？中西的解釋，大同小異。就中國來說：革命兩字，導源於易經，革卦云：「天地革而四時成，湯武革命順乎天而應乎人。」這裏本天地革新而談到人事革新，卽含有改革與進化的意義。就西洋說：Revolution 由 Evolution 而來。Evolution 譯為進化或發展，Revolution 譯為再進化或革命。進化是自然的道理，倘再以人工促其成，便叫革命。　國父說：「革命兩字，有許多人聽了，覺得可怕。但革命的意思，與改進是完全一樣的。先有了一種建設的計劃，然後去做破壞的事，這就是革命的意思。」（改進中國之第一步只有革命）

(二)革命與破壞及建設的關係

革命是非常事業，為掃除障礙，打倒反動勢力，無法完全避免破壞，但破壞不過是革命的手段，而革命的目的，則爲建設。國父並以拆舊屋建新屋爲例，說明革命的道理，破壞是建設的手段，建設才是破壞的目的。因爲革命是非常的事業，其破壞與建設是非常的。國父說：「故革命之破壞，爲非常之破壞，革命之建設，亦爲非常之建設。」（孫文學說）如問有破壞而無建設，是不是革命呢？其答案是個「否」字；「革命的目的是在建設。如果革命只有破壞而沒有建設，就不能算是革命。」（改造中國之第一步只有革命）

貳、國民革命的意義與目的

㈠國民革命的意義

什麼叫國民革命呢？國父說：「所謂國民革命者，一國之人，皆有自由、平等、博愛之精神，卽皆負革命之責任。」（中國同盟會軍政府宣言）

㈡國民革命的目的

先總統　蔣公說：「國民革命，在本質包含民族革命、民主革命與社會革命三者。」（三十八年告全黨同志書）前述三種革命之所以要同時進行，依　國父的觀點認爲：「因不願少數滿州人專利，故要民族革命，不願君主一人專利，故要政治革命；不願少數富人專利，故要社會革命。」（三民主義與中國民族之前途）詳言之，因爲中國的民族、政治、經濟等問題同時發生，故須同時實行三種革命的國民革命。　國父又在遺囑中明言：「余致力國民革命，凡四十年，其目的在求中國之自由平等。」又在國歌中言：「三民主義，吾黨所宗，以建民國，以進大同。」故救國建國與救世進大同，都是國民革命的目的。

叁、國民革命的性質與方針

㈠國民革命的性質

先總統　蔣公曾說：「中國今日革命，乃是民族革命、政治革命和經濟革命，含有這三種共同性質的國民革命，所以三民主義乃是這三種革命的指導原理。」（反共抗俄基本論）與三者中只備一種者的性質不同。

㈡國民革命的方針

國民革命的完成，有賴於明確的方針，先總統　蔣公確立國民革命的方針有四項（蘇俄在中國）：

1.將民族革命、政治革命與社會革命，畢其功於一役，要建設中華民國爲三民主義民有民治民享的現代國家，這一革命事業，必須徹底，決不可半途中止。

2.使國民革命成爲全國國民共同的事業，以全民力量參加革命，求得國家之自由平等。

3.反對殘暴的階級鬥爭，以和平方法解決民生問題，並以平均地權與節制資本的合作互助精神，爲經濟建設之基礎。

4.當革命破壞之後，就要繼之以革命的建設。

肆、國民革命的程序

國民革命的程序卽建國的程序。建國大綱自第五條至第二十五條，都是說明建國的程序，共分爲三個時期：

第一、軍政時期：規定於建國大綱第六、七兩條。
第二、訓政時期：規定於建國大綱第八至十六條。
第三、憲政時期：規定於建國大綱第十九至二十五條。

㈠建國三程序的中心工作

1.**軍政時期**：以黨建國，實行軍法之治，一方面建立革命武力，掃除革命障礙，一方面宣傳主義，促進國家統一。

2.**訓政時期**：在實行地方自治，訓練人民行使四權：

①卽政府當派經訓練考試合格之人員，到各縣協助人民籌備自治。
②每縣開創自治時，必先定地價，實施平均地權。
③以公共收入，經營育幼養老等公共事業。
④天然富源與大規模工商事業由公家經營。
⑤各縣選國民代表，以參與中央政事。

3.**憲政時期**：在憲政開始時期的工作，是中央政府當設五權機構，試行五權之治，召開國民大會，制定憲法，頒佈憲法；在憲政告成之時的主要工作，是還政於民。

㈡**國民革命的歷史分期**——革命的對象、本質與任務

先總統　蔣公認爲：「自甲午（一八九四年興中會成立）至辛亥凡十七年，是國民革命的第一期，革命的對象是滿清，革命的本質是政治革命，亦卽民權革命，而民權革命的成就乃在於推翻君主專制，創建中華民國，頒行臨時約法，成立議會政治的規模。自辛亥革命至抗戰勝利，共三十四年，是國民革命第二期，革命的對象是軍閥與軍閥所依以生存的帝國主義。在這一期中，民元至十三年爲一階段，在這一階段裏，中國國民黨的革命奮鬥，是爲了保障民國，打倒軍閥。民十三年以後爲另一階段，北洋軍閥肅清以後，中國國民黨遂領導全國軍民直接對抗帝國主義，最後更起而對日抗戰。所以第二期國民革命在本質上是民族革命，而其任務乃在於撤銷不平等條約，打倒侵略強權，爲國家取得獨立自由地位。自抗戰勝利以來，國民革命進入了第三期，革命的對象是中共匪黨，革命的本質是人民生活方式的社會鬥爭，而其任務是要求社會生存、國民生計，和羣眾生命獲得確實的保障，亦就是民生主義以及民族與民權主義的革命。」（見同胞都要奉行三民主義）

伍、三民主義與國民革命的關係

三民主義與國民革命的關係，可分就下列兩方面闡明之：

㈠**三民主義指導國民革命**

1.**革命需要高深理論**：革命的理論，包括宣言、政綱、政策、方略、主義以及哲學基礎，其中尤以

主義爲最重要。國父說：「救國救民，非徒空言，……須有一定之主義。」（軍人精神教育）又說：「茲値國民黨改組，同志決心從事攻心之奮鬥，亟需三民主義之奧義，五權憲法之要旨，爲宣傳之資。」（民族主義序言）國父一生爲革命奮鬥，自始至終，卽深知革命需要理論，因爲「思想爲行動之母，理論爲實踐之源」，沒有高深的理論爲革命的指導原則，革命是不會成功的。（見周世輔、熊惠民著三民主義課本 正光書局）

2. 三民主義是國民革命的最高指導原則：

(1)就主義而言：因爲民族主義是民族革命的指針，民權主義是政治革命的指針，民生主義是經濟革命的指針，所以三民主義是國民革命的指導原理。先總統 蔣公指出：「中國今日的革命，乃是民族革命，政治革命和經濟革命，含有這三種共同性質的國民革命。所以三民主義乃是這種革命的指導原理。」

(2)就方略而言：什麼是三民主義的方略呢？先總統 蔣公說：「諸如孫文學說（心理建設）、實業計畫（物質建設）、民權初步（社會建設）、建國大綱（政治建設）等，可以說都是實現三民主義之具體方略。又說：「民族主義爲心理與政治建設的原則；民權主義爲政治與社會建設的原則，民生主義爲經濟與物質建設的原則。綜而言之，三民主義卽爲統攝心理、物質、政治、社會四大建設，以完成國家建設，卽整個國民革命之最高原則。」（總理遺教六講）

(二)國民革命在實行三民主義

1. 三民主義與國民革命密切關係：三民主義與國民革命的關係是：「國民革命是三民主義的實踐，

三民主義是國民革命的指針。」因爲三民主義的目的，在求國際地位平等（種族地位平等），政治地位平等，經濟地位平等。近之，在謀中國之自由獨立，遠之，在促進世界大同。我們的國民革命工作，便朝著這個目的進行，如民族革命，在求打破種族上的不平；政治革命，在求打破政治上的不平；社會革命，在求打破經濟上的不平。可見兩者的關係是何等密切。

2.國民革命在實行三民主義：要使三民主義的理想，能夠實現，就要實行國民革命。先總統　蔣公說：「僅僅有了主義，沒有革命的實際活動，就只是一種學說，而不能發生救國救世的力量。所以我們必須明白　總理的三民主義，是爲實現革命而作的。」又說：「我們不但要硏究主義，還要實行革命。唯有努力革命以貫徹主義，才是眞正信仰三民主義。」（三民主義之體系及其實行程序）可見主義不能離開革命，沒有革命以掃除障礙，就沒有實行主義的可能，必須發揮國民革命的偉大力量，才能實行三民主義，才能建設富強康樂的新中國，並使世界進於大同。

作業題

㈠中西學說對革命兩字的解釋如何？試分述之。
㈡何以說破壞是革命的手段，建設是革命的目的？試申論之。
㈢試簡述國民革命的意義。
㈣試述國民革命軍政、訓政和憲政時期的重要工作。

㈤國民革命的三期任務，有何不同？試以先總統　蔣公見解答之。
㈥革命爲何需要高深理論？試述其理由。
㈦三民主義何以是國民革命的最高指導原則？試以先總統　蔣公見解作答。
㈧試述要完成國民革命必須實行三民主義的理由何在。

第二章　民族主義

第一節　我國與世界的民族問題

本節包括：㈠世界民族紛爭的來源，㈡我國民族危機的分析，㈢解決當前民族問題的關鍵。

壹、世界民族紛爭的來源

㈠民族主義與帝國主義的衝突

造成民族紛爭的主要原因爲民族地位的不平等；而民族地位不平等的原因，則由於帝國主義的侵略和壓迫。卽侵略者與被侵略者、壓迫者與被壓迫者發生紛爭。

何謂帝國主義（Imperialism）？界說不一，　國父的解釋是：「用政治力去侵略別國的主義，卽中國所謂勤遠略。這種侵略政策，現在名爲帝國主義。」（民族主義第四講）　國父何以如此下定義呢？

因爲帝國主義這名詞，源出於羅馬的奥古斯都。當時羅馬的渥大華(Octavius)於統一羅馬後，征服埃及，復擴張歐洲版圖，元老院奉之爲奥古斯都(Augustus, 譯義爲至尊或神聖)，在位四十年，勵精圖治而勤遠略，後人稱之爲帝國主義。

以上是就政治與武力來下帝國主義的定義，現在我們擴充其義，無論以政治、外交、軍事、經濟、思想、特務去侵略他國的，都可叫做帝國主義❶。

世界帝國主義發展的經過怎樣呢？以下分別述之。

西元一四五三年東羅馬帝國崩潰後，歐洲各國脫離專制束縛，民族國家相繼興起。可是不久之後，歐洲各國由於地理的發現諸因素，競相展開瘋狂的殖民運動，十八世紀的工業革命，更促進殖民運動的蓬勃發展，於是瓜分了非洲，滲進了拉丁美洲，佔據了大洋洲，大肆對殖民地人民進行敲詐、勒索與迫害，這一現象，正如美國歷史學家海斯所謂的：「民族主義本身原是帝國主義的破壞者，卻又成爲新起的龐大帝國主義的孕育者與鼓勵者。」(C. J. H. Hayes, Essays on Nationalism) 因之，自十九世紀末至二十世紀初，世界各地的民族革命風起雲湧，即是以反抗這種帝國主義爲其主流，也是　國父解釋帝國主義的時代背景。

第一次世界大戰後，反對帝國主義的浪濤，日益澎湃，歐洲剩餘的民族問題，如波蘭、芬蘭、立陶宛、拉脫維亞、愛沙尼亞、南斯拉夫、捷克斯拉夫等國，均獲解決；在亞非兩洲，埃及、波斯、阿富汗、伊拉克、敍利亞諸國，亦獲獨立。而最爲舉世矚目的，是中國和土耳其的民族復興運動。

第二次世界大戰後，亞非的民族，大都掙脫帝國主義的枷鎖，出現許多新興的民族國家，潮流之所趨，列強殖民的帝國主義，行將汩沒人間，而成歷史之名詞，奈因國際共黨的繼起，非但在鐵幕內建立新帝國主義，復在自由世界戴著援助弱小民族的假面具，到處製造矛盾糾紛，相機滲透顛覆，不斷擴張勢力，使逐漸改善的世界民族問題，又趨於複雜嚴重。

以上各項，是說民族主義與帝國主義不斷的衝突，引起了民族的紛爭。

㈡鐵幕內的民族問題

當前世界民族問題，以在鐵幕之內者最爲嚴重。西方研究共產主義的學者曾指出：「列寧之組織共產國際，在本質上卽是建立一種新型的帝國主義。」而這種帝國主義的建立，可分爲七個方式：第一是併吞鄰邦。第二是設置傀儡政府。第三是保留對方的獨立；但實際上使其唯命是從。第四是脅迫所有共產集團國家，隨時隨事表示聯合陣線，以對付非共產世界。第五是在非共產國家之中培植扶助共產黨，以擴大其帝國範圍。第六是成立外圍組織做其第五縱隊。第七是誘惑落後國家，脫離西方貿易關係而與蘇俄往來。(Harry and Bonavo Overstreet, What We Must Know About Communism)

在蘇俄新帝國主義鐵幕內的民族問題，大別可分爲四類：第一類是被蘇俄全部納入版圖的，如立陶宛、愛沙尼亞、拉脫維亞。第二類是部分被蘇俄納入版圖的，如東捷克、東普魯士北部、波蘭東部、芬蘭省份、羅馬尼亞省份、中國唐努烏梁海地方。第三類是全部領土被蘇俄控制的，如捷克、波蘭、匈牙利、羅馬尼亞、保加利亞等。第四類是被蘇俄以武力或運用組織力量加以控制的，如東德、北韓、北越、外蒙古、古巴、阿富汗等。此外中東的敍利亞、衣索匹亞、南葉門，非洲的安哥拉、莫三比克，美洲的尼格拉瓜等，皆爲蘇俄的外交力量或組織力量所控制，或利用古巴軍事力量去加以控制。

近數十年來共黨集團，雖因史達林死後，蘇俄對國際共黨的領導發生問題，而開始瓦解。但任何一個共黨，在其脈絡裏，都流著所謂「無產階級國際主義」的血液。卽使有的共黨與蘇俄齟齬，甚至不惜挑起虛僞民族主義的幌子，也不過是某種利害衝突而已。因此，今天要拯救鐵幕內被壓迫的民族，較之解決自由世界的民族糾紛，尤爲重要而迫切。

㈢當前自由世界的民族紛爭

當前自由世界的民族紛爭之所以層出不窮，爲罪魁禍首者乃是共產黨，它的手法爲，首先挑起新興國家民族主義者對昔日殖民國家的餘恨，煽動反美反歐情緒，製造新的矛盾。如何製造呢？他們在所謂「中間地帶」，卽亞洲、非洲、拉丁美洲，藉民族解放運動，指歐美爲帝國主義而加以反對，因此在這些地帶，所有打著民族主義旗號的紛爭，多半是共黨所鼓動的。

其次，共黨竭力地擴大新興國家間的各種衝突。如以、阿、印、巴，以及非洲新興國家間領土的爭執等，均被它加以利用。故凡是接受共黨支援的國家，不論這種支援來自蘇俄或毛共，其國內的共黨勢力，必隨民族糾紛的擴大而滋長；其與自由國家的關係，亦必隨民族糾紛的擴大而疏遠，最後，在經濟上、政治上，乃至軍事上，不得不投靠新帝國主義。因之，如這些民族不能及時覺悟，不特民族紛爭日益熾烈，而其結局，不是在「民族解放」運動的鞭策下，變成囚虜，就是在「和平共存」口號的催眠下，淪爲附庸。（註：在共黨術語中，所謂「解放」，是歸共黨操縱，所謂「和平」，列寧早就做過這樣的詮釋：「我們共產黨人所欲爭取的和平，不同於和平主義的和平，我們共產黨人的和平就是徹底、乾淨、全部的把敵人消滅。」）

貳、我國民族危機的分析

㈠過去的民族危機

我們中華民族過去的危機，究竟在什麼地方呢？ 國父於民國十三年講演三民主義時指出：我國民族的危機在於同時遭受到列強人口、政治、經濟三種力量的壓迫。 國父警告我們說：「這三件外來的大禍，已經臨頭。」（民族主義第五講）要我們知道危險，而奮起圖存。經歷多年的奮鬥，這些危機雖已度過，然我們緬懷過去，亦當有所戒惕。

1.過去人口的壓迫： 國父曾對劉成禺先生說：「政治壓迫與經濟壓迫，他人或已談到，人口壓迫爲我的特見。」民族主義第二講稱：「自古以來，民族之所以興亡，是由於人口增減的原因很多，此爲天然淘汰。人類因爲遇到了天然淘汰力，不能抵抗，所以古時有很多的民族和很有名的民族，在現在人類中都已經絕跡了。」民族主義第一講稱：「我們現在（民十三語）把世界人口的增加率，拿來比較一比較：近百年之內，在美國增加十倍，英國增加三倍，日本也是三倍，俄國是四倍，德國是兩倍半，法國是四分之一。」那到底中國人口有多少呢？「從前有一位美國公使，叫做『樂克里耳』，到中國各處調查，說中國的人口最多不過三萬萬。我們的人口到底有多少呢？在乾隆的時候，已經有了四萬萬，若照美國公使調查已減少四分之一，……」（民十三語）（民族主義第一講）我國人口不增加有什麼危險？ 國父說：「如果我們的人口不增加，他們的人口增加到很多，他們便用多數來征服少數，一定要併吞中國。」我們一定要遭遇亡國滅種的命運。

2.過去政治的壓迫：政治壓迫也就是政治侵略。 國父說：「用政治力亡人的國家有兩種手段，一是兵力，一是外交。」（民族主義第五講） 國父估計，如果用兵力，「日本在十天以內，便可以亡中國」，「美國只要一個月」，「英法最多不過兩個月」（民族主義第五講）。如果用外交力量，「只要用一張紙和一枝筆，彼此妥協，便可以亡中國。」「用妥協的方法，只要各國外交官坐在一處，各人簽一個字，便可以亡中國，如果英、法、美、日幾個強國，一朝妥協之後，中國也要滅亡。」（民十三語，民族主義第五講）所以中國此時是「國際中最低下的地位，人爲刀俎，我爲魚肉，我們的地位在此時最危險。」（民族主義第一講）爲什麼中國至今還能夠存在呢？ 國父說：「中國到今天還能夠存在的理由，不是中國自身有力可以抵抗，是由於列強都想亡中國，彼此都來窺伺，彼此不肯相讓。各國在中國的勢力，成爲平衡狀態，所以中國還可以存在。」（民族主義第五講）這是 國父當時提醒我們的警語。

3.過去經濟的壓迫：經濟壓迫亦叫經濟侵略， 國父在民族主義第二講「經濟壓迫」中指出：「每年要被外國人奪去十二萬萬元的金錢」，其中包括：1.海關損失，每年五萬萬元。2.由於外國銀行存放款的損失，每年一萬萬元。3.航權損失（中國的運費），每年一萬萬元。4.租界割地的賦稅地租地價，每年四至五萬萬元。5.特權營業，每年一萬萬元。6.投機事業及其他，每年幾千萬元。 國父警告說：「此每年十二萬萬元之大損失，如果無法挽救，以後只有年年加多，斷沒有自然減少之理。所以今日中國已經到了民窮財盡之地位了，若不挽救，必至受經濟之壓迫，至於國亡滅種而後已。」（民族主義第二講）這是民國十三年以前的狀況，至於今日我們在臺灣經濟繁榮，對外貿易有出超，那是另外一回事。

(二)現在的民族危機

以上所講三大壓迫，爲我中華民族在民國肇造前後的危機。今天，這些危機是否已消除或緩和呢？不幸地，事實正好相反，自共匪竊據大陸以來，中華民族所面臨的危機，較之任何時期都嚴重。誠如先總統　蔣公所說：「我們抗日戰爭初告成功，不平等條約完全取消，次殖民地時代已成過去，國家乃得到了獨立自由的地位，但爲時不出四年，而戡亂剿共的軍事遽告失敗，大陸各省關入蘇俄共產帝國主義的鐵幕，淪爲亞洲第一個殖民地，更進入了一個最黑暗的奴役時代。」（蘇俄在中國）茲就人口、政治、經濟、文化四方面來說明我國現今的民族問題。

1.人口方面：國父當年所說的人口壓迫，屬於天然淘汰，共匪竊國後則以人爲的力量，有計畫的毀滅我民族。據統計，自民國三十八年迄今（民國四十五年），在共匪清算鬥爭中直接被殺的大陸同胞，已逾六千六百一十萬人之多，此外，遭受迫害而自殺、餓死、憂勞而死的，更不計其數[2]。

2.政治方面：國父當年所說的政治壓迫，是外來的壓迫，而共匪則始終脫離不了「以中國人亡中國人」之惡劣本性。三十多年來，匪僞政權由所謂「各階級聯合專政」，而實際爲共產黨一黨專政，更進而毛匪個人獨裁，四人幫之攬權，華匪之竄起，至矮鄧之復出，均實行其無法無天的暴力統治。大陸同胞所受的蹂躪和壓迫，遠甚於以往不平等條約的束縛。這不但失去了一切自由和政治權利，並且墮入長期極端恐怖的深淵。

3.經濟方面：國父當年所說的經濟壓迫，是來自列強，而共匪實行所謂共產，就是「要使全國國民共歸於盡」（蔣總統：土地國有的要義）的「共慘」。共匪僞政權僭立以來，以暴力沒收了地主土地和資本家財產，改變了生產制度與方式，壓榨人民的勞力，剝削人民的血汗，以供少數幹部揮霍，更不顧人民的生活而發展核子武器，及打腫臉充胖子式的援助各地共黨，發動侵略。尤有甚者，毛匪曾公然宣稱：中國死幾億人都沒關係，在核子廢墟上也可以建設「共產天堂」。可見共匪不滅絕，則我民族大患一日不能消除。

4.**文化方面**：共匪橫肆摧殘歷史文化不遺餘力。玆舉其犖犖大者：1.破壞家庭制度及傳統倫理道德。2.實行所謂「教育革命」，企圖從根消滅固有學術思想。3.迫害知識份子，以洗腦、交心、勞改、屠殺等方法，禁錮其心靈，箝制其言論，使固有文化無以傳播。4.刪改史書，不僅改寫了古代史，亦且篡改了抗戰史。5.大規模焚毀書籍。6.破壞中國文字。自所謂「文化大革命」之後，更視我國崇高的道德、卓越的文化、和睦的風俗、善良的習慣爲「四舊」，與其仇恨心和鬥爭性不合，一律加以破壞殆盡，這眞是我民族文化千古的浩刼！

叁、解決當前民族問題的關鍵

㈠復興民族必先消滅共匪，恢復固有文化

共匪無時無刻不在摧殘中華民族，因此，復興民族必先消滅共匪，而在反共大業中，尤應特別注意者，爲文化的問題。因爲一個民族的存在，是由於文化，文化的興衰，關係一個民族生命的萎縮與茁壯。共匪竊據大陸後，「民族文化，社會的基礎，幾乎被其徹底消滅。我五千年來，民族所賴以生存，

國家所賴以建立的倫理道德，亦將被其毀棄淨盡。」（反共抗俄基本論）所以我們在處心積慮誓除赤匪之同時，必須致力於中華文化的復興。而復興之道是「發揚吾國固有文化，且吸收世界之文化而光大之。」（中國革命史）因爲唯有如此，才能承接我五千年悠久的歷史，奠定我中華民族復興的基礎。

(二)摧毀共黨征服世界的陰謀

征服世界是共黨的一貫目標，爲達成此一目標，「列寧侵略世界的戰略，是先向敵人的弱點進攻，列寧認定亞洲——特別是亞洲的中國，爲其敵人的重要弱點。」所以他說：「從北平到加爾各答，是莫斯科通往歐洲最近的路線。」史達林掌權後，「卽無日不照著此一陰謀指標，企圖滅亡我中華民國，以爲其侵略世界的起點。」（蘇俄在中國）而在共黨征服世界的過程中，不論採用暴力的階級鬥爭，或是所謂和平合法的階級鬥爭，都禁不起民族主義的考驗，此觀第一國際與第二國際相繼瓦解，及第三國際之利用民族主義以發展共產主義，可爲明證。總之，要解決今日世界民族的問題，使人類免於被奴役的厄運，必須認清並摧毀共黨征服世界的惡毒陰謀。

附註

❶ 帝國主義的種類和定義——列寧分帝國主義爲羅馬式的帝國主義，封建式的帝國主義，資本主義式的帝國主義，而視共產主義爲反帝國主義的先鋒。時至今日，我們對於列寧的看法要加以修正，而且要從史實上找出帝國主義的種類。

(1)羅馬式的帝國主義——以軍事力量和外交力量爲主。

⑵封建主義式的帝國主義——以軍事力量和外交力量爲主。
⑶資本主義式的帝國主義——以經濟力量和政治力量爲主。
⑷法西斯式的帝國主義——以軍事力量和特務力量爲主。
⑸共產主義式的帝國主義（大斯拉夫主義或稱新殖民主義）——以文化力量（思想戰）、組織力量和特務力量爲工具。

從以上各種史實，我們對於帝國主義，可以下一個新的定義，就是無論用軍事（武力）、政治（外交）、文化、經濟、組織或特務力量去侵略他人國家，攫取殖民地的都叫帝國主義。從前列寧視西方資本主義國家爲帝國主義，現在大家視蘇俄爲帝國主義了。尤其是從中國被侵略的觀點來看，截至民國卅四年止，帝俄與俄帝先後侵奪我中國的領土，共計五百八十八萬三千八百萬方公里以上，幾乎佔了我國固有領土三分之一以上的面積。所以蘇俄應爲帝國主義。（詳反共抗俄基本論第二章）

❷共匪在　蔣公於民國四十五年撰蘇俄在中國時說，共匪已殘害大陸同胞六千餘萬人，這是事實。至於後來大陸人口自然增殖，那是另一回事。

作業題

㈠何謂帝國主義？試述所見。
㈡試述民族主義與帝國主義衝突的經過情形。
㈢略述鐵幕內的民族問題。

㈣共產黨在自由世界如何製造民族紛爭？
㈤我國過去有何民族危機？試分論之。
㈥我國現在有何民族危機？試分論之。
㈦何以說要復興民族必先消滅共匪恢復固有文化？

第二節　民族與民族主義

本節研究：㈠民族概說，㈡民族與國家，㈢民族主義的意義與目的。

壹、民族概說

㈠民族的意義

民族是一羣具有共同血統、共同文化、共同意識與感情的人所構成的共同社會。人類因應其生活上的需要（包括有營生、繁衍、保衞及其他等等），必須營社會生活，因此，任何一個人有它所隸屬的民族，譬如我們每個人都是炎黃子孫的中華民族卽是，這種隸屬關係是自然力形成的，非人爲可以改變。民族是由自然力造成的，自然力便是吾人所稱之「王道」，所以用非霸道手段造成的團體便是民族。因爲自然力包括血統、生活、語言、宗教、風俗習慣等，而生活、語言、宗教、風俗習慣都是文化中最顯著的部分，所以民族就是具有共同血統、共同文化、和共同意識與感情的人羣。

(二)民族的起源

民族是自然力形成的，其起源始自人類最基本的組織——家庭。家庭是人類最早所自然形成的基本羣居組織。羣居生活是人類為滿足其基本需要（求生存、繁衍和求安全）的結果，換言之，人類需要營羣居生活，這也就是人類具有「社會性」的道理。

人類羣居生活一旦開始，隨著文明進化的軌跡，羣居生活隨之逐漸擴展。按原始人因為文化未發達，生產工具與方法缺少，食料的來源差不多全靠自然，故他們的生活方式是屬於採集和狩獵階段。到了一萬多年前，人類才開始知道種植及豢養動物，而發展到園藝及畜牧階段的生活狀態。在這兩個階段當中，因為需要尋求食料，或避免自然的災害，人類不得不從一個地方遷移到另一個地方。故他們的羣居生活大半是流動的，而非固定的。到了西元八千年前，農業發展之後，人類才過著比較固定的鄉村生活。繼農業而起的是工商業的發展與市鎮及城市的出現，於是羣居生活乃更加趨於穩定。在此歷程中家庭逐漸擴大，形成家族、宗族、氏族，最後便構成民族。

(三)民族的構成要素

民族構成的要素可分就客觀要素與主觀要素兩方面說明之：

1.客觀要素——五種要素： 國父說：「造成這種民族的原因，概括的說是自然力，分析起來便很複雜。當中最大的力是血統」「次大的力是生活」「第三個大力是語言」「第四個力是宗教」「第五個力是風俗習慣」（民族主義第一講），茲分述如下：

(1)血統：　國父說：「中國人黃色的原因，是由於根源黃色血統而成。祖先是什麼血統，便永遠遺傳成一族的人民，所以血統的力量是很大的。」（民族主義第一講）有共同祖先的人，必有共同的血統。然而就人種學而言，欲求一純之血統，鮮少可能。現在世界上文明的民族，可以說都是經過多次混血的。不過，世界上各主要民族的區別，仍可由血統所形成的特徵一望而知。一個民族之中，其血統卽使不相同源，但由於長時期血統自然融和的結果，而終各成爲具有同文（文化）、同種（血統）的民族，可見血統是構成民族的要素之一。

(2)生活：血統與繁衍生命有關，生活則與維持生命有關。講到民族構成的第二個因素，就是「生活」。　國父說：「次大的力是生活。謀生的方法不同，所結成的民族也不同，像蒙古人逐水草而居，以遊牧爲生活，什麼地方有水草，就遊牧到什麼地方，移居到什麼地方，由這種遷居的習慣，也可結合成一個民族。」（同上）

(3)語言：同一血統的人，生活在一處，自然會產生同一語言。語言相通，自然就感情交流，感情交流就發生團結和同化的作用。所以　國父說：「如果外來民族得了我們的語言，便容易被我們感化，久而久之，遂同化成一個民族；再反過來，若是我們知道外國語言，也容易被外國人同化。」「語言是世界上造成民族很大的力。」（同上）此外跟著語言而形成的文字也是造成民族很重要的一個因素。　國父在文言文三民主義論民族構成的因素，將語言與文字並提。（文言本三民主義）

(4)宗教：人類爲了避免自然的禍害，祈求幸福和追求永生的道理，便產生各種宗教。同一自然區域的人，所信仰的宗教往往相同。如猶太人信仰猶太教；阿拉伯人信仰依斯蘭教。　國父說：

「大凡人類奉拜相同的神，或信仰相同的祖宗，也可結合成一個民族。宗教在造成民族力量中也很雄大，像阿拉伯和猶太兩國，已經亡了許久（民國十三年語），但是阿拉伯人和猶太人，至今還是存在。」「像印度，國家雖然亡到英國，種族還是永遠不能消滅。」（同上）「他們國家雖亡，而民族之所以能夠存在的道理，就是因為各有各的宗教。」（同上）

(5)風俗習慣：風俗習慣是生活方式的具體表現。如食衣住行的方式和婚喪喜慶的禮節等是可以造成民族的第五個力量。國父說：「如果人類中有一種特別相同的風俗習慣，久而久之，也可自行結合成一個民族。」

總而言之，「我們研究許多不相同的人種，所以能結合成種種相同民族的道理，自然不能不歸功於血統、生活、語言、宗教和風俗習慣這五個力。」（民族主義第一講）

2. 主觀要素——民族意識： 國父雖未將民族意識列為民族要素之一，但後來的三民主義研究者，卻加了這一項，因此，多數民族的構成要素，除血統、生活、語言、宗教和風俗習慣等五大要素外，還有民族意識。

三民主義研究者，通常稱民族意識為主觀要素。

所謂民族意識，就是民族自覺，或民族覺醒。就對內言，大家認識了個人與民族的密切關係，同民族的分子與分子間的關係，也就是同民族的人有彼此一體利害與共的感覺。就對外言，認識了自己民族與其他民族的區別，以及友好民族與敵對民族的區別。有了民族意識，才會熱愛自己的民族，珍視自己民族的道德與文化，如遇外來的侵略，便會團結一致，為保衛民族的生存而奮鬥，進而更求光大自己的

民族。先總統　蔣公說：「民族意識的覺醒，就可確信其爲民族力量的形成。」（反共抗俄基本論）

貳、民族與國家

(一)民族與國家的區別

依據　國父的看法，民族與國家的區別，在於起源與要素的不同：

1.自民族與國家的起源看：民族與國家有何區別呢？自起源方面講，民族是自然力造成的，國家是人爲力（武力）造成的；換言之，民族是由王道造成的，國家是由霸道造成的。　國父說：「英文中民族的名詞是『哪遜』（Nation）。『哪遜』這一個字有兩種解釋：一是民族，一是國家。……本來民族與國家，相互關係很多，不容易分開；但是當中實有一定界限，我們必須分別什麼是國家？什麼是民族？」用什麼方法來分別呢？　國父接著說：「最適當的方法，是民族和國家在根本上是用什麼力造成的。簡單的分別，民族是由於天然力造成的，國家是用武力造成的。用中國的政治歷史來證明，中國人說，王道是順乎自然，換一句話說，自然力便是王道，用王道造成的團體，便是民族。武力就是霸道，用霸道造成的團體，便是國家。」又說：「一個團體，由於王道自然力結合而成的是民族，由於霸道人爲力結合而成的是國家。」（民族主義第一講）

2.自民族與國家的要素來看：　國父並沒有直接比較民族與國家的要素，但他曾指出造成民族的要素爲血統、生活、語言、宗教和風俗習慣。另一方面說：「國家以三種要素而成立：第一爲領土。國無論大小，必有一定之土地爲根據，此土地卽爲領土。第二爲人民。國家者，一最大之團體也；人民卽爲其團體員，無人民而僅有土地，則國家亦不能構成。第三爲主權。有土地矣，有人民矣，無統治之權利，仍不能成國。此統治權利，在專制國則屬於君主一人；在共和國，則屬於國民全體也。」（軍人精神教育）

㈡民族與國家的關係

民族與國家雖有顯著的區別，但是「民族與國家之相互的關係亦很多」。此可從「民族國家」的觀點考察之。

按「民族國家」通常是指一個民族組成一個國家。在民族國家中，民族與國家的關係最深。蓋因在民族與國家合成一體的情形下，國家是民族的政治組合，民族是國家的生命體，兩者立場相同，休戚相關。此外，民族與國家合一，對內固易加強團結，就外則因民族意識與愛國心的合而爲一，可形成巨大的力量，以抵抗外來的侵略。世界上的民族國家有二種類型，一爲「單一民族國家」，一爲「複合民族國家」。世界上很多國家，都是複合民族國家。它意指一個國家之中至少包括兩個以上的民族。只要各民族能以平等爲基礎，聯合組成一個國家，隨著時間演進將自然融合，使民族愈行擴大，國家愈行強盛。國父說：「有史以來，其始以一民族成一國家，其繼乃與他民族糅合搏聚以成一大民族。民族之種類愈多，國家之版圖亦隘之愈廣。」（中國國民黨改進宣言）

叁、民族主義的意義與目的

㈠民族主義的意義

依　國父的說法，民族主義的意義包括有如下四項：

1.民族主義就是國族主義：　國父認爲「民族主義就是國族主義」，在中國說是適當的，在國外說則不適當。國父解釋說：「因爲中國自秦漢而後，都是一個民族造成一個國家。外國有一個民族造成幾個國家的，有一個國家之內有幾個民族的。」（民族主義第一講）所謂一個民族造成一個國家，亦卽民族國家。

2.民族主義是國家圖發達和種族圖生存的寶貝：　國父在民族主義第三講中第一句話就說：「民族主義這個東西，是國家圖發達和種族圖生存的寶貝。」這句話是就民族主義的功能來講的。這就是說，世界上任何民族要永久生存，不爲其他民族所消滅，就不可以沒有民族主義這個寶貝，而一個民族建立了國家之後，如果要發達強大，不受其他國家的侵略和壓迫，也是不可沒有民族主義這個寶貝。

3.民族主義就是民族平等主義：　國父說：「什麼是民族主義呢？就是要中國和外國平等的主義，要中國和英國、法國、美國那些強盛國家都是一律平等的主義。」（女子要明白三民主義講詞）中國國民黨第一次全國代表大會宣言有云：「民族主義有兩方面之意義：一則中國民族自求解放，二則中國境內各民族一律平等。」有學者依據民族主義內容把它擴大爲四個意義：1.中國民族自求解放，2.中國境內各民族一律平等，3.聯合世界上各被壓迫之民族共謀解放，4.全世界各民族一律平等。這些話都足以表示，國父的民族主義，就是求民族平等主義，有三方面的意義：⑴是中國與外國爭平等的主義，⑵中國境內各民族一律平等的主義，⑶世界各民族一律平等的主義。

4.民族主義是人類求生存的工具：民族主義不僅求本國的國際地位平等，亦是求世界各民族的國際地位平等。國父說：「民族主義即世界人類各種族平等，一種族不為他種族所壓制。」（要改造新國家當實行三民主義）世界人類要共生共存，不能不講民族主義。故　國父說：「民族主義是人類求生存的工具。」（民族主義第一講）

㈡**民族主義的目的**

民族主義的目的，可劃分為下述三類說明之：㈠消極的目的與積極的目的，㈡對內的目的與對外的目的，㈢近程的目的與遠程的目的。

1. **消極的目的與積極的目的**：國父在手著三民主義中說：「夫漢族光復，滿清傾覆不過只達到民族主義之一消極目的而已。從此當努力猛進，以達到民族主義之積極目的也。積極目的為何？即漢族當犧牲其血統、歷史，與夫自尊自大之名稱，而與滿蒙回藏之人民，相見以誠，合為一爐而治之。以成一中華民族之新主義。如美利堅之合黑白數十種之人民，而治成一世界之冠之美利堅民族主義，斯為積極之目的也。」這很明白，所謂消極的目的在於推翻滿清，積極的目的在於民族同化，五族共和，造成一個偉大的中華民族。

2. **對內的目的與對外的目的**：「中國國民黨第一次全國代表大會宣言」宣稱：「民族主義有兩方面之意義：一則中國民族自求解放，二則中國境內各民族一律平等。」這兩個意義，亦可視為兩個目的，即對內的目的是中國境內各民族一律平等，對外的目的是中國民族自求解放，自求國際地位平等。建國大綱第四條載：「其三為民族。故對國內之弱小民族政府當扶植之，使之能自治；對於國外強權侵略，政府當抵禦之。」亦可視為對內對外的兩個目的。

作業題

㈠就民族與國家的起源論，兩者有何區別？試以 國父見解答之。
㈡民族構成的要素可分那幾種？試分述之。
㈢民族與國家構成的要素，有何不同？
㈣民族主義的定義有那幾項？試分答之。
㈤民族主義的消極目的與積極目的是什麼？試簡述之。
㈥民族主義的對內目的與對外的目的是什麼？試簡述之。

第三節　民族主義的喪失與恢復民族主義及民族地位的方法

本節包括：⑴民族主義的喪失，⑵恢復民族主義的方法，⑶恢復民族地位的方法。

壹、民族主義的喪失

民族主義的消失與民族地位的低落，是中國的民族危機。玆分別說明如後：

㈠民族主義的喪失

到了滿清末年，中國的民族主義（民族精神）算是喪失殆盡了，有什麼原因呢？依照　國父的見解，民族主義的喪失，計有下列三種原因：

1.由於被異族所征服：　國父說：「民族主義是國家圖發達和種族圖生存的寶貝。」　國父認為：「民族主義滅亡的頭一個原因，就是我們被異族征服，征服的民族，要把被征服民族的所有寶貝，都要完全消滅。滿清人知道這個道理，從前用過了很好的手段。」（民族主義第三講）那些手段呢？第一是鎮壓的手段——大興文字獄等；第二是籠絡的手段——開科舉和特科（博學鴻詞科）；第三是欺騙手段——刪改和焚燬民族思想的書籍；第四是麻醉的手段——如著大義覺迷錄一書，謂「舜是東夷之人，文王是西夷之人，滿州人雖是夷狄之人，還可以來做中國的皇帝。」他們用這些手段是使我民族主義喪失的原因之一。

2.由於講世界主義太早：　國父說：「中國在沒有亡國以前是很文明的民族，很強盛的國家，所以常稱為堂堂大國，聲名文物之邦，其他國家都是蠻夷。以為中國居世界之中，所以叫自己的國家做中國，自稱大一統，所謂『天無二日，民無二王』及所謂『萬國衣冠拜冕旒』，這都是由於中國在沒有亡國以前已漸由民族主義，而進於世界主義。」（民族主義第三講）可見滿清入關，能以十萬的少數征服四萬萬人，乃是在那個時候，中國大多數人很提倡世界主義，不講民族主義，抱著無論什麼人來做中國皇帝，都是可以的。因此我們講世界主義太早，也是民族主義喪失的原因之一。

3.由於會黨被人利用：明朝以後，有志之士利用下流社會及江湖上人，組織會黨，保存民族主義，以「反清復明」為宗旨。其散布珠江流域的為三合會，散布長江流域的稱哥老會，流傳在軍隊的叫青幫與紅幫，流傳在海外華僑社會的叫洪門會，即致公堂。洪秀全起義之時，洪門會黨多來響應，民族主義也跟著復興起來，而洪秀全失敗以後，民族主義流傳到軍隊，如湘軍、淮軍多屬會黨。後來左宗棠利用湘、淮軍中哥老會的力量，爲滿清去打新疆，並自認「大龍頭」，破壞其碼頭，消滅其組織，會黨乃由「反清」演變爲「擁清」。至義和團興起，更演變爲「扶清滅洋」。可見會黨被人利用，也是民族主義喪失的原因之一。

國父講民族主義時，對於民族主義喪失的原因，只講到上面三項，崔書琴先生著三民主義新論，則列下述四點：①滿洲皇帝的痲醉（即被異族所征服），②帝國主義與世界主義的遺毒（即講世界主義太早），③家族與宗族觀念過於發達，④中國人民不能團結，雖列有四點，卻沒提到「會黨被人利用」。嚴格說來，崔先生的第三點說法有問題。

貳、恢復民族主義的方法

國父說：「我們的地位最爲危險，如果再不留心提倡民族主義，結合四萬萬人成爲一個堅固的民族，中國便有亡國滅種之憂。我們要挽救這種危亡，便要提倡民族主義，用民族精神來救國。」（民族主義第一講）由此可知，恢復民族主義的意義，就是要恢復我們失去了的民族精神，用民族精神來救國。至於要如何恢復民族主義或精神，國父說：「能知與合羣，便是恢復民族主義的方法。」（民族主義第六講）除此之外，抵抗外國侵略亦屬之：

㈠能知

所謂「能知」，就是要喚起民眾，使全國人民都知道中國民族所處地位的危險。國父認為「我們要恢復民族主義，就要自己心理中知道現在中國是多難的境地，是不得了的時代，那麼已經失了的民族主義，才可以圖恢復。如果心中不知，要想圖恢復，便永遠沒有希望，中國的民族，不久便要滅亡。」（民族主義第五講）所以國父一再指陳中國民族在不平等條約束縛之下所受列強的三種壓迫，要我們能知道三件大禍臨頭，則大家奮發圖強，我們的民族主義便不難恢復。

㈡合羣

所謂「合羣」，就是要組織民眾，結合民眾團體，加強民族團結。國父認為「我們失去了民族主義，要想恢復起來，便要有團體，要有很大的團體。」又說：「我們要結成大團體，便要有小基礎，彼此聯合起來，才容易做成功。我們中國可以利用的小基礎，就是宗族團體，此外還有家鄉基礎，中國人的家鄉觀念也是很深的，如果是同省同縣同鄉村的人，總是特別容易聯絡。依我看來，若是拿這兩種好觀念（同宗與同鄉）來做基礎，很可以把全國的人都聯絡起來。」（民族主義第三講）所以國父認為「合羣」是恢復民族主義的第二個方法。

㈢抵抗外國侵略

國父講恢復民族主義的方法時，除講「能知」與「合羣」外，並講到抵禦外侮的方法。他說：「抵抗外國的方法有兩種：一是積極的，這種方法就是振起民族精神，求民權民生之解決，以與外國奮鬥。二是消極的，這種方法就是不合作，是消極的抵制，使外國的帝國主義減少作用，以維持民族的地位，免致滅亡。」（民族主義第六講）所謂積極的方法，就是實行三民主義，以抵抗外國的侵略；所謂消極的方法，就是不與帝國主義合作。印度被英國統治後，甘地實行經濟絕交的不合作運動，國父對此主張，備加贊揚，認爲值得效法。因此他說：「不做外國人的工，不去當洋奴，不用外來的洋貨，提倡國貨，不用外來銀行紙幣專用中國政府的錢，實行經濟絕交，是很可做得到的。」（民族主義第五講）我們在對日抗戰以前，曾多次抵制日貨，也收到了「不合作」的效果。

㈣民族地位的低落

國父在民族主義第六講中說：「中國從前是很強盛很文明的國家，在世界中是頭一個強國，所處的地位比現在的列強像英國、美國、法國、日本，還要高得多。因爲那個時候的中國，是世界中的獨強。」後來因爲中國受到列強的三種壓迫，在不平等條約束縛下，中國民族已變成「次殖民地」的地位，受到很大的禍害。「所受的禍害是從那裏來的呢？是從列強來的。所受禍害詳細的說，一是受政治力的壓迫，二是受經濟力的壓迫，三是受列強人口增加的壓迫。」由於這三種力量的壓迫，所以民族地位低落，構成民族的嚴重危機。

叁、恢復民族地位的方法

㈠恢復民族精神（民族主義）

首先，在講恢復民族地位的方法之前，需先談談恢復民族精神與恢復民族地位的關係爲何。按：有人將「恢復民族精神」列爲「恢復民族地位」的方法之一；但依國父的見解，恢復民族精神與恢復民族主義，在民族主義的講詞中，是不易劃分的。而恢復民族主義與恢復民族地位是平行的，不可將恢復民族主義（卽恢復民族精神）列爲恢復民族地位的方法之一。國父說：「我們今天要恢復民族的地位，便先要恢復民族的精神……，能知與合羣，便是恢復民族主義（民族精神）的方法，……到了民族主義恢復了之後，我們便可以進一步去研究，怎麼樣才可以恢復我們民族的地位。」（民族主義第六講）由上面這段話，便可說明「恢復民族精神」是爲「恢復民族地位的方法」的前提。這裏爲顧及不與他書衝突，故引恢復民族精神爲恢復民族地位最先的方法，亦可說是先決條件。

㈡**恢復民族固有道德**

國父說：「因爲我們中國的道德高尙，故國家雖亡，民族還能夠存在，不但自己的民族能夠存在，並且有力量能夠同化外來的民族。所以窮本追源，我們現在要恢復民族的地位，除了大家聯合起來做成一個國族團體以外，就要把固有的道德先恢復起來。」（民族主義第六講）中國固有的道德最重的是什麼呢？首是忠孝、次是仁愛，又其次是信義與和平。國父主張恢復固有道德，就是要恢復這些道德。

㈢**恢復民族固有智能**

這裏把智識與能力分開來講。

國父說：「中國有什麼固有的知識呢？就是人生對於國家的觀念，中國古時有很好的政治哲學。……就是大學中所說的『格物、致知、誠意、正心、修身、齊家、治國、平天下』那一段話，把一個人從內發揚到外，由一個人的內部做起，推到平天下止。像這樣精微開展的理論，無論外國什麼政治哲學都沒有見到，都沒有說出。這就是我們政治哲學的知識中獨有的寶貝，是應該要保存的。」（民族主義第六講）國父認爲這種正心、誠意、修身、齊家的道理，本屬於道德的範圍，今天要把它放在智識範圍內來講，才是適當。我們把中國固有智識一貫的道理先恢復起來，然後我們民族的地位，才都可以恢復。

至於恢復民族固有能力，　國父說：「外國的機器發達，科學昌明，中國人現在的能力，當然不及外國人，但是幾千年前，中國人的能力是怎麼樣呢？從前中國人的能力，還要比外國人大得多，外國人現在最重要的東西，都是中國從前發明的。」（民族主義第六講）如指南針、印刷術、火藥的發明，外國人加以利用發展，才有今日的強盛，此外如食衣住行的茶、絲、拱門、吊橋等設備的發明，足見我們的祖先天資聰穎，有優越的創造能力。這些發明對今日世界文明有極偉大的貢獻。惟自近代義和團事變失敗後，國勢日衰，國人的民族自信心，喪失殆盡，我們要恢復民族固有的地位，便先要把民族固有的能力一齊都恢復起來。

㈣學習歐美的長處

國父說：「外國人的長處是科學，用了兩三百年的功夫去研究發明，到了近五十年來（民十三語），才算是十分進步，因爲這種科學進步，所以人力可以巧奪天工，天然所有的物力，人工都可以做得到。」而我們學習外國長處應取的態度是如何？　國父認爲：「我們要學外國，是要迎頭趕上去，不要向後跟著他，譬如學科學，迎頭趕上去，便可以減少兩百年的光陰。」「如果能夠迎頭去學，十年之後，雖不能超過外國，一定可以和他們並駕齊驅。」（民族主義第六講）我們學習歐美的長處，便是吸收歐美文化的優點，並與中國文化的優點，融會貫通，發揚光大，然後中國的新文化，才是世界上最優秀的文化，中國民族才能恢復世界上獨強的地位。

有人將以上四項，分為五項，就是把恢復固有智識與能力予以分開。

㈤改進民族習性

國父講怎樣恢復民族地位，本祇講上列四項方法。後來先總統　蔣公講到改進民族習性，有人將其列為恢復民族地位的方法之一。我們的民族習性，乃是經由數千年的農業社會長期培育而成，在邁向工業社會的途程中，許多民族習性，已經無法適應工業社會的需要，必須以現代科學化的精神來加以改進。先總統　蔣公曾指示：「今後民族習性的改進，乃是要重視時間，重視數字，要競賽向上，要徹底務實，要有本末先後，要有重點中心，要有創造發明，要戒除浪費，要負責服務，要根據科學，要注重組織，要重視紀律，除上述十二點以外，積極的藥石，就是要有奮鬥性、冒險性和積極性。」（整理文化遺產與改進民族習性）如果能將農業社會的積習根除，切實做到上述幾項，中國才是現代化的國家，而我們民族復興的大業也才能順利完成。

作業題

㈠過去人口壓迫有何危險？試就　國父見解答之。
㈡過去政治壓迫受到何種損失？試略述之。
㈢過去經濟壓迫受到何種損失？試略述之。
㈣不平等條約對我國有些什麼約束？試列舉之。

(五)試述共匪殘害大陸同胞的情形。
(六)試述現在大陸政治壓迫的情形。
(七)試述現在大陸經濟壓迫的情形。
(八)中國民族主義的喪失，依　國父見解，有那三種原因？試述其要。
(九)試依據　國父民族主義講演，解答恢復民族主義的方法。
(十)抵抗外國侵略的方法，有積極與消極兩種，試簡述之。
(土)試依據　國父民族主義講演，略述恢復民族地位的方法。

附錄一：中國民族的特質

高中三民主義課本，將「民族主義的特質」列於第四課四、民族主義概說中。本書因爲在第二章第二節三、「民族主義的意義與目的」中，所講的內容，有些涉及「特質」，故未另列一節或一項，茲爲顧及高中課本的重要性，特列爲附錄一，其要點如下：

(一)民族平等

國父主張的民族主義是民族平等主義，所以民族平等乃是民族主義的基本精神。國父不但重視「中國境內各民族一律平等」，而且要「中國和外國平等」、「世界人類各族平等」。先總統蔣公說：「國父爲主張中國民族乃至世界各民族的國際地位平等，因而倡導民族主義。」❶可見　國父的民族主義，是堅持以民族平等爲原則的，「還進一步本著互助合作的精神，以謀全世界的民族平等。」（同❶）因此，三民主義的民族主義，絕不會像歐洲的民族主義那樣，容易變成帝國主義。

先總統　蔣公就特別發揮民族主義的精神，認爲民族主義是甚麼意義呢？就是要求我們中華民族獨立，享得眞正自由平等的幸福，同時並主張世界各民族獨立，一齊享得自由平等的幸福。換句話說，就是一面不讓外國帝國主義壓制中國，同時我們中國也不壓制旁的民族或國家。

(二)王道文化

三民主義「因襲吾國固有之思想」❷的部分，就民族主義言，主要是繼承傳統的王道文化。所謂「王道」，是「霸道」的對稱。霸道是「以力服人」；王道是「以德服人」。

國父說：「中國人幾千年酷愛和平，都是出於天性」，「這種特別的好道德，便是我們民族的精神。」❸至於「中國從前能夠要那樣多的國家和那樣遠的民族來朝貢，」「完全是用王道感化他們，他們是懷中國的德，甘心情願，自己來朝貢的。」❹

這種以仁爲中心的王道文化，其具體表現，就是先總統　蔣公於「中國之命運」中說的：「對於異族，抵抗其武力，而不施以武力，吸收其文化，而廣被以文化。」

國父主張「濟弱扶傾」，以及「用固有的和平道德做基礎，去統一世界，成一個大同之治，這便是我們四萬萬人的大責任。」（同❸）亦卽此一傳統精神的發揚。以王道文化爲基礎，更是三民主義的民族主義一個主要特質。

(三)世界大同

世界大同是民族主義的理想。　國父說：「余之民族主義，特就先民所遺留者，發揮而光大之，且改良其缺點。對於滿洲，不以復仇爲事，而務與之平等共處於中國之內，……對於世界諸民族，務保持吾民族之獨立地位，發揚吾固有之文化，且吸收世界之文化而光大之，以期與諸民族共驅於世界，以馴至於大同。」（同❷）由此可知民族思想實以民族獨立爲起點，以世界大同爲理想。

在民族紛爭不已的今天，談到世界大同，有人或以爲陳義過高，但一個偉大的主義，必有其崇高的理想。國父雖亦認爲：「欲泯除國界而進於大同，其道非易。」❺但堅信「將來世界上總有和平之望，總有大同之一日。」❻其道理有二：

1. 就世界潮流言：「自有人類卽有團體，隨世運之變遷，小團體漸併爲大團體。蒙昧之世，小國林立，以千萬計，今則世界強國，大國僅六、七耳。由此更進，安知此六、七大國不更進而成一世界惟一之大國，卽所謂大同之世是也。」（同❺）並且指出「現今世界日趨於大同，斷非閉關自守所能自立。」❼

2. 再就進化趨勢言：「人類自入文明之後，則天性所趨，已莫之爲而爲，莫之致而致，向於互助之原則，以求達人類進化之目的矣。人類進化之目的爲何？卽孔子所謂『大道之行也，天下爲公。』……」而「近代文明進步，以日加速。最後之百年，已勝於以前之千年；而最近之十年，又勝已往之百年，如此遞推，太平之世，當在不遠。」（孫文學說）

就一個革命家對世界人類的責任感而言：「近日社會學說，雖大昌明，而國家界限尙嚴，國與國之間，不能無爭，道德家必願世界大同，與永無戰爭之一日，我輩亦須有此心理，感受此學說。」（同❻）因此他要國人以天下爲己任，而「主張大同，使地球上人類最大之幸福，由中國人保障之，最光榮之偉蹟，由中國人建樹之，不止維持一族一國之利益，並維持全世界，全人類之利益。」（同❺）

前面曾經說過，歐美的民族主義起於反對帝國主義，而終於變成帝國主義。當其掀起侵略的風暴後，西方思想家遂以世界主義爲標榜，扶助弱小民族獨立爲口號；列強的世界主義却用以痲醉弱小民族，藉以壟斷弱小民族的利益，於是又變成了 國父所說的「變相的帝國主義與變相的侵略主義」❽。當代西方思想家，對此大都陷於迷惘，而在解決民族紛爭的理論方面，幾乎呈現一片空白。

至於 國父所主張的世界大同，則是一種理想的世界主義，與其他世界主義最大的不同，在於它「是從民族主義發生出來的。」所以 國父說：「我們要發達世界主義，先要把民族主義鞏固了才行。」（同❽）所謂民族主義鞏固，就是不僅中國民族自由平等的地位已經恢復，而且要打破所有的侵略強權，並使全世界弱小民族都能自決自強，等到世界上的民族沒有強凌弱衆暴寡的現象，再以正義與和平爲基礎，來建立全人類共有、共治、共享的大同世界；惟有如此，世界民族問題才能獲得根本解決。

讀者應考時，如遇「民族主義的特質」一類題目，則照本附錄作答；如遇「民族主義的意義和目的」一類題目，則照前面第二章第二節三、作答。

附　註

❶ 先總統 蔣公：「三民主義之體系及其實行程序」。民國二十八年五月七日。

❷ 國父：「中國革命史」。民國十二年一月二十九日。

❸ 國父：「民族主義」第六講。民國十三年三月二日。

❹ 國父：「大亞洲主義」。民國十三年十一月二十八日。

❺ 國父：「五族協力以謀全世界人類之利益」。民國元年九月三日。

❻ 國父：「學生須以革命精神努力學問」。民國二年二月十三日。

❼ 國父：「實行鐵路政策須取開放門戶主義」。民國元年十月二十二日。
❽ 國父：「民族主義」第四講。民國十三年二月十七日。

第四節　民族主義的基本主張

這裏研究民族主義的基本主張，計有三項：㈠中國民族自救，㈡國內各民族一律平等，㈢世界各民族一律平等。（以上三項，多錄自高中三民主義課本第六課）

壹、中國民族自救

㈠中國民族自救的任務

我國民族爲什麼要自救呢？是因爲遭受異族的侵略和壓迫，始則由於受滿清的宰制，繼則由於帝國主義一連串的侵略壓迫；而帝國主義的對華侵略壓迫，又常利用腐化及叛亂的勢力爲其工具。國父的民族主義基於前述事實，爲了完成民族自救的任務，主張打倒帝國主義及其附庸，「使中華民族得自由獨立於世界」（中國國民黨第一次全國代表大會宣言），以「促進中國之國際地位平等」（民族主義第一講）。

㈡中國民族自救的目標

內求統一與外求獨立是我民族自救的目標，而內求統一是外求獨立的基礎。

第一、就內求統一來說，就是國內各族，團結統一，在平等基礎上，把「漢、滿、蒙、回、藏五族，同化成一個中華民族，組成一個民族國家。」（三民主義之具體辦法）於此可分就下列兩方面來說：

1.就統一言，國父曾說：「統一是中國全體國民的希望，能夠統一，全國人民便享福，不能統一，便要受害。」（日本應協助中國廢除不平等條約）而統一首先要使全國沒有任何分裂割據的局面。北伐成功，軍閥割據之局雖告消弭；但是共匪禍國，稱兵叛亂，無日不在破壞統一、破壞建設、破壞抗日、破壞憲政。直至民國三十八年共匪全面竊據大陸，以致大陸同胞，更深受其害，所以統一是民族自救的首要任務。

2.中國民族不單重視統一，更要加強國內各族的團結，唯有加強團結，國內各族才能共謀生存與發展。以往我邊疆部分同胞，分別遭受帝國主義的宰割，以致「滿洲是處於日本勢力範圍之內，蒙古向來是俄國的範圍，西藏幾乎成了英國的囊中物。」（三民主義之具體辦法）我們要接受這個慘痛的教訓，並且還要認清國內各族，都有血肉相連的歷史文化淵源，處於不可分割的生存空間，非共同立國，便無以自保。換言之，在「中國境內各民族一律平等」的基礎上，組織自由獨立平等統一的中華民國，帝國主義便無從施其分化我們民族團結的慣技了。

第二、就外求獨立言，其意義就是「在求中國之自由平等」。國父致力國民革命積四十年之經驗，「深知欲達到此目的，必須喚起民眾及聯合世界上以平等待我之民族，共同奮鬥。」其中最重要的，就是喚起民眾，由自己來開創前途，不容他人決定我們的命運。

當我們處在「姑息氣氛瀰漫，暴力氣燄隨之猖獗」的今天，要經歷另一次艱危的考驗，來完成民族自救的使命，便須牢記先總統　蔣公的訓示：「國家的命運，操之於我們大家自己的手中」，「只要大家能夠莊敬自強，處變不驚，愼謀能斷，『堅持國家及國民獨立不撓之精神，』亦就是鬥志而不鬥氣，那就沒有經不起的考驗，衝不破的難關，也就沒有打不倒的敵人！」（我們國家的立場和國民的精神）而求得民族和國家眞正的自由平等。

貳、國內各民族一律平等

㈠中華民族的形成與發展

1.中華民族的形成：　國父對於中華民族起源，傾向於西來說，他在「民族主義第三講」中，講到中國民族來源時說：「講到中國民族的來源，有人說『百姓民族』是由西方來的，過葱嶺到天山，經新疆以至於黃河流域。照中國文化的發祥地說，這種議論，似乎是很有理由的。如果中國文化不是從外國傳來，是由本國發生的，則照天然的原則來說，中國文化應該發源於珠江流域，不應該發源於黃河流域。因爲珠江流域氣候溫和，物產豐富，人民很容易謀生，是應該發生文明的。但是考究歷史，堯、舜、禹、湯、文、武時候，都不是生在珠江流域，都是生在西北。珠江流域在漢朝還是蠻夷。所以中國文化是由西北方來的，是由外國來的。中國人說『人民』是『百姓』，外國人說西方古時有一種『百姓民族』，後來移到中國，把中國原來的苗子民族消滅或同化，才成中國今日的民族。」

國父提出西來說之後的第六年，卽民國十九年，由於「北京人」化石的發現，中外學人一致公認中國民族源於本土。這是以後的事情，國父在世時，並未有此發現，故未引用。

補充資料（一）

按民國十九年，北京大學人類學系會同八個國家的專家們，在北平周口店，發掘出「北京人」化石，而震撼世界科學家。其後陸續出土之骸骨近四十副，其中有頭骨者共十五副。學者命名曰「中國猿人北京種」(Sinanthropus Pekinensis)，經世界學人研究，公認其爲五十萬年前遺骸，已脫離猿人而成眞人，平均身高一五六公分，腦容量爲一、三〇〇立方公分，爲現代蒙古種人北方一派的遠祖。此爲中國民族發祥於中國本土最有力之證明。其後在附近山頂洞中又發現七具比較完整的人類化石，其年代約爲距今兩萬年到十萬年，其中一老人身高一七四公分，腦容量已進化到一、五〇〇立方公分。此等重大發現，乃使所謂「西來說」不能成立。從此中外學人，均一致公認中國民族源出本土。西方學者著作，如羅素的「中國文化論」，及赫特霍芬的「中國」均作如是認定。這是國父講民族主義以後的事情。

2.中華民族的發展：中華民族既係起源於中國本土，自是循前節所述之發展而後成一中華民族。究其發展歷程，先總統蔣公在「中國之命運」一書中，有詳細的說明。

先總統　蔣公在「中國之命運」第一章「中華民族的成長與發展」中，先說明民族與宗族之觀念，宗族就是民族內部的支派。就民族成長的歷史來說，中華民族是多數宗族融合而成。融合於中華民族的宗族，歷代都有增加，融和的動力是文化而不是武力，融和的方法是同化而不是征服。詩經上說：「豈伊異人，昆弟甥舅，」就是說中國古代各宗族之間，有血統和婚姻的關係。所以中國全體國民，都有「四海之內皆兄弟也」的崇高倫理觀念，和博大的仁愛精神。

其次，蔣公綜述中華民族之光榮史蹟，略謂中國五千年的歷史，即爲各宗族共同命運之紀錄。此共同之紀錄，構成了各宗族融合爲中華民族：

「我中華民族建國於亞洲大陸，已經有五千年之久了。世界上五千年的古國，到現在多成了歷史的陳蹟。惟有我們中國，不獨巍然獨存，且正與世界上愛好和平反侵略各國，爲世界的正義與公理，爲人類的自由解放，共同努力於歷史上空前的戰爭，並正向光榮的勝利與永久的和平之大道邁進。」(同上)

「中華民族因其宗支不斷的融合，而其人口亦逐漸繁殖，乃至於強大，於是國家的領域亦相隨擴張。然而中華民族從來沒有超越其自然成長所要求的界限，亦沒有向外伸張其國家武力的時候。如有外來侵略的武力，擊破我們國家的防線，占據我們民族生存所要求的領域，則我們中華民族，迫不得已，激於他所受的恥辱和他生存的要求，乃必起而誓圖恢復，達成其復興的目的。」(同上) 餘詳補充資料二。

補充資料（二）

「秦漢時代，中國的武力彪炳於史册，而跡其武功，在北方則是爲民族生存求保障，在南方則是爲民族生活求開發。……所以這個時期，中國南方的領城，南至於南海。……由於全國國民生活的互賴，與文化的交流，各地的

多數宗族，到此早已融和爲一個中華大民族。」（中國之命運）

「三國時代，中原雖陷於割據紛爭，然而三國政府仍各爲民族的生存，繼兩漢的餘緒，或整頓邊陲，或開發荒僻。西晉遭五胡之亂，漢族南渡，黃河流域爲匈奴、鮮卑諸族所割據。然而此諸宗族，皆漸趨於漢化。故苻秦與元魏，雖統一黃河流域的時間有短有長，莫不襲中國之衣冠，行中國的政教。」（同上）

「隋唐大一統的局面，實爲魏晉南北朝四百年間民族融和的總收穫。這個時期，民族之內，宗支之繁多，文化之豐盛，舉葱嶺以東，黃海以西，沙漠以南，南海以北，所有全領域的宗教、哲理、文學、藝術、天文、術數、法律、制度、風俗、民情，亦已網羅綜合而治於一爐。」（同上）

「宋代的國防，不足以保障民族生存的領域。契丹（遼）與女眞（金）都是中國北部與東北方面生活未能完全同化的宗族。他們乘宋代民風萎靡、政治紛亂、軍事衰頹之際，併吞四鄰各宗族而成爲強悍的勢力。他們雖先後入據中原，然他們仍先後浸潤於中原的文化之中。蒙古的興起，亦與契丹女眞，事同一例。與滿族之入據中原，其宗族的同化，……故辛亥革命以後，滿族與漢族，實已融爲一體，更沒有歧異的痕跡。」（同上）

㈡國內各民族一律平等的涵義

民族主義之實踐，首重國內各民族一律平等的實現。　國父民族主義思想的主要內容之一，即在強調「中華民族是一整體，包含漢滿蒙回藏苗傜等族，大家一律平等，同享自由之權利」。民國十三年一月「第一次全國代表大會宣言」也指出：「中國境內各民族一律平等。」即「承認中國之內各民族之自決權，於反對帝國主義及軍閥之革命獲得勝利後，當組織自由統一的中華民國」。依據　中山先生遺教所制定的憲法更有明確條文的保障。凡此，說明了我們努力實現國內各民族一律平等的事實。

我國憲法第二條規定：「中華民國之主權屬於國民全體。」國家的主權既屬於國民全體，卽內地與邊疆各民族同胞均爲國家的主人，有共同建國的義務，也有共同管理國家的權利。第五條規定：「中華民國各民族一律平等。」在第二章人民之權利義務的首條（第七條）規定：「中華民國人民，無分男女、宗教、種族、階級、黨派，在法律上一律平等。」

叄、世界各民族一律平等

㈠世界各民族一律平等的涵義

1.民族主義主張世界各民族一律平等： 國父說：「民族主義卽世界人類各族平等，一種族絕不能爲他種族所壓制。」（欲改造新國家當實行三民主義）所以世界各民族一律平等，就是主張世界上任何民族不受其他民族的控制和壓迫，各民族都有平等的地位和同等的生存權利。

對於這種主張，先總統　蔣公曾加以解釋說：「我們的民族主義，並非是貪圖中國民族之強大，同其他強大民族一樣，去壓倒一切弱小民族，如此便是帝國主義，不是民族主義。諸位要認清，民族主義既在求中國民族之獨立平等，推而廣之，就是要扶助一切弱小民族獲得獨立平等。因爲我們不甘受帝國主義者之壓迫，也不甘願一切弱小民族受帝國主義者之壓迫。更徹底點說，我們不許任何帝國主義者壓迫中國民族，也不贊成任何帝國主義者去壓迫任何弱小民族。中國民族起而革命壓迫中國民族的帝國主義者之命，中國也當聯合世界上以平等待我之民族，共同協力去幫助各弱小民族，求得獨立，求得自由。」（三民主義要旨與三民主義教育之重要）

2.**世界各民族一律平等的涵義**：世界各地存在著各種不同的民族，雖然各民族間有文化上、性格上、體質上與物質環境上的差異；但不能站在極端的種族優越論的觀點，認爲世界各民族有優劣之分。國父曾說：「世界上的人種，雖然有顏色不同，但是講到聰明才智，便不能說有什麼分別。」（民族主義第一講）因此，任何民族自不得以優秀民族自居，爲了自身的利益，對其他民族主張一般的優越權或予以歧視待遇，甚至侵略攘奪；卽爲世界各民族一律平等的涵義。

㈡濟弱扶傾與世界大同

1.**濟弱扶傾**：民族主義主張要以濟弱扶傾達到世界大同，以促進世界各民族一律平等的實現。所謂濟弱扶傾的意義，卽是指對於一般衰弱而落後的弱小民族，我們要盡力去濟助他，使他們能夠及早復興或保持安全；對於已經被人滅亡或近危亡邊緣的民族，我們亦應儘量設法去扶持他，使他們能夠從危亡中興盛起來，惟有如此，然後世界上才有民族正義的存在，亦才能避免民族與民族間的衝突發生。

2.**世界大同**：爲求世界各民族一律平等，必須走向世界大同，其中最重要的工作就是「濟弱扶傾」。濟弱扶傾，是中國古時立國幾千年常講求的政治觀念和精神，且形成了對於其他民族的態度和政策，故安南、緬甸、高麗，都成爲隣邦。但是西方列強卻對外擴張，尤其是對亞洲，於是「歐風東漸，安南被法國滅了，緬甸被英國滅了，高麗被日本滅了。」

3.**我國對於濟弱扶傾的實踐情形**：國父曾告國人說：「中國如果強盛起來，我們不但要恢復民族的地位，還要對於世界負一個大責任。如果中國不能夠負這個責任，那麼中國強盛了，對於世界便有大害，沒有大利。中國對於世界究竟要負什麼責任呢？現在列強所走的路是滅人國家的；如果中國強盛起來，也要去滅人國家，也去學列強的帝國主義，走相同的路，便是蹈他們的覆轍。所以我們要先定一種政策，要濟弱扶傾，才是盡我們民族的天職。我們對於弱小民族要扶持他，對於世界的列強要抵抗他。」（民族主義第六講）這種濟弱扶傾的精神和政策，正是三民主義的民族主義不同於西方一般民族主義的一大特徵。

先總統　蔣公曾說：「我們不侮鰥寡，不畏強禦，講互助，求自強，崇尚信義，反對侵略。」「這就是中國向來以濟弱扶傾爲政策，自存共存爲極則。我們國民革命，就是要發揚我國這個信義和平的道德，促成世界人類共同永久的安寧與幸福。」（以事實證明敵國必敗及我國必勝）所以在第二次大戰期間，先總統　蔣公曾於民國三十一年託美國總統羅斯福轉達英國首相邱吉爾，必須確保印度並使之獨立的意見；在開羅會議中力主朝鮮獨立，並要求羅斯福予以贊助，對越南問題，曾提出戰後越南應由中、美兩國共同扶助其完全獨立的主張；泰國雖對同盟國宣戰，但係出於日本的脅迫，先總統　蔣公對其處境深表同情，故由衷地希望泰國戰後能迅速恢復其獨立地位；先總統　蔣公雖痛恨日本軍閥，但對日本國民，則不勝其憫念之忱，在日本投降後，立即宣布了「不以日本人民爲敵」和「以德報怨」的態度。凡此等等，都是「濟弱扶傾」政策的具體表現。

（讀者如參加考試，遇到「民族主義的特質」一類題目，則照以上三項作答；遇到「民族主義的意義與目的」一類題目，則照第二章第二節三、作答）

作業題

㈠目前我們民族自救的任務是什麼？
㈡試述國內民族一律平等的涵義。
㈢試說明世界民族一律平等的涵義。
㈣試述第二次大戰後，先總統　蔣公實行「濟弱扶傾」的事實。

附錄二：現階段實踐民族主義的要務

我國現階段面對共匪及現實的國際環境，欲力行實踐民族主義，其要務歸納言之包括有如下各項：㈠復興中華文化，㈡加強民族團結，㈢完成反共大業，㈣堅持國際正義，㈤促進永久和平。茲分別闡明如後：

㈠復興中華文化

共匪無時無刻不在處心積慮的妄想消滅中華固有文化與傳統道德，而對著此一民族文化淪亡的危機，先總統蔣公曾於民國五十五年十一月十二日發表「　國父一百晉一誕辰暨中山樓文化堂落成典禮紀念文」，倡導中華文化復興運動，認為「我中華民族文化，歷五千年而業益光，道益盛，不惟無人能予以搖撼摧夷，亦且愈經搖撼摧夷，愈見其剛健煥發，而可大可久，故　國父三民主義之思想，不惟為中華民族文化之滙歸，而三民主義之國民革命，乃益爲中華文化之保衛者也。今日復興基地之臺灣省，實爲滙集我中華文化精華唯一之寶庫，且又爲發揚中華文化使民富且壽之式範也。」質言之，就是要維護中華文化道統，而推展三民主義文化。

先總統　蔣公殷切昭示我們要秉持著「至艱、至大、至重」的責任，「將五千年以來之道統文化從根救起，以傳以繼」；而未來的道德文化，才能賴以「創新再盛，以開以張」；於是在全國軍民一致的響應之下，明定　國父誕辰紀念日爲文化復興節；成立中華文化復興運動推行委員會（先由　蔣公任會長，現由嚴家淦先生任會長）；設置行政院文化建設委員會，及故宮博物院；成立孔孟學會及中山學術文化基金會，並制定「國民生活須知」，審訂「國民禮儀範例」，獎勵文化及民俗禮樂的活動，不獨使國人加深對中華文物制度的體認與民族文化的信心，從生活和行動中，實踐道德文化，並使世人認清以「倫理、民主、科學」爲基礎的中華文化之博大精深。這是民族主義文化建設的重大成就。

(二)加強民族團結

國父曾指示我們，要恢復民族地位，先要恢復民族精神，而恢復民族精神的條件之一，就是加強民族團結，只要「結成了國族團體」，「共同去奮鬥，無論我們民族是處於甚麼地位，都可以恢復起來。」（民族主義第六講）

今天，爲粉碎共匪分化我民族的陰謀，加強民族團結尤其重要。

蔣故總統經國先生說：「我們『合』就是勝利，就是成功；我們『分』就是失敗，就是毀滅。如果我們本身是團結的，是堅強的，就可以抵抗共匪的分化，反擊共匪的滲透；如果我們不能團結，共匪就能逞其分化滲透的陰謀。」（衝破橫逆再開新局）

(三)完成反共大業

先總統　蔣公曾說：「反共復國戰爭，乃是順乎天而應乎人的革命獨立戰爭，是掌握著充沛的有形的無形的統合戰力的革命戰爭，我們是對人民求自由、爭生存負責，是對國家歷史、民族文化的絕續負責，這一切當記復國的革命義戰，是斷無不勝不成之理的。蔣故總統經國先生引申這重意義說：「我們深知，反共救國的任務極爲艱鉅，重建自由而統一的中國，確是任重道遠。但我們也相信，共產主義已被中國人唾棄，三民主義必能實行於全國，這分信心來自大陸同胞追求自由民主的渴望，來自兩種不同制度下敵消我長的大勢，更來自海內海外全體中國人堅決反共的意志。」可以說，反共大業的完成，就是我們民族復興運動的成功。

四堅持國際正義

先總統　蔣公說：「中華民族的文化傳統，是堅持正義，愛好和平。」我國「每一頁革命史，都在明白的證驗著，我們革命者一向是孤軍奮鬥的！是孤立於險阻艱難之中，孤立於道義正氣之上的！」但是，雖然如此，「我們對　國父所昭示的『對世界負一個濟弱扶傾的責任』之遺教，確已積極實踐，不愧不怍。」（我們國家的立場和國民的精神）

「在第二次世界大戰期間，我們中華民國爲設立國際和平機構，重建世界秩序而努力，我們參加了聯合國憲章的起草，促成了聯合國組織的成立。」（反共抗俄基本論）成爲聯合國的主要創始會員國之一。

民國六十年我國退出聯合國後，先總統　蔣公在昭告全國同胞書中說：「現在我們雖已退出我們所參與艱辛締造的聯合國，但是我們今後在國際社會中，必當仍以聯合國憲章之宗旨與原則爲準繩，繼續爲維護國際間公理正義與和平安全而勇毅奮鬥。」所以基於對世界對人類的責任感，我們堅持國際正義，始終不渝。今天我們在國際間仍能得道多助，就是這個緣故。

㈤促進永久和平

中國是愛好和平的國家，中華民族是一個以「天下一家」、「天下爲公」的民族。先總統　蔣公說：「　國父革命的動機是不僅救國，還要救全世界人類。他是要根本除去足以妨礙人類生存的一切不良勢力和現象，要剷除社會上的不平，要建設民有、民治、民享的國家，進而建立和平共存的大同世界。」（三民主義之體系及其實行程序）

所以中華民族的偉大精神，和三民主義國民革命，不是爲了一國私利，而是爲全人類的民主、自由與和平而獻身奮鬥。中國人艱難百戰的反共奮鬥，用血肉喚醒了人類對於共黨殘暴、仇恨、鬥爭的覺醒，就是爲的世界永久的和平。但是我們還要進一步與世界各國合作，如　國父所揭櫫的，「發揚吾固有之文化，且吸收世界之文化而光大之，以期與諸民族並驅於世界，以馴致於大同。」（中國革命史）蔣故總統經國先生實踐　國父的遺教和先總統蔣公的遺志，一再對世人重申「三民主義統一中國來臨之時，我們深信必將對自由世界作有利的貢獻，因爲三民主義的中道，必將遵循　國父天下爲公和世界大同的理想，秉持中華文化溫柔敦厚的傳統平等互惠的原則，與國際社會忠誠合作，爲維護世界持久和平克盡責任，奉獻力量」（中國之統一與世界和平），這也就是促進民族復興和維護世界和平的基本方向。

作業題

㈠現階段實踐民族主義的要務是甚麼？

㈡面對共匪企圖消滅中華固有文化與傳統道德之際，說明我們復興中華文化之道。

㈢我國退出聯合國後，爲甚麼還要堅持國際正義？

第三章　民權主義

本章分下列各節：㈠民權問題的發生與民權革命運動，㈡民權與民權主義，㈢民權主義的特質，㈣民權主義的基本主張，㈤民權主義的優越性。

第一節　民權（思想）問題的發生與民權革命運動

本節分爲㈠近代民權思想的發展和民權革命運動的推進，㈡代議政治的流弊，㈢近代民權運動的障礙與逆流，㈣解決當前民權問題的關鍵。

壹、近代民權思想的發展和民權革命運動的推進

㈠近代歐洲民權思想的發展和民權革命運動的歷程

近代民權思想肇始於歐洲，其民權思想的發生，是由於君主極端專制所促成。歐洲各民族國家建立之初，大都遭遇了封建諸侯割據的障礙，於是有些學者，爲應國家統一需要，不惜鼓吹君主專制，以致助長了君權伸張，人民不堪其苦，向君主要求政治上的權利，因而產生了歐洲近代的民權思想。英國學者洛克可以說是近代民主思想的發軔者。他認爲人類在自然狀態中，都享有同等的權利；並基於他們自己的同意，組成政治團體，政府受全體人民的委託辦事，主權應屬於全體人民。這種思想影響極爲深遠，成了以後民主政治的主要論據。又法國學者孟德斯鳩根據當時英國民權運動的成果和實況加以研究，倡三權分立學說，主張以分權制衡，保障人民的自由。後來民主國家如美國的制憲，大都採用他的學說。另一法國思想家盧梭，以天賦人權說，對抗君權神授說。這種思想對當時憎惡君主專制的人心，極有刺激和啟發作用。所以 國父說：「盧梭是歐洲主張極端民權的人，由於他的民權思想，便發生法國革命。」「至於說到盧梭提倡民權的始意，更是政治上千古的大功勞。」❶不過近兩世紀以來，對於洛克和孟德斯鳩的思想，學者常有批評修正的意見，而盧梭的學說，所引起的批評更多，這正說明了近代民權思想在不斷的演進。

歐洲近代的民權思想，經過長時間的發展。而民權革命運動，也經過長時間的奮鬥。更由於民權思想長期的發展與革命運動長期奮鬥的結果，便發生許多民權革命，進而建立許多的民權國家。誠如 國父所說：「近代事實上的民權，頭一次發生是在英國。英國在那個時候發生民權革命，正當中國的明末清初，當時……便驚動歐美，一般人以爲這是自有歷史以來所沒有的。……一百年以後，便有美國的革命，脫離英國獨立，成立美國聯邦政府……。這是現在世界上頭一個實行民權的國家。美國建立共和以

後，不到十年，便引出法國革命。」（同❶）

㈡我國民權思想的復興和民權運動

我國古代早有民權思想，國父指出：「兩千多年前的孔子、孟子，便主張民權。孔子說：『大道之行也，天下為公。』便是主張民權的大同世界。又『言必稱堯舜』，就是因為堯舜不是家天下。堯舜的政治，名義上雖然是用君權，實際上是行民權，所以孔子總是宗仰他們。孟子說：『民為貴，社稷次之，君為輕。』……又說：『聞誅一夫紂矣，未聞弑君也。』他在那個時代，已經知道君主不必一定是要的，已經知道君主一定是不能長久的；所以便判定那些為民造福的就稱為『聖君』，那些暴虐無道的就稱為『獨夫』，大家應該去反抗他。由此可見，中國人對於民權的見解，二千多年以前，已經早想到了。」（同❶）但自秦而後，一直到清朝，歷代實行君主專制，民權思想備受壓制。國父為順應世界民主潮流，發揚我國固有民權思想，創立民權主義，鼓吹革命，以建民國，成為一個時代的思想潮流，可以說這才是我國民權思想的眞正復興。

近代中國的民權運動，開始於國父領導的國民革命。「革命的始意，本是為人民在政治上爭平等自由。」❷但是革命的力量源於民眾，因此「革命事業由民眾發之，亦由民眾成之。」❸這就是民權運動的由來。為使革命有計畫的進行，於是「建主義以為標的，定方略以為歷程。」決定革命運動的步驟為：由「立憲」而「宣傳」而「起義」；革命的方略為：由「軍政」而「訓政」而「憲政」❹，較之英、美、法三國的民權革命，隨形勢的發展，自然推演而成者，迥然不同。因此能夠百折不回，經十次起義失敗，終於辛亥一役，「剷除四千餘年君主專制之迹，使民主政治，於以開始。」（同❹）

不幸民國成立之後，袁世凱稱帝，溥儀復辟，接著有軍閥割據，使中國徒有「民國」之名，而無「民國」之實。從民國三年到民國十三年，　國父又先後發動「討袁」、「護法」運動，並決定北伐，「第一步使武力與國民相結合，第二步使武力爲國民之武力。」❺先總統　蔣公繼承遺志，誓師北伐，統一全國，對日抗戰，獲得勝利，隨卽召開國民大會，制定憲法，於民國三十六年元旦頒布，同年十二月二十五日施行，爲中國民主憲政史開一新紀元。憲政旣已開始，一切取決於人民；而包藏禍心的共匪，竟在蘇俄唆使及支援下，擴大叛亂，竊據大陸，使我大陸同胞，淪入共產極權暴政統治，而無民權之可言。

貳、代議政治的流弊

以往歐美各民主國家所採行的，大都是代議政治。所謂「代議政治」，就是「用代議士去管理政府，人民不能直接去管理政府。」❻又叫做「間接民權」。人民所得到的，「不過是一種選舉權和被選舉權」，沒有充分的民權。「人民選舉了官吏議員之後，便不能再問」，所以處處設法防止政府專權。因爲「歐洲在兩三百年以前，皇帝專制達到了極點，人民都視爲洪水猛獸，非常的怕他，所以人民不但是對於皇帝要去排斥，就是和皇帝很相近的東西，像政府一樣，也是一齊要排斥。」❼故民權革命成功後，盡量削減政府的功能，認爲做事最少的政府，是最好的政府。

可是進入二十世紀以後，社會情況和國際局勢，變化極爲鉅大，不論是遭逢經濟的、政治的或民族的危機，在在都需要有能力的政府來應付。代議政治缺乏效能的弱點，暴露無遺。爲了有效解決國內外層出不窮的問題，而加強政府效能的要求，日益增高。尤其是第一次大戰後，歐洲有一些不滿現狀的國家，為了急切的改變現狀，人民自願放棄部分自由，以期提高政府權力至於極點，於是在義大利和德國，採取極權政治，來代替代議政治。無容諱言，二十世紀的極權政治，主要的是從歐美代議政治的缺陷上滋生出來的。至於共產黨的極權政治，雖另有其理論根據和產生原因，而其活動，也是利用代議政治的弱點，以求存在和謀發展的。

叁、近代民權運動的障礙與逆流

(一)近代民權運動的障礙

依照 國父的分析，在歐美近代民權革命運動的發展過程中，曾經發生過三次障礙：

1. **第一次障礙發生在美國**：美國獨立革命後，對於民權的實施問題，有見解不同的兩派：遮化臣（即傑弗遜 Thomas Jefferson）相信民權天賦，人性是善的，主張人民有充分的民權，這是主張極端民權的一派；哈美爾頓（Alexander Hamilton）以為人性並非全善，要是性惡的人拿政權去作惡，後患甚慮，便主張有限制的民權，兩派主張完全相反，這是主張政府集權的一派。後來主張政府集權派勝利，是民權的第一次障礙。（同❻）

2. **第二次障礙發生在法國**：法國大革命之後，「人民得到了充分的民權，拿去濫用，變成了暴民政治，是民權的第二次障礙。」（同❻）人民拿到充分的民權，便不要領袖，把許多有知識有本事的領袖都殺了，只賸得一般暴徒……所以後來人民都覺悟起來，便不敢再主張民權，由於這種反動力，便生出了民權的極大障礙，是由於主張民權的，自己招出來的。」（同❻）這是國父以法國大革命後的暴民政治，列爲民權發展的第二次障礙。

3. **第三次障礙發生在德國**：德國俾斯麥做首相，「用最巧妙的手段，去防止民權，成了民權的第三次障礙。」（同❻）這是指俾斯麥執政時，實行國家社會主義等政策，來緩和德國民權革命，使民權不能充分伸張。這是民權的第三次障礙。

㈠近代民權運動的逆流

近代民權運動中，最不幸的是極權主義的產生，在第一次世界大戰之後，先有俄國共產黨階級專政的極權政治。後有義大利法西斯與德意志納粹獨裁的極權政治。極權政治就是把權力集中到極限，並且擴大到極限，使人民的思想、行動以及願望，均不能對抗執政者意志的一種政治，其罪惡遠非舊時代君主專制所能比擬。其方法是建立新的人羣關係，運用新的控制技術，把人民從思想到行動，全部重新塑造，以便徹底統治。可見極權政治實在是一種專憑暴力統治的反動政治，更是威脅民主政治的一大逆流。對於民權的威脅與障礙，較前三次尤爲嚴重。因爲他們是假民主之名，而行專制獨裁之實。雖然法西斯與納粹的極權主義在二次世界大戰中已爲民權潮流所摧毀，然而共產黨卻正變本加厲，對抗民主，壓制民權，而且不斷蔓延擴張，形成世界上極權與民主兩大對壘的陣容，但證之歷史發展的鐵則，暴政歸於敗亡，是必然的道理。

肆、解決當前民權問題的關鍵

㈠推翻共產極權暴政

當前最嚴重的民權問題，不在自由民主世界，而在共產鐵幕以內。因爲民權與專政不能並存，所以解決當前民權問題的關鍵，首在打開鐵幕，推翻共產極權暴政。自共產鐵幕建立以來，全世界已有三分之一以上的人口淪入共產暴政統治之下，過著非人的生活，這只要一看鐵幕內的人民（尤其中國大陸）和共軍共幹，從空中、從海上不斷的投奔自由，追求民主的情形，便知共產暴政實爲人所共棄。又被蘇俄政府放逐的文學家索忍尼辛，揭發俄國人民在共產暴政奴役下的悲慘事實，實在駭人聽聞。他指出蘇俄「全國都是一座大監牢」，「只有鋼環，沒有法律。」並要求俄共頭目「放棄無窮無盡的階級仇恨，給人民仁慈與同胞愛；解散那些慘無人道的奴工營，給人民藝術、文學、出版的自由，研究哲學、倫理學、經濟學、社會學的自由，給青年們信仰基督的自由。」索忍尼辛的這種意見，代表著鐵幕內萬千知識分子的一種絕望的呼喊。

另在俄共統治下的俄國知識分子，還敢表示反抗，獲得被放逐的權利；但在共匪統治下的中國知識分子，有更多的索忍尼辛一樣的人物，連不說話的自由都沒有，必須以全副精神應付鬥爭。所以共匪爲禍之烈，史無前例，正如先總統　蔣公所說：「他不僅要我們國不成國，並且要我們人亦非人。」❼因此我們今日惟有光復大陸，消滅共匪，推翻所有的共產極權暴政，才能徹底解決當前的民權問題。

㈡實行民權主義杜塞極權主義滋生的根源

如何去解決當前的民權問題，除推翻共產極權暴政之外，還須設法杜塞極權主義滋生的根源。極權主義是從西方民主政治缺陷中萌芽成長的，所以西方民主政治不能消滅極權主義，要能彌補西方民主政治的缺陷，才能消滅極權主義。當前自由世界實行民主政治的國家，仍留存許多缺陷，給極權主義做溫床，則今天推翻一個極權主義，明天難免不又產生另一個極權主義，勢必永無寧日。而「最好的是得到一個萬能政府，完全歸人民使用，爲人民謀幸福。」❽今天我們要維護自由民主的理想，必須訴諸理智，對民主政治理論與制度上的缺點，加以檢討改進，以期杜塞極權主義滋生的根源，建立「完全歸人民使用，爲人民謀幸福」的政府，從而促進民主政治進一步的發展。國父的民權主義，主張權能區分和全民政治，就是徹底杜絕極權主義的最有效的方案。

附註

❶國父：「民權主義」第一講。民國十三年三月九日。
❷國父：「要革命成功個人不能有自由，團體要有自由」。民國十三年十一月三日。
❸國父：「中國國民黨宣言」。民國十三年一月二十三日。
❹國父：「中國革命史」。民國十二年一月一日。
❺國父：「北上宣言」。民國十三年十一月十日。
❻國父：「民權主義」第四講。民國十三年四月十三日。
❼國父：「民權主義」第五講。民國十三年四月二十日。
❽先總統　蔣公：「爲何漢奸必亡，侵略必敗」。民國三十九年十月二日。

作業題

㈠試述歐洲民權革命的演進經過如何。
㈡何以證明我國在幾千年以前就有民權思想？
㈢近代中國民權運動經過情形如何？
㈣何以說解決當前民權問題的關鍵，必須推翻共產極權暴政？
㈤如何彌補西方民主政治的缺陷，杜塞極權主義滋生的根源？

第二節　民權與民權主義

本節分爲㈠民權的意義，㈡民權的作用，㈢民權的由來，㈣中國革命採用民權的理由，㈤民權主義是主權在民的主義，㈥民權主義是政治平等的主義，㈦民權主義是全民政治的主義，㈧民權主義是實行直接民權的主義。

壹、民權的意義

對於民權的解釋，國父說得非常透徹。「現在要把民權來定一個解釋，便先要知道什麼是民。大凡有團體有組織的衆人，就叫做民。什麼是權呢？權就是力量，就是威勢。」「有行使命令的力量，有制服羣倫的力量，就叫做權。把民同權合攏起來說，民權就是人民的政治力量。」而「政治兩字的意思，淺而言之，政就是衆人之事，治，就是管理，管理衆人的事便是政治。有管理衆人之事的力量，便是政權。今以人民管理政事，便叫做民權。」❶以上各種解釋，說明了一個眞理，這個眞理是人所共喩的，也是天經地義的。那就是：「衆人的事要由衆人管理。」

貳、民權的作用

國父說：「權的作用，簡單的說，就是要來維持人類的生存。」(同❶)因爲人類要能夠生存，就須有兩件最大的事，第一是保，第二是養。保和養兩件大事，是人類天天要做的。保就是自衞，無論是個人或團體或國家，要有自衞的能力，才能夠生存；養就是覓食。這自衞和覓食，便是人類維持生存的兩件大事。」(同❶)人類要經營保和養兩件事，必然會遭遇到許多障礙和競爭，便要有「權」來奮鬥，以維持生存。雖然權的演進過程，有神權、君權和民權，就其作爲奮鬥的憑藉，以維持人類生存來講，都是一樣的。

先總統　蔣公引申說：「民權的作用，也就是要使一般國民能夠獲得美滿的生存，並達成進化的目的。」❷又說：「實行民權，可以團結民心，糾合羣力。人民能團結，國家基礎才能鞏固，國家基礎能鞏固，然後才有力量內興建設，外抗強權，以造成強固的國家。」(同❷)所以民權又是用來鞏固國家基礎的。

叁、民權的由來

國父認爲：「民權不是天生出來的，是時勢和潮流所造就出來的。」（同❶）也就是進化來的。並將人類奮鬥的歷史分爲四個時期：

1. 第一個時期是洪荒時代：人同獸爭，不是用權，是用氣力。
2. 第二個時期是神權時代：人同天爭，是用神權。
3. 第三個時期是君權時代：人同人爭，國同國爭，民族同民族爭，是用君權。
4. 第四個時期是民權時代：人民同君主爭，善人同惡人爭，公理同強權爭，是用民權。

權力之所以由神權而君權而民權的向前進化，人民之所以會起來革命，主要的動力和原因，就是爲了求生存。因爲人民爲了保障自身的生命財產，所以才有各種革命去打倒神權統治，推翻君主專制，進入民權時代。國父認爲在民權時代，人民同君主相爭獲得勝利後，便制定憲法，規定人民的自由平等權利，然後人民方始獲得民權。因此民權是由人類求生存而來。

政治上的爭端，自古迄今，都以政權問題爲核心，政權是隨著時代的演進而轉移的。起初是神權，其次是君權。這兩個時代的區別，一則說「予有天命」；一則說「朕卽國家」。兩者在本質上並未改變，都在統治者與受治者之間畫上一道不可踰越的鴻溝。直到民權運動出現，才打破統治者與受統治者的壁壘，便沒有統治者及被治者的分別，衆人的事由衆人管理，這是歷史上一項重大的進步。

肆、中國革命採用民權的理由

國父在滿清時代，首倡革命，「決定採用民權主義，一則為順應世界潮流；二則為縮短國內戰爭。」就「順應世界潮流」說：「世界上自有歷史以來，政治上所用的權，因為各代時勢的潮流不同，便各有不得不然的區別。比方在神權時代，非用神權不可；在君權時代，非用君權不可。」可是到了民權時代，「我們希望國家長治久安，人民安樂，順乎世界潮流，非用民權不可。」（同❶）中國立國於世界，自不能無視民權的潮流；所以過去要推翻君主專制，今日要剷除共產極權暴政，這都是順應世界民權潮流的必然要求。

就「縮短國內戰爭」說：「中國歷史，常是一治一亂，當亂的時候，總是爭皇帝。外國嘗有因宗教而戰、自由而戰的。但中國幾千年以來，所戰爭的都是為皇帝一個問題。我們革命黨為免去將來戰爭起見，所以當初發起革命的時候，便主張共和政權，不要皇帝。」（同❶）但辛亥革命成功以後，仍有許多野心家想做皇帝。「大家若是有了想做皇帝的心理，一來同志就要打同志，二來本國人更要打本國人。全國長年相爭相打，人民的禍害，便沒有止境。我從前因為要免去這種禍害，所以發起革命的時候，便主張民權，決心建立一個共和國。」（同❶）「用人民來做皇帝」，自可避免或減少國內的戰爭。

究竟民權主義是什麼主義？下面有四個（五、六、七、八）解釋。

伍、民權主義是主權在民的主義

所謂「主權在民」，就是指國家的主權屬於國民全體，亦就是「用人民來做皇帝」的意思。國父談到民權主義，就說：「民權者，民眾之主權也。」❸又說：「君政時代則大權獨攬於一人，今則主權屬於國民之全體。」❹「我國約法規定統治權屬於全國，必如是而後可言主權在民也。」❺惟其主權在民，所以才把人民比作皇帝；惟其主權在民，所以民權主義才有「直接民權」、「革命民權」和「人民有權」、「政府有能」等的主張。

陸、民權主義是政治平等的主義

國父主張：「民權主義是對本國人爭平等的，不許有軍閥官僚的特別階級，要全國男女的政治地位，都一律的平等。」❻而強調「民權主義者，打破政治上之不平等階級」，他在就任臨時大總統後，禁止買賣人口，通令恢復人權。凡從前對於蛋戶、惰民、丐戶、義民、優娼、隸卒及薙髮者的特殊限制，一概取消。各種權利「均許一體享有，毋稍歧異。」❼「凡屬國人，一律平等。」❽就是官吏，亦「人民之公僕，本非特殊之階級。」取消「大人、老爺等名稱」❾。自呼公僕❿，力辭勳位，眞正做到「平等主義，不欲於社會上獨佔特別階級」⓫。所以民權主義就是一種政治平等的主義。

柒、民權主義是全民政治的主義

國父說：「我們國民黨提倡三民主義來改造中國，所主張的民權，是和歐美的民權不同，……是用我們的民權主義，把中國改造成一個『全民政治』的民國。」⓬又說：「我們要想是眞正以人民爲主，造成一個駕乎萬國之上的國家，必須要國家的政治做成一個『全民政治』。」所謂「全民政府」，便是人民有權管理國家的大事。「現在是民國，是以民爲主的，國家的大事，人人都可以過問，……大家都有權去管理，這便是民權主義的精義。」⓭

捌、民權主義是實行直接民權的主義

代議制度是間接民權，瑞士所採用的民權主義，才是實行直接民權。國父說：「代議制度還不是眞正民權，直接民權才是眞正民權。……兄弟底民權主義，是採用瑞士底民權主義，就是直接民權主義。……直接民權一共是四種：叫做選舉權、罷免權、創制權、和複決權。這四種權，便是具體底民權，像這樣具體的民權，才是眞正底民權主義。」⓮這裏要說明是，瑞士是小國，人民對於中央與地方政府的政權，都宜行使直接民權。中華民國是幅員廣濶的大國，與瑞士國情不同。因此國父主張民權的行使，中央政府仍推選代表行使，縣市方由人民直接行使。

附註

❶國父：「民權主義」第一講。民國十三年三月九日。
❷先總統 蔣公：「國父遺教概要」。民國二十四年九月十四到十九日。
❸國父：「三民主義」手撰本。民國八年。
❹國父：「孫文學說」第六章。民國七年十二月十七日。
❺國父：「地方自治爲建國之礎石」。民國五年七月十七日。
❻國父：「女子要明白三民主義」。民國十三年四月四日。
❼國父：「通令開放蛋戶惰民等許其一體享有公權私權令」民國元年三月十七日。
❽國父：「禁止買賣人口令」。民國元年三月二日。
❾國父：「革除前清官廳稱呼令」。民國元年二月二十四日。
❿國父於民國元年二月十五日祭明太祖文自稱「國民公僕臨時大總統孫文」。
⓫國父：「致袁世凱辭大勳位電」。民國元年。
⓬國父：「民權主義」第四講。民國十三年四月十三日。
⓭國父：「女子要明白三民主義」。
⓮國父：「三民主義的具體辦法」

作業題

㈠試就　國父遺教，簡述民權的意義和作用來源。
㈡試述民權的來源。
㈢中國革命必須採用民權的理由何在？
㈣試釋民權主義是主權在民的主義。
㈤試釋民權主義是政治平等的主義。
㈥試釋民權主義是全民政治的主義。
㈦民權主義與直接民權有何關係？試述其要。

第三節　民權主義的特質

本部分爲㈠全民政治，㈡革命民權，㈢權能區分，㈣五權憲法，㈤均權制度，㈥地方自治。

壹、全民政治

什麼是全民政治？　國父說：「人民能實行四個民權，才叫做全民政治。」又說：「我們所主張的民權，是和歐美的民權不同。我們拿歐美已往的歷史來做材料，不是要學歐美，步他們的後塵，是用我們的民權主義，把中國改造成一個『全民政治』的民國，要駕乎歐美之上。」❶並強調「眞正的全民政治，必須先要有『民治』，然後才能夠說眞是『民有』，眞是『民享』。」❷「必須把政治上的主權，實在拿到人民的手裏，才可以治國，才叫民治。這個達到民治的道理，就叫做民權主義。」❸由此可見，我們的民權主義主張全民政治，把人民的權力提高，使之可放可收，行使全民政治的民權，足以支配萬能政府，則極權主義便無由出現。

貳、革命民權

講到革命民權的主張，與天賦人權學說理論不同，就是認爲人民的權利，經由革命而來。例如英國、美國、法國和中國的民權，都是由這幾個國家的人民，經過多年的革命奮鬥向君主爭來的，就是革命民權的例證。

國父曾批評法國盧梭的天賦人權說：「盧梭一生民權思想最要緊的著作是民約論。民約論中立論的根據，是說人民的權利是生而自由平等的，各人都有天賦的權利，不過人民後來把天賦的權利放棄罷了。所以這種言論，可以說民權是天生出來的。但就歷史上進化的道理說，民權不是天生出來的，是時勢和潮流所造就出來的。故推到進化的歷史上，並沒有盧梭所說的那種民權事實，這就是盧梭的言論沒有根據。」❹

因爲天賦人權的理論有很多缺陷，所以　國父才提出以革命民權來作爲民權主義的理論根據。而且強調「國民黨之民權主義，與所謂天賦人權者殊科，而唯求所以適合於現在中國革命之需要。蓋民國之民權，唯民國之國民乃能享之，必不輕授民權於反對民國之人，使得藉以破壞民國。」❺

叄、權能區分

權能區分就是人民有權，政府有能，並且使權與能平衡。國父說：「政治之中包含有兩個力量，一個是政權，一個是治權。這兩個力量，一個是管理政府的力量，一個是政府自身的力量。」❻前者就是「權」，亦卽人民的四個政權；後者就是「能」，亦卽政府的五個治權。要「用人民的四個政權，來管理政府的五個治權，那才算是一個完全的民權政治機關。有了這樣的政治機關，人民和政府的力量，才可以彼此平衡。」（同❻）因爲人民有充分的「權」，可以管理政府，不怕政府專擅不受控制；而政府有充分的「能」，可以建立萬能政府，放手辦事，爲國家利益和人民福利而服務。這樣才能眞正建立一個和歐美各國政治制度不同的「完全之民權政治機關」（同❻）。

人民有權，就是人民有四個政權——選舉權、罷免權、創制權和複決權。政府有能，就是政府有五個治權——行政權、立法權、司法權、考試權和監察權。這權能區分的學說，是國父在政治上的一項重要發明。又說：「各國自實行了民權以後，政府的能力便行退化。」這個理由，就是人民恐怕政府有了能力，人民不能管理。所以人民總是防範政府，不許政府有能力，不許政府是萬能。所以實行民治的國家，對於這個問題便應該想方法去解決。想解決這個問題，人民對於政府的態度，就應該要改變。」❼並強調「有一位美國學者說：『現在講民權的國家，最怕的是得到了一個萬能政府，人民沒有方法去節制他；最好的是得一個萬能政府，完全歸人民使用，為人民謀幸福。』這一說是最新發明的民權學理，但是所怕所欲，都是在一個萬能政府。第一說是人民怕不能管理的萬能政府，第二說是為人民謀幸福的萬能政府。要怎麼樣才能夠把政府變成萬能呢？變成了萬能政府，要怎麼樣才聽人民的話呢？」（同❼）實行權能區分辦法後，既可改變人民對政府的態度，又能補救政府無能的缺點。

肆、五權憲法

五權憲法是　國父在政治制度的新發明。　國父說：「五權憲法是兄弟所獨創，古今中外各國從來沒有講過。」❽　國父為什麼創立五權憲法，是要補救歐美三權憲法——行政權、立法權、司法權分立而制衡的缺點，建立五權分立而合作的政府制度。

歐美三權分立的政府制度，一則行政機關兼考試權，容易發生濫用私人等弊端；二則立法機關兼監察權，容易形成國會專制；三則三權之間互相牽制，容易導致政府無能。　國父主張採用中國古時考試與監察獨立的制度，使三權憲法中的考試權與監察權，從行政機關與立法機關中分出來，並且各自獨立；三權分立便變成五權分立。而且將三權之間所強調的制衡關係，變為五權之間的分工合作關係，便可補救三權憲法的缺點。所以「我們現在要集合中外的精華，防止一切的流弊，便要採用外國的立法權、司法權和行政權，加入中國的考試權和監察權，連成一個很好的完璧，造成一個五權分立的政府。像這樣的政府，才是世界上最完全最良善的政府。」（同❻）這是五權憲法的要義，是集合中外政府制度的精華而成的。

伍、均權制度

關於中央政府與地方政府權限的劃分，國父主張採均權制度。他說：「凡事務有全國一致之性質者，劃歸中央；有因地制宜之性質者，劃歸地方。不偏於中央集權制或地方分權制。」(同❺)認為「權之分配，不當以中央或地方為對象，而當以權的性質為對象。權之宜屬於中央者，屬之於中央；權之宜屬於地方者，屬之於地方。例如：軍事、外交，宜統一不宜分歧，這是宜屬於中央的。教育、衞生，隨地方情形而異，這是宜屬於地方的。更分析來說：同樣是軍事，國防固屬於中央，但警衞設施，不是中央所需代勞的，就可屬之於地方。同樣的教育事業，濱海之區宜側重水產，山谷之地宜側重礦業或林業，這是宜給予地方有措置的自由；但是學制和義務教育的年限，中央不能不為劃一範圍，因此中央亦不能不過問教育事業。可見同一事業，猶當於某程度以上屬之於中央，某程度以下屬之於地方。」(同❺)這樣，中央與地方權限的劃分，才能有一合理的標準，各得其宜。因此均權制度有適合國情、賦有彈性、避免極端等的優點。

陸、地方自治

何謂「地方自治」？國父認為「地方上的事情，讓本地人民自已去治理，這就是地方自治的意義」。引申來說，地方自治就是地方上的人，在國家監督之下，自已制定自治規章，選舉地方官員，來管理本地方公共事務的一種政治制度。

民權主義爲求實現全民政治，就要人民能行使直接民權，國父認爲「如何而後可舉『主權在民』之實，『代表制度』於事實、於學理皆不足以當此。」❾必須實行直接民權，才能達成主權在民之理想。像中國這樣的大國，要實行直接民權，是把全國區畫爲若干小單位，分別來實行。講到地方自治的範圍，「不宜以廣漠之省境施行之，故當以縣爲單位。」由一縣之人，「以人民集會或總投票之方式」❿直接行使選舉、罷免、創制、複決各權。「最重要的就是縣自治，行使直接民權；能夠有直接民權，才算是眞正民權。」（同❿）國家是由各縣組成，各縣的政權，分別置於人民直接掌握之下，則一國的政治，自然也就爲人民所主宰。

根據地方自治開始實行法，地方自治開始實行的時候，應該辦理清戶口、立機關、定地價、修道路、墾荒地、設學校等六項重要工作。又建國大綱中規定：「每縣地方自治政府成立之後，得選國民代表一員，以組織代表會（國民大會），參與中央政事。」也就是把中央不得不採取的間接民權的形式，而置於直接民權控制之下。至於地方自治的功用，主要在於：奠定建國的基礎、培養民主的觀念和責任、訓練人民的政治能力。

附註

❶ 國父：「民權主義」第四講。民國十三年四月十三日。

❷ 國父：「國民要以人格救國」。民國十二年十月二十日。

❸ 國父：「三民主義爲造成新世界之工具」。民國十年十二月七日。

❹ 先總統　蔣公：「國父遺教概要」。民國二十四年九月十四到十九日。
❺ 國父：「中國國民黨第一次全國代表大會宣言」。民國十三年一月三十一日。
❻ 國父：「民權主義」第六講。民國十三年四月二十六日。
❼ 國父：「民權主義」第五講。民國十三年四月二十日。
❽ 國父：「五權憲法」。民國十年七月。
❾ 國父：「中華民國建設之基礎」。民國十一年。
❿ 國父：「中華民國之意義」。民國五年七月十五日。
⓫ 國父：「中國國民黨改進宣言」。民國十二年一月一日。

作業題

(一)試就　國父的政治主張，說明全民政治的意義。
(二)何謂「權」與「能」？何謂「權能區分」？請分別闡釋。
(三)國父何以要創立五權憲法？又五權憲法如何去行使？試述所見。
(四)試述均權制度的精義。
(五)地方自治何以要縣為單位？其主要功能為何？簡述其意義。
(六)地方自治有那六項重要工作？均權制度下中央與地方政府權限如何劃分？就　國父主張解答之。

第四節 民權主義的基本主張（自由與平等）

本節分爲㈠合理的自由，㈡眞正的平等，㈢充分的民權，㈣萬能的政府。

壹、合理的自由

㈠自由的流弊

國父說：「從前歐洲在民權初萌芽的時代，便主張爭自由，到了目的已達，各人都擴充自己的自由，於是由於自由太過，便發生許多流弊。」❶法國大革命時，羅蘭夫人卽說：「自由，自由，天下許多罪惡假汝之名以行！」以往的這種流弊，出自個人濫用其自由，結果自然造成社會的紊亂，並對團體發生嚴重的破壞作用。

時至今日，更由於共產黨蓄意利用自由，針對人們不滿現狀的心理，提出自由的口號，誘發種種偏激的自由行動，破壞社會的秩序，使民主政治因紊亂而崩潰，然後以暴力奪取政權，又以暴力摧殘自由。因此，我們講民權主義，必先了解自由的意義和眞諦。

㈡自由的意義和眞諦

什麼是自由的意義？什麼是自由的眞諦？分別解釋如下：

1. **自由的意義**：國父以爲「自由的解釋，簡單言之，就是每個小單位在一個大團體中，能夠活動，來往自如，便是自由。」（同❶）因爲「中國沒有這個名詞，所以大家都是莫名其妙。但是我們有一種固有名詞，是和自由相彷彿的，就是放蕩不羈一句話。旣然是放蕩不羈，就是和散沙一樣。」（同❶）他不贊成極端個人主義的自由，亦卽「爲所欲爲」毫無限制的個人自由，主張「爲所應爲」有限制的個人自由。就是說個人自由要有一定的範圍和限制，要有禮與法的節度和規範。

2.**自由的眞諦**：民權主義主張的自由，是合理的自由。所謂合理的自由，乃是基於理性和法治的自由。現在闡明這種關係：

何謂自由與理性？國父說：「英國有一個學者叫彌勒氏，便說一個人的自由以不侵犯他人的自由爲範圍，才是眞自由。」（同❶）如果侵犯他人的自由，他人也會侵犯自己的自由，結果彼此都失掉了自由的保障。而個人所以結成團體，是謀自由及生存的保障，一旦團體受到壓抑，尤其是像國家這樣的團體受到侵犯，則個人也就失掉了保障。強調「個人不可太過自由，國家要得完全自由」。（同❶）先總統蔣公也說：「民權主義主張合理的自由，就是主張限制個人的自由，以保持人人之自由；犧牲個人的自由，以求得國家之自由。」❷更說明「三民主義的自由，卻是積極的服務人羣，而發展自我的意思。」❸這些都是基於理性來說明自由的意義。

何謂自由與法治？人類基於理性，來考慮個人與團體的自由問題，而產生權利義務觀念。保持個人的自由，就是一種權利；但爲了團體，必須限制個人自由，就是一種義務。至於何者需要保持？何者需要限制？應由全國國民自行決定，訂之於憲法。憲法是「人民權利之保障書」。❹權利義務完全由全國國民自行決定，明訂於憲法。

孟德斯鳩對自由解釋是：「法律所許可的行爲，人人有權利去做，便叫自由。」先總統　蔣公也說：「自由與法治是不可分的。」「人人謹守法定的界限，始可達到人人都有『自由』的境域；要人人都有『自由』的國家，才可以說是『法治』的國家。」[5]所以法治的目的是爲了保障自由，而自由必須建立在法治的基礎上，這樣的自由，才是眞自由。我們必須了解自由與理性、自由與法治是不可分的。誠如先總統　蔣公強調「現代化政治的潮流和現代政治的前提，乃爲民主與自由。但是我們必須防止民主的偏差與自由的誤用；必須主張貫徹有組織的民主，有紀律的自由。」[6]這就是民權主義所主張的合理的自由之眞諦。

貳、眞正的平等

民權乃以平等爲基礎。爲確實做到平等，必須明辨「不平等」、「假平等」與「眞平等」的區別。

㈠不平等

國父說：「自人類初生幾百萬年以前，推到近來民權萌芽時代，從沒有見過天賦有平等的道理。……天地間所生的東西總沒有相同的。既然都是不相同，自然不能夠說是平等；自然界既沒有平等，人類又怎麼有平等呢？」[7]又說：「天生人類本來也是不平等的，到了人類專制發達以後，專制帝王尤其變本加厲，弄到結果，比較天生的更是不平等了。」（同[7]）這種由帝王造成的不平等，卽是封建時代的「帝、王、公、侯、伯、子、男、民」等的階級制度（圖一）。而近代的民權革命，目的就在打破這種人爲的不平等。

不平等

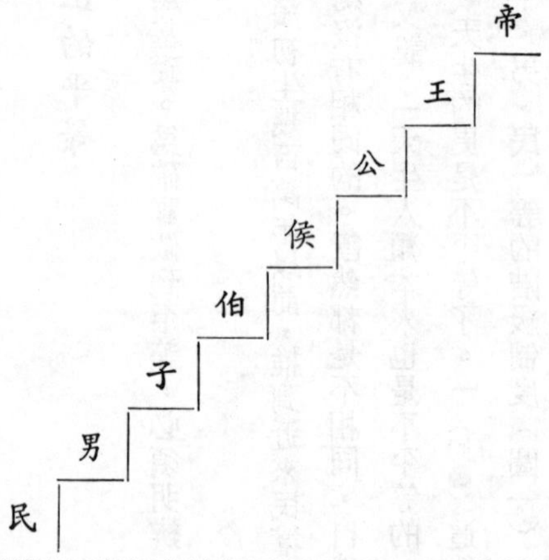

圖一

㈡假平等

國父說：「不過專制帝王推倒了以後，民眾又深信人人是天生平等的這一說，便日日去做工夫，想達到人人的平等。殊不知這種事情是不可能的。……縱使不顧眞理，勉強做成功，也是一種假平等。」（同❼）所謂假平等，就是不分「聖、賢、才、智、平、庸、愚、劣」，一律求其平等，亦即壓成平頭的假平等（圖二）。這種假平等如果實現，「不管各人天賦的聰明才力，就是以後有造就高的地位，也要把他們壓下去，一律要平等，世界便沒有進步，人類便要退化」（同❼）。

假平等

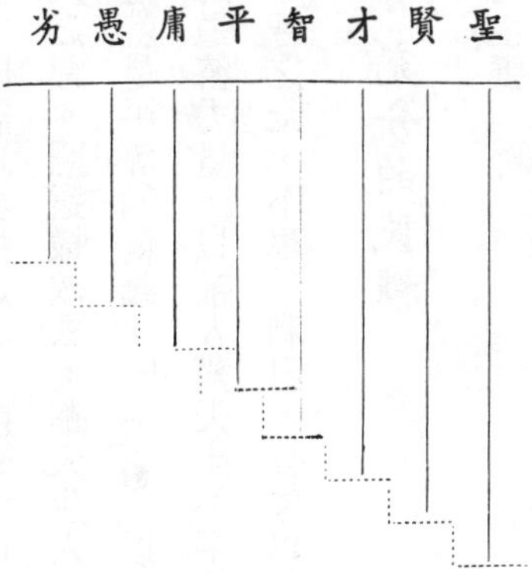

圖二

眞平等

圖三

㈢眞平等

假平等既然產生於打破人爲的不平等以後，而卻忽略了天生的不平等，以致影響人類社會的進步，那麼求「眞平等」，便不能不考慮在打破人爲的不平等外，凡天生的不平等，要使之做到平等，而又無傷於個人的秉賦，這樣就是要講求立足點平等，即讓各人站在同一水平線上，根據各自天賦的聰明才力充分地去發展造就。各人天賦的聰明才力不同，發展造就自然也隨之而異；但是其最初的立足點在同一水平線上，憑藉發展造就的機會又完全相同，所以是眞平等（圖三）。先總統　蔣公說：「平等有兩種意義：一種是法律之前的形式平等，一種是生活條件的實質平等。」（同❸）要使法律之前平等不至流於形式，必須做到生活條件的實質平等。所謂實質平等，乃指「大家都站在具有基本生活的經濟條件和基本知識的教育條件上，能得到公道的機會均等。」(同❸)以上所談的經濟條件與教育條件的機會均等，便是爲大眾謀生活、受教育以及參加考試、選擇公職的機會均等，卽民權主義所主張在立足點上的眞平等。

(四)平等的精義

國父分析人類天賦的才能有三種：一是先知先覺的發明家；二是後知後覺的宣傳家；三是不知不覺的實行家。這三種人，有很大差別，但爲求人類的進步，缺一不可。可是如何調和這三種人使之平等呢？國父說：「要調和這三種之人使之平等，則人人當以服務爲目的，而不以奪取爲目的。聰明才力愈大者，當盡其能力而服千萬人之務，造千萬人之福。聰明才力略小者，當盡其能力以服十百人之務，造十百人之福。所謂巧者拙之奴，就是這個道理。至於全無聰明才力者，亦當盡一己之能力，以服一人之務，造一人之福。照這樣做去，雖天生人之聰明才力有不平等，而人之服務道德心發達，必可使之成爲平等了。這就是平等的精義。」(同❼)以上所詳細分析平等的精義，就是要發展人性中互助、合作、服務、犧牲的道德力量，以補人類天生不平等的自然缺陷，使智者、強者、富者，去扶助愚者、弱者、貧者，聰明才智之士，不專爲利己，且兼以利人，社會人羣才能不斷地團結進步。

叄、充分的民權

(一)直接民權的主張

民權主義採取直接民權，直接民權就是人民直接行使選舉權、罷免權、創制權和複決權四種政權。

又直接民權就是人民以集會或總投票的方式，行使選舉、罷免、創制、複決四種民權，來直接管理國事。

國父認爲從前沒有充分民權的時候，人民選舉了官吏議員之後，便不能夠再問；這種民權，是間接民權，間接民權就是代議政體。可見間接民權就是人民只有選舉權，人民對於國事只能委託其選舉的代表來間接管理。因此強調人民直接行使四種政權，才是具體的民權、充分的民權。

不過在廣土眾民的大國，實行直接民權，必須以地方自治爲基礎，才能發生功能。國父說：「一縣之自治團體，當實行直接民權；人民對於本縣之政治，當有普通選舉之權、創制之權、複決之權、罷免之權。」同時主張「民權以縣爲單位……各舉一代表。此代表完全爲國民代表，卽用以開國民大會。得選舉大總統，其對於中央之立法亦得行修正之權，卽爲全國之直接民權。」所謂「此代表完全爲國民代表」的意思，是說代表人民行使政權時，「只盡其能，不竊其權」❽。亦卽一切都要依據其所代表的民意，而不可憑個人的意見來決定。

(二)四種民權的行使

人民選舉、罷免、創制與複決四種政權，如何行使，依據有關法令規定，闡釋如下：

1. **選舉權**：選舉權分爲選舉權和被選舉權兩種，卽人民依法有選舉他人擔任議員或官吏之權，或被選舉擔任議員或官吏之權。關於選舉權的行使方法，依我國憲法第一百二十九條規定：採「普通、平等、直接及無記名投票之方法行之」。根據權能區分的道理講，選舉資格之取得是基於「權」，所以民權主義對選舉人之資格，主張「普通選舉」，亦卽凡具有中國國籍，年滿二十歲，在本籍或選舉區內居住六個月以上（此卽公民的積極資格），且未褫奪公權或受禁治產宣告者（此卽公民的消極資格），皆有選舉權，此外別無其他限制。又被選舉資格的取得是基於「能」，所以對被選舉人的資格，則主張凡公職候選人的資格必須經過考試銓定合格，以期確有能力達成人民付託的任務。

2.**罷免權**：罷免權就是對於所選舉的議員或官吏，發現其不能代表民意或不能勝任時，依法使其去職之權。罷免權是補救選舉流弊的一種方法。人民有了選舉權，復有此罷免權，則「對於政府中的一切官吏，一面可以放出去，又一面可以調回來，來去都可以從人民的自由。」❾「如公司中之董事，由股東選任，亦可由股東廢除。」罷免權同選舉權是相關聯的，其行使乃以經由選舉產生之議員和官吏為對象。此外我國政府為了辦好公職人員選舉和罷免，以促進民主憲政，於民國六十九年，經過立法程序，制訂了動員戡亂時期公職人員選舉罷免法，所以公職人員的選舉和罷免，有了法律的依據。

3.**創制權**：人民訂定法律的權，叫做創制權。國父說：「如果大家看到了一種法律，以為是很有利於人民的，便要有一種權，自己決定出來，交到政府去執行，關於這種權，叫做創制權。」(同❾)因為一般立法，係由立法機關行之；而創創權的行使，是人民對議會未予制定的法律，基於公意，認為有制定的必要時，經由一定程序，決定法案原則，交議會去制定法律或制定法律條文，交由政府執行。因此創制權可防止立法機關失職。

4.**複決權**：國父說：「如果法律有不便的時候，也要自己可以修改廢止法律的權，叫做複決權。」(同❾)又說：「立法機關若是立了好法律，在立法機關中的大多數議員通不過，人民可以用公意贊成來通過。這種通過權，……是叫做複決權。」❿複決權就是對議會已通過或否決的法案，由公民依一定程序投票，以決定其存廢或修改之權，卽包括重行表決或廢止法律之權。複決權的行使，可以確保人民權益，防止議會專權。

肆、萬能的政府

㈠建立五權分立的政府

國父認爲政府是爲民衆謀幸福的，政府的能力愈大，則爲民衆所謀的幸福也愈大。他說：「如果在國家之內所建設的政府，只要他發生很小的力量，是沒有力的政府，那麼這個政府所做的事業，當然是很小，所成就的功效，當然是很微。若是要他產生很大的力量，就是強有力的政府，那麼這個政府所做的事業，當然是很大，所成就的功效也當然是極大。」應如何去建設一個強有力的政府，首先要從政府機構方面設想，使之具有健全的功能。「我們要依行政、立法、司法、考試、監察五種治權分立的原則，來建設一部新的政治機器，就是一個新政府，來爲全體人民工作，爲整個國家造福。這樣五權分立的政府，就是世界上最新最完善的一部政治機器，卽是最能爲全體民衆造福的萬能政府。」所以「用五權憲法所組成的政府，才是完全的政府，才是完全的政府機關。」(同❾)

㈡實現專家政治的理想

「政府是機器」，簡言之，是一部「人事的機器」，人事的機器，乃用人組成的。這個機器既是用人組成，爲求萬能，除了使之結構完備之外，還要考慮其組成分子的優異性。國父說：「現在歐美人無論做什麼事，都要用專門家。譬如練兵打仗，便要用軍事家；開闢工廠，便要用工程師。對於政治，也知道用專門家；至於現在之所以不能實行用政治專門家的原因，就是由於人民的舊習慣還不能改變。但是到了現在的新時代，……許多事情一定要靠專門家的。」⓫人民的舊習慣，是恐懼所選出的議員和官吏，具有本領，無從管理。現在把權能分開，人民就可以放心革除這種舊習慣。先總統　蔣公說：「一方面人民要有充分的控制政府管理國事的『權』；一方面政府要有萬能的治理政事造福全民的『能』……，然後可以推進政治，增進效能，而實現『專家政治』的理想。」(同❻)　國父特別把考試權獨立起來，其主要目的也是爲了實現專家政治。「當議員或官吏的人，必定要有才德，或者有什麼能幹，才是勝任愉快的。」(同❿)「我們又怎樣可以去斷定他們是合格呢？我們中國有個古法，那個古法就是考試。」(同❿)「釐訂各種考試制度，以救選舉制度之窮。」⓬「凡候選及任命官員，無論中央與地方，皆須經中央考試、銓定資格者乃可。」⓭這種功能健全的機構設計，一方面由專家來辦理工作，一方面人民能掌握四種政權以節制，便可以建立一個完全爲民所治的萬能政府。

附註

❶ 國父：「民權主義」第二講。民國十三年三月十六日。
❷ 先總統　蔣公：「國父遺教概要」。民國二十四年九月十四到十九日。
❸ 先總統　蔣公：「反共抗俄基本論」。民國四十一年十月十六日。
❹ 國父：「中華民國憲法」前言。民國十六年一月一日。
❺ 先總統　蔣公：「中國之命運」。民國三十二年。

❻ 先總統　蔣公：「復國建國的方向和實踐」。民國五十一年十一月十二到十九日。
❼ 國父：「民權主義」第三講。民國十三年三月。
❽ 國父：「中華民國建設之基礎」。民國十一年。
❾ 國父：「民權主義」第六講。民國十三年四月二十六日。
❿ 國父：「五權憲法」。民國十年七月。
⓫ 國父：「民權主義」第五講。民國十三年四月二十日。
⓬ 國父：「國民黨之政綱」。
⓭ 國父：「國民政府建國大綱」。民國十三年四月十二日。

作業題

㈠從理性與法治的觀點，說明民權主義所主張的自由。
㈡不平等、假平等與眞平等有何區別？並繪圖說明之。
㈢試闡釋先總統　蔣公平等有兩種的精義。
㈣何以說「人人應該以服務爲目的，不當以奪取爲目的。」？試述其意義？
㈤直接民權與間接民權有何不同？依　國父見解答之。
㈥何以說五權憲法的中央政府是萬能政府與民主政府？試抒所見。

第五節　民權主義的優越性

本節分為㈠民權主義的優越性，㈡中共偽政權的暴政，㈢民權主義下的民權與人權。

壹、民權主義的優越性

德國海法特（H. Herrfahrdt）教授認為　孫中山先生是「最早發覺民主議會制度毛病的人」，在「民主制度的危機下」，他能創立「新政制」，「注重全民的福利，修正議會的流弊」❶。美國林白樂（Paul Linebarger）教授更稱讚「乃是民主思想的整個大寶藏，那兒有許多國家渴望企求而仍然得不到的東西。」❷他們的評論、立論雖然公正，仍未能充分透析民權主義的優點，其實民權主義優越性應包括下列各項：

㈠個體與羣體的調和

國父非常注重個體利益與羣體利益的調和，主張對於大我與小我的利益，都要依照本末先後、輕重緩急的次序，加以適當的維護。如說：「個人不可太過自由，國家要得完全自由。」❹「個人社會，本大我小我之不同，其理可互相發明，而未可以是非論之也。」❺先總統　蔣公也指出：「人類是社會的動物，有個性也有羣性，必須調和個性與羣性的衝突，才能使個人的自覺與社會的發展，由相反而相成。」❻民權主義建立在「民為邦本」之人本政治哲學的基礎上，既重視個體的存在，更注意個體與羣體的調和與相輔相成，強調羣性的發揮。

㈡**自由與安全的調和**

個人的自由如太多、太放縱，不但影響到國家的安全和社會的秩序，而個人本身，最後也將蒙受其害。民權主義對於個人自由與國家安全、社會安全，甚至個人本身安全的關係，盡量加以調和，務求其能達到恰到好處的境界。國父說：「政治裏頭有兩個力量；一個是自由的力量，一個是維持秩序的力量。」❼「政治裏頭的自由太過，便成了無政府；束縛太過，便成了專制。」❽必須這兩個力量，雙方平衡，不要各走極端。這就是自由與安全必須調和的眞諦。

㈢**平等與公道的調和**

民權主義強調立足點的平等，捨棄平頭式的平等，務使各人在機會均等的原則下，奮發有爲，力圖創造，獲得其應當獲得的部分，這便是平等與公道的調和，充分表現出其理論架構的完美與優越。

㈣**民主與政府效能的調和**

民主不講法治，忽略國家安全和法治，很容易使政府效能打折扣，受到不利的影響，往往造成民主的挫折。西方政治學者亦認爲：「個人主義的政府因偏重民主，因而缺乏效能；集體主義的政府則偏重效能而抹煞民主。」很少能夠設計一套妥善的政治理論與制度，使二者都能兼顧。民權主義實行「權能區分」，一方面要人民有權，實行全民政治；他方面要政府有能，造成萬能政府，以期民主與政府效能互相調和。

㈤**注重程序而又能因時制宜**

民權主義有一套革命程序。國民政府建國大綱規定：建設之程序分爲軍政、訓政和憲政三個時期。這就是國民革命的進程，亦是國家建設的三個階段。按照這樣有計畫的程序進行，自易成功。 國父領導革命，特別注重革命程序，又能因時制宜，訓練人民實行地方自治，行使充分民權，這也是民權主義優越之處。

貳、中共偽政權的暴政

中共僞政權竊據大陸以後，先後用「無產階級專政」、「人民民主專政」的口號，以「階級鬥爭」爲綱，進行「清算」、「鬥爭」、「下放」、「勞改」、「消滅私有制」、成立「人民公社」、「反右鬥爭」、「文化大革命」等暴政，藉以摧殘人權，奴役人民，箝制思想，製造恐怖氣氛。中共僞政權建立初期，發動「土地改革運動」和「鎮壓反革命運動」，往往在民眾鬥爭會上，殘殺地主、富農和反共人士，直接被害的有數千萬人。而後來的歷次鬥爭中，單是智識青年，被迫「下放」的就有八千萬人。「文化大革命」時期受誣陷和被迫害的有七十三萬多人，公開承認死亡的有三萬四千多人，甚至據美國紐約時報記者，苦海餘生一書的作者包德甫的估計，在「文化大革命」時，受害者多達一億人。中共僞政權還不斷擴大內部的奪權鬥爭，一直在「肅反」、「整黨」、「整風」的反覆殘酷鬥爭之中。

叁、民權主義下的民權與人權

民權主義主張主權在民，以伸張民權爲基本，又以尊重人權爲首要，以順應民意爲依歸。一切施政，都朝向「政權爲全國人民所共有，治權爲全國人民公意之所託」的目標而努力，須知「無民權卽無民主之可言，而民權卽爲民主之基本」，「民權要如何才能實行，這就要靠人民有力量」。所以在軍政時期，要剷除軍閥勢力，保障民權；訓政時期要告訴人民，如何行使民權；憲政時期，要由人民充分行使民權。

今天國家尚在非常時期，又當社會的轉型期❾，政府一方面要實施非常時期的措施，確保人民的安全，使得確能行使民權。更針對社會的變化，因應需要，不斷的制定和修訂各種有關法令，來保障人權。又推進各種保護人民權益的行政措施，使得民權的發達和人權的伸張，確能達到民權主義的理想。政府三十多年來，卽使是時處非常，仍毅然決心推動民主憲政，使社會在轉型期中，能夠應付各種的情勢，循著自由平等的民權大道前進。一般民衆應當認淸我們所處的環境，必須善用自己的民權，使民主憲政更加光輝。

附註

❶ 海法特著，王家鴻譯：「孫中山傳」。

❷ 林白樂撰：「孫文主義的世界性」。

❸ 國父：「民權主義」第二講。民國十三年三月十六日。

❹ 國父：「社會主義之派別及批評」。民國元月十五到十七日。

❺ 先總統　蔣公：「爲何漢奸必亡，侵略必敗」。民國三十九年十月二日。

❻國父：「民權主義」第六講。民國十三年四月二十六日。

❼國父：「五權憲法」。民國十年七月。

❽社會轉型期：卽指在社會變遷之中，無論政治、經濟、文化各方面的結構，都有強烈的轉變。這些轉變帶來進步，也帶來若干新的問題，這個階段要用各種方法來因應和導引，使社會安定而繼續進步。

作業題

㈠民權主義有何優越性？試述其要。

㈡試述中共僞政權在大陸實行的暴政。

㈢民權主義下的民權與人權如何伸張？各抒所見。

第四章　民生主義

本章分爲下列各節：㈠民生問題的發生與演進，㈡民生與民生主義，附錄：民生主義的特質，㈢民生主義的基本主張，㈣共產主義的破產，㈤我們的經濟建設（怎樣解決民生問題含食衣住行育樂）。

第一節　民生問題的發生與演進

本節包括：㈠歐美的民生問題，㈡我國的民生問題，㈢共產新奴隸社會的民生問題，㈣當前解決民生問題的關鍵。

壹、歐美的民生問題

㈠近代民生問題的由來

民生主義是爲解決民生問題而創建的，近代民生之所以發生問題，正如　國父所說：「民生問題，今日成了世界各國的潮流，推到這個問題的來歷，發生不過一百幾十年，爲什麼近代發生這個問題呢？簡單言之，就是因爲這幾十年來，各國的物質文明極進步，工業很發達，人類的生產力忽然增加，著實言之，就是由於發明了機器。」（民生主義第一講）因爲機器發明之後，「本可減省人之勞力，應爲造福於人間，而何以反生出社會之痛苦？所以然者，則機器之發明，而施用於工業也，乃突如其來，而社會之舊組織，一時不能爲之變更，亦不知爲之變更，故無從應付也。」（手撰本三民主義）這是由於生產技術突飛猛進，社會組織一時無法適應，被機器代替了的人工，沒有適當的安排，「便有許多人一時失業，沒有工做，沒有飯吃」，「工人便受很大的痛苦。因爲要解決這種痛苦，所以近幾十年來，便發生社會問題。」而「社會問題便是民生問題」。（民生主義第一講）這種情況，是指歐美產業發達的國家而言的。至於其他產業落後的國家，則因爲沒有大量運用機器，在產業發達國家經濟侵略下，以致民窮財盡，也發生了性質不同的民生問題。

(二)工業革命與資本主義

工業革命（Industrial Revolution）這個名詞，亦譯爲產業革命或實業革命，其特徵爲用機器代替手工，因而工廠出現，都市隨之興起，工業躍居支配全盤經濟的地位。一七七六年，英國經濟學者亞丹斯密（Adam Smith），爲促進生產，著有國富論（*An Inquiry into the Nature and Causes of the Wealth of Nations*）一書，以私有財產爲基礎，鼓勵追求利潤的慾望，強調自由競爭與放任政策。這種學說的影響很大，從而產生財富集中、資本家壟斷的趨向。所以　國父說：「自工業革命之後，用機器以代人工，生產之力陡增，而歐美工業發達之國，有富者日富，貧者日貧，遂生出資本家專制。」（手撰本三民主義）世人所詛咒的資本主義，即是指此種以私有財產爲基礎，以機器生產爲手段，以自由競爭爲原則，以追求利潤爲目的的經濟制度而言。

㈢資本主義的弊害

孔子說：「不患貧，而患不均。」「貧」與「不均」都是國家經濟政策的失敗。國父說：「歐美經濟之患，在不均。」（中國國民黨宣言）貧富不均，乃是資本主義的主要弊害。本來「貧富不齊，豪強侵奪，自古有之。」（手撰三民主義）不過「古時雖然有過貧富階級的分別，但是沒有今日的厲害。」（三民主義之具體辦法）資本主義所以會造成嚴重的貧富不均，主要原因有二：一爲自由競爭，一爲分配不當。就自由競爭言，國父認爲只能適用於人工生產時代，不能適用於工業革命之後。「因在人工生產之時代，所以制豪強之壟斷者，莫善於放任商人，使之自由競爭，而人民因之以受其利也。」（孫文學說第二章）但自工業革命以後，「世界已用機器以生產，有機器者，其財力足以鞭笞天下，宰制四海矣。是時而猶守自由競爭之訓者，是無異以跛足與自動車競走也，容有倖乎？」（同上）他很沉痛的指出自由競爭的弊害。

就分配不當言，國父曾指出：「按亞丹斯密經濟學生產之分配，地主占一部分，資本家占一部分，工人占一部分，遂謂其深合於經濟學之原理。」結果「地主與資本家坐享其全額三分之二之利，而工人所享三分之一之利，又析與多數之工人，則每一工人所得，較資本家所得者，其相去不亦遠乎？」（社會主義的派別及批評）由於資本主義的自由競爭，與分配之不當，所以「得有土地及資本之優勢者，悉成暴富，而無土地及資本之人，則轉因之謀食日艱。由是富者愈富，貧者愈貧，則貧富之階級日分，而民生之問題起矣。」（手撰本三民主義）這裏說明了分配不當，實爲造成貧富懸殊的主要因素。

貳、我國的民生問題

㈠我國民生問題的性質

歐美自工業革命後，造成貧富不均的社會，發生了社會問題，而我國長期停滯在農業社會，生產落後，加以外受開發國家的經濟侵略，人民普遍陷入困境，只有「大貧與小貧」之別。國父說：「外國是患不均，中國是患貧，這是中外社會情形的大區別。」（三民主義之具體辦法）中外社會的情形既不相同，所採解決問題的辦法也就兩樣。又說：「中國之患在貧，貧則宜開發富源以富之，唯富而不均，則仍不免於爭，故思患預防，宜以歐美爲鑒，力謀社會經濟之均等發展，及關於社會經濟一切問題，同時圖適當之解決。」（中國國民黨宣言）可見決定解決我國民生問題的兩條途徑，卽經濟開發和預防不均，兩者不可缺一。

㈡經濟開發

我國的經濟資源，非常豐富。如「東北的煤鐵與農產，西北的馬匹與羊毛，東南的鋼鐵，西南的鎢錫，無一種不是保衞民族的生存要素。」（先總統　蔣公著中國之命運）中國人之所以受貧窮的痛苦，豐富的資源未被開發利用，也是重要原因之一。再就我國民生問題的性質言，解決之道，尤應重視經濟開發問題。　國父認爲：「要解決民生問題，一定要發達國家資本，振興實業。」（民生主義第二講）

又「實業之範圍甚廣，農、工、商、礦，繁然待舉。」（實業振興與鐵路計畫）強調要解決民生問題，必須振興農工礦等實業。

振興實業最主要的範圍是：「第一是交通事業，像鐵路、運河，都要興大規模的建築；第二是礦產，中國礦產極其豐富，貨藏於地，實在可惜，一定是要開闢的；第三是工業，中國的工業，非要趕快振興不可，中國工人雖多，但是沒有機器，不能和外國競爭。」（民生主義第二講）國父為了要開發我國經濟，曾著有實業計畫。「此書為實業計畫之大方針，為國家經濟之大政策。」（實業計畫序）先總統　蔣公亦闡揚此項主張：「實業計畫實現之時，卽經濟發達物質建設成功之日，國民的食衣住行育樂等一切民生問題就可解決，當然能成為富強安樂的新國家。」（國父遺教概要第三講）

㈢預防不均

「不均」，是民生問題中最難解決的問題。國父說：「民生主義為預防政策。」「預防之法為何？依余所見，不外土地與資本問題。」（軍人精神教育）在農業社會中，主要是表現在土地投資上，進入工業社會後，便發生嚴重的資本問題。「中國到今日，雖然沒有大地主，還有小地主。在這種小地主時代，大多數地方，還是相安無事，沒有人和地主為難。不過近來歐美的經濟潮流，一天一天的侵進來了，各種制度都是在變動，所受的頭一個最大的影響，就是土地問題。……所以中國土地，先受歐美經濟的影響。地主便成富翁，和歐美的資本家一樣。」（民生主義第二講）

如果實業發達，採用機器生產，便可以和外國競爭。國父說：「到全國的工人都有工做，都能用機器生產，那便是一種很大的新財源。」但是「任由中國私人或外國商人來經營，將來的結果，也不過是私人的資本發達，也要生出大富階級的不平均。」（同上）爲了預防不均，便提出解決民生主義的兩個辦法：「第一個是平均地權；第二個是節制資本。只要照這兩個辦法，便可以解決中國的民生問題。」（同上）。

叁、共產新奴隸社會的民生問題

㈠共產新奴隸社會的產生

共產主義是歐洲工業革命以後，由貧富不均現象，所激發出來的一種反動思想。馬克思爲共產主義運動訂定了目的和方法，其目的是沒收私有財產，消滅利潤追求，廢止商品生產，從而徹底推翻資本主義制度。其方法是在社會上發動「階級鬥爭」，用暴力奪取政權，然後在政治上實行「階級專政」，以強制手段建立共產制度。到了共產政權建立後，才眞正的出現了馬克思所形容的資本主義社會現象，卽人民除了出賣勞動力以外，是一無所有，都成爲受盡剝削的工奴或農奴，所謂共產新奴隸社會，就是這樣產生的。

這裏要補充說明的是，爲什麼說共產政權建立以後，產生了新奴隸社會呢？因爲馬克思曾經主觀地把世界歷史，強分爲下列五個階段：

①原始共產社會　財產共有，無階級鬥爭；

②奴隸社會　有奴隸和主人（奴隸主）的鬥爭——指希臘時代；

③封建社會　有平民和貴族的階級鬥爭，有農奴和封建領主的鬥爭——指羅馬及中古時代；

④資本主義社會　有無產階級與資產階級的鬥爭——指工業革命後的歐美各國；

⑤新共產社會　階級消滅，沒有鬥爭——指社會革命後的未來社會。

附註：這裏五階段，前面亦已提到。

馬克思認爲希臘時代，奴隸主剝削奴隸至於極點，造成了奴隸社會；今日共產政權剝削農工及一般民衆亦至於極點，所以我們說他們造成了新奴隸社會。

馬克思認爲當日的資本主義社會，勞工除出賣勞力外，一無所有，故稱之爲無產階級。又認爲奴隸與奴隸主進行階級鬥爭的結果，把奴隸社會鬥垮了；將來無產階級與資產階級進行階級鬥爭的結果，必定會把資本主義社會鬥垮，而走向新共產社會，便沒有階級沒有鬥爭了。他沒料到蘇俄和中共製造了一無所有的無產階級，反引起了階級鬥爭。近年來，波蘭工會反對波蘭共產政權，就是一例。

㈡公有與專政結合的剝削制度

共產主義對於財產，要取消私有制，建立公有制。由政府沒收私有財產，則其生產、分配以及消費的決定，完全操諸政府手中。如果這個政府實行專政，無異由專政者借「公有」之名，支配和享用一切財產，形成唯一的大私有制度。又可用政治權力，使人民普遍受到比資本家更殘酷的剝削和迫害。南斯拉夫共產黨副總統吉拉斯（Milovan Djilas）在所著新階級一書中說：「新階級視全國的財產爲己有，甚至認爲『社會的』和『國家的』財產等名詞，不過是法律上的空洞字眼而已。」「在共產制度下的強迫勞動，乃獨占全面所有權，或獨占國家財產的結果。勞工不僅出賣勞力，而且須在他不能自行控制的條件下出賣勞力，因爲勞工們只有一個僱主，只有接受這個僱主的條件，別無他途可循。」他根據其親身經驗指出：在共產制度下，專政者成了新階級。這就是說當權者成了剝削階級，勞工及一般人民成了被剝削階級。

一九一七年俄國共產黨奪取政權後，即實行專政，沒收人民的財產，主宰全國生產計畫的決定權以及生產所得的分配權，爲以後各國共產政權樹立了共產新奴隸社會剝削制度的模式。致力詮釋馬克思學說的考斯基(Karl Kautsky)說：「史達林統治下的建設計畫，並不是史無前例的。史達林以前的其他統治者，只要手中掌握著大量馴良而無告的勞工，即令遠在原始時代，也一樣可以無情的犧牲這些勞工，去建造許多令人驚嘆的龐大工程。」他批評蘇俄的五年計畫，是奴役人民的暴行。也可說新奴隸主在剝削新奴隸，新資產階級在剝削新無產階級。

(三)共匪「新生資產階級」壓榨下的人民生活

共匪不顧中國社會性質，竟以俄爲師，利用專政的暴虐手段，沒收人民一切私有財產。土地方面是在「農村土地改革」口號之下，經由不斷「清算鬥爭的結果，大家都沒有了土地，都變成了無產，眞是成爲我國所謂『赤貧』了。這樣大家都只能從共匪手裏討得的一點『不能自立』，更『不能自存』的餘餕，來充當農奴。」(先總統　蔣公著三民主義的本質)至於資本方面，共匪採取了直接沒收和變相沒收兩種手段。前者就是所謂「國營」，後者就是所謂「工商業公私合營」，使私營商業完全消滅。而共匪的統治階層則成了李一哲大字報中所說的「新生資產階級」，或「新的資產階級」。

民國六十三年十一月出現於廣州街頭的大字報中指出：「新的資產階級占有方式的本質，就在生產資料社會主義所有制的條件下，『化公爲私』，當國家或事業的領導人將無階級的財產和權力，按照資產階級的面貌實行再分配的時候，實際上對部分財產和權力實行了新的資產階級私人占有」，「他們爲了維護已得的特權和更多的特權，必然要打擊堅持原則的正直同志，鎭壓起來反對他們特權的人民羣眾，非法地剝奪這些同志和羣眾的政治權利和經濟利益。」這說明社會重分配的過程中，共匪新資產階級的佔有方式，完全與人民利益相對立，今天「大陸人民正是一窮二白，求生無路，求死不得。」（三民主義的本質）。

先總統 蔣公說：「他們所謂的『無產階級專政』，原來是要實行唯一的大私有主義。」「把所有的產業徹底收集起來，歸於一個『專政』魔王的掌握，於是其他的人，才都完全變成眞正『赤貧』的無產階級了。」（同上）可見在共產新奴隸社會中的民生問題，比歷史上任何一個時期的民生問題都要嚴重；而在共匪控制下的我國大陸上的民生問題，比任何一個共產黨地區的民生問題尤爲嚴重。可見新資產階級的剝削，比舊資產階級更厲害百倍了。

近來雖開放小部分商業，名義上人民可自由經營，實際上多爲共幹所把持。

肆、解決當前民生問題的關鍵

㈠實行民生主義

國父早經指出：「共產組織，甚至蘇維埃制度，事實上均不能引用於中國，因中國並無使此項共產制度或蘇維埃制度，可以成功之情況也。」（國父爲中俄關係與越飛聯合宣言）須知共產主義在二十世紀裏，不僅是一種邪說，且已形成一種暴政。這種暴政，正在迫害著歐亞大陸上無數的人民。我們要解決當前民生問題，也和解決當前民族和民權問題一樣，必先推翻共產政權。由於數十年來，共產主義經不住事實的考驗，迄今已全部破產。固然，各國共產政權採取不同的路線，以圖苟延殘喘；但在根本上，共產與專政結合的剝削制度，一律未變，只是或寬或嚴稍有差別而已。因此必須要把共產黨奴役人民的一切暴政，徹底摧毀。

我們在剷除共產制度後，尤應妥善籌謀解決民生問題辦法。國父說：「要解決民生問題，應該用什麼方法呢？這個方法，不是一種玄妙理想，不是一種空洞學問，是一種事實。……我們要拿事實做材料，才能夠定出方法。」（民生主義第二講）共產主義的錯誤，就在不根據事實，專憑玄妙理想所構成的邪說，依樣葫蘆，倒行逆施，故造出許多罪惡。我們的民生主義則不然，乃是就經濟方面的各種事實，加以科學的研究，以建設均富、安和、樂利的社會為目標所提出的理論，這種理論自有其可行性。所以解決當前民生問題，必須實行民生主義。

(二)根絕共產主義的禍患

共產主義是從資本主義社會病態中滋長起來的，我們還要革除資本主義的弊端，以免在推翻共產政權後，共產主義又死灰復燃。尤其應當注意的，是共產主義所以釀成禍患，其基本原因乃在馬克思拼湊一些哲學、歷史和經濟學的歪曲理論，虛構出一套幻想，用以蠱惑不加深思的人。例如他所鼓吹的經濟平等觀念，就是一場騙局。國父為了革除資本主義弊端，以根絕共產主義的邪說，便創建了我們的民生主義，這既可預防資本主義的弊端，更可根絕共產主義的禍患。

先總統　蔣公說得很對：「共產主義往往最初用經濟平等來騙取民眾，剝奪他們的自由；但是民眾喪失了自由，也就喪失了保障平等的權利。奴隸是平等的，但是奴隸沒有要求與主人平等之自由，也就失去了生活的自由，而且是失去其生存與生活的意義。共產主義爲平等而摧毀自由，其結果也就摧毀了平等。」人民喪失了自由，卽降爲奴隸的地位，「則其所謂經濟平等，豈不是騙人的幌子？」因此，我們還要批駁共產主義中哲學、歷史和經濟學等理論的錯誤，使它的邪說不再能欺世誣民。

作業題

(一)現代民生問題是如何發生的？試抒所見。
(二)亞丹斯密自由競爭理論，何以不能適用於工業革命之後？
(三)資本主義社會有何弊害？與民生問題發生何種關係？
(四)要解決民生問題，何以要實施經濟開發？
(五)試述民生主義，何以是預防政策。
(六)如何解決當前的民生問題？試述所見。

第二節　民生與民生主義

壹、民生的意義

㈠民生的定義

我們研究民生主義，首先要知道什麼是民生？依　國父的解釋：「民生兩個字是中國向來用慣的一個名詞，我們常說什麼國計民生；不過我們所用這句話，恐怕多是信口而出，不求甚解，未見得含有幾多意義的。但是今天科學大明，在科學範圍之內，拿這個名詞來用於社會經濟上，就覺得意義無窮了。我今天就拿這個名詞來下個定義，可說民生就是人民的生活、社會的生存、國民的生計、羣眾的生命便是。」（民生主義第一講，中央文物供應社印，國父全集版）

民生的含義甚廣，但歸納言之，「生活」即是民生一切活動的總稱。誠如先總統　蔣公所說：「民生雖分爲四個方面，而生活實爲其他三者的總表現；蓋生存重保障，生計重發展，生命重繁衍。換言之，生活卽是人生一切活動之總稱。」（新生活運動綱要）

這裏要補充說明的是，民生定義的斷句，計有九種之多，特附錄於本節之末，以供研究者之參考。

㈡解決民生問題的眞諦

民生主義所要解決的民生問題，是全體人民的生活問題。「民生就是人民的生活、社會的生存、國民的生計、羣眾的生命便是。」這段話，所講的人民、社會、國民、羣眾，都是指全體人民而言，可見民生主義是以謀求全民利益爲目標。尤其是在工業社會裏，所有的人都陷於奔忙操勞之中，缺乏康樂環境和休閒設施，因此民生主義要使全體人民生活，無論在物質方面或精神方面都能得到圓滿的解決。既要使他們的食衣住行等不虞匱乏，爲他們謀取最大的幸福，這就是解決民生問題的眞諦。

貳、民生主義的意義和目的

普通先講意義，後講目的，這裏則應先講目的。

㈠民生主義的目的

計可分爲下列四項：

1.以經濟地位平等爲目的：民族主義的目的，在求國際地位平等；民權主義的目的，在求政治地位平等；民生主義的目的，在求經濟地位平等。國父說：「三民主義的精神，……不但在政治上要謀民權的平等，而且在社會上要謀經濟的平等。」（與戴季陶關於社會問題之談話）所謂經濟平等的反面，就是打破社會上或經濟上的不平等。「故民生主義，則爲打破社會上不平之階級也。」（軍人精神教育）這是什麼階級？就是「貧富階級，如大富豪，大資本家，在社會上壟斷權利」。國父又說：「民族主義是對外打不平的，民權主義是對內打不平的，民生主義是對誰去打不平呢？是對資本家打不平的。」（革命軍應擔負救國救民之責任）

2.以養民爲目的：書經云：「德惟善政，政在養民。」國父的民生主義的目的，也是養民。他自己說：「資本主義以賺錢爲目的，民生主義以養民爲目的。」故資本主義爲賺錢而生產，民生主義爲養民而生產。又民生主義的實施辦法爲平均地權，節制資本，以及解決食衣住行育樂等問題，這些辦法的目的，都在「養民」。

3.以造成大同社會爲目的：國父所謂「民生主義，即是大同主義」，不僅應看作定義，而且應看作目的。軍人精神教育中稱：「我們三民主義的意思，就是民有、民治、民享。這個民有、民治、民享的意思，就是國家是人民所共有，政治是人民所共管，利益是人民所共享。照這樣的說法，人民對於國家，不只是共產，一切事權都是要共的，這才是眞正的民生主義，就是孔子所希望之大同世界。」因此先總統　蔣公民生主義育樂兩篇補述，乃以造成大同社會作結論。

4.以均富爲目的：民生主義之求「均」，不是均無，乃是均有，不是均貧，乃是均富。其方法很多，如：平均地權、節制私人資本、發達國家資本、大企業國營等，都是求「均富」的方法。先總統蔣公也說：「我以爲民生主義的『平均地權，節制資本』兩句口號，可以很簡單地說，就是『均富』兩個字。」（土地國有的要義）又說：「『均富』亦就是　總理民生主義的眞諦。」（同上）

補充資料

除以上四項外，有人加了下列的項目：

⑴以教民爲目的。國父在民生主義中本未講以教民爲目的，不過在地方自治開始實行法中講到「教養兼施」，故有人主張以養民與教民爲目的。

⑵又有人主張以「爲人類謀幸福」作爲民生主義目的之一。因爲　國父說過：「至於民生主義，是由人類思想覺悟出來的。因爲既有了土地和主權，自然要想一個完全方法來享受，才能夠達到生活上圓滿的幸福。怎樣享受生活上幸福的道理，便叫民生主義。」（三民主義爲造成新世界之工具）

㈡民生主義的意義

前面曾經講到民族主義的意義與目的不易嚴格劃分，民生主義亦然。如將目的與意義混合起來講，則可說：

1. 民生主義就是求國民經濟地位平等的主義。
2. 民生主義就是以養民爲目的的主義。
3. 民生主義就是求均富的主義。
4. 民生主義以造成大同社會爲目的的主義。
5. 民生主義就是爲人類謀幸福的主義（有一位研究者引邊沁的話說：「民生主義是爲人類大多數謀最大幸福的主義）

此外，亦可說民生主義就是發財主義。（國父指出如要老百姓懂得，最好說民生主義就是發財主義。見國父手改三民主義底稿）

我們這裏要特別重視的是下列三個民生主義的定義。

國父在民生主義第一講所言：「我現在就是用『民生』二字來講外國近百十年來所發生的一個最大問題，這個問題就是社會問題；故民生主義就是社會主義，又名共產主義，即是大同主義。欲明白這主義，斷非幾句定義的話，可以講得清楚的，必須把民生主義的演講從頭聽到尾，才可以徹底明白了解的。」這裏特別要注意的是「欲明白這個民生主義，斷非幾句定義的話，可以講得清楚的。」是說要看全部的講演，才可知其中的異同。現在分別比較如下：

(1)民生主義就是社會主義的詮釋——如就反對資本主義的專制言，如就打破社會的不平等言，如就解決社會問題言，民生主義就是社會主義；如就正本情源言，如就實施方法言，如就範圍大小言，民生主義異於或優於一般社會主義。（詳前民生主義大於社會主義）

(2)民生主義就是大同主義的詮釋——如就目的言，民生主義就是大同主義（詳前論民生主義的目的）；如就步驟言，目前民生主義只是向大同主義的目標前進，不能說完全相等。（詳民生主義育樂兩篇補述及其他文字）

(3)民生主義就是共產主義的詮釋——這裏的詮釋應顧到時間性。在 國父講民生主義就是共產主義時候（民十三）蘇俄實行共產主義不過六年，而且鐵幕深垂，外人莫明眞相，只聽到他們「打倒帝國主義，扶助弱小民族」的口號，以爲同於我們的民族主義，故 國父在民族主義中讚揚列寧的主張；又聽到他們反對資本主義，扶助無產階級」的口號，以爲近於我們的民生主義，故說民生主義就是共產主義。這是就目的說，就大原則說而已。至於對唯物史觀、階級鬥爭論、剩餘價值論以及暴力政策，國父一律反對而加以批評。

唯時間自十三年以後，鐵幕逐被掀開，方知他們打倒西方的資本主義或帝國主義，而自造共產主義式的帝國，解放白色帝國主義下的弱小民族，而自造紅式帝國主義的附庸，假面具揭開，而後知道他們的目的和理想也與三民主義不同了。所以現在詮釋民生主義就是共產主義，要以先總統 蔣公在「土地國有的要義」中的話來作依據。

蔣公對於 國父所說「民生主義就是共產主義」曾詳加詮釋，其要點可歸納爲下列數點：

義。

(1)民生主義概括了共產主義，共產主義不能概括民生主義。也就是說民生主義的範圍大於共產主義。

(2)總理所指的共產主義是民生主義式的共產主義，而決不是俄匪現在所行的那種「共歸於盡」的共產主義。

(3)總理當時所指的民生主義就是共產主義的意義，乃是只指其主義的原則，而不是指其主義的內容和方法，更非指民生主義的目的，就是今日俄匪所行之共產主義的目的。（這裏的原則可釋爲解決社會問題一類的原則）

(4)所謂民生主義式的共產主義乃指一切事權都共的大同主義而言，換句話說，人民所共有、共管、共享的共產主義，就是民生主義式的共產主義。（所謂民生主義式的就是大同主義式的）

(5)總理在世時，蘇俄試行共產不過六年，尤其是他們實行的新經濟政策的時候，外人莫明眞相。他們所提倡的所謂「扶助弱小民族，打倒帝國主義」等口號的假面具，亦沒有揭穿，想不到俄國當初所謂共產的意義和目的，其後果會有像今日那樣空前絕後的浩刼呢！

(6)如果　總理至今依然健在，看到俄帝今日這樣侵略中國與征服世界奴役人類毁滅人性的共產主義，必重加說明我們的民生主義，決不是俄匪式的共產主義。

附錄・民生主義的特質

高中三民主義課本第十三課，未講「民生主義的目的」，祇講「民生主義的特質」（包括一部分目的）。本書則在前面已詳論「民生主義的意義與目的」，爲避免一些重複，故將「民生主義的特質」引爲附錄。讀者應考時，如遇「民生主義的意義與目的」一類題目，則照前面的文字作答；如遇「民生主義的特質」一類題目，則照本段文字作答。

民生主義特質計有四項，以前高中三民主義課本，分爲：㈠以養民爲目的，㈡以均富爲原則，㈢以和平爲手段（方法），㈣以自由安全社會爲理想。現在則改爲：㈠養民，㈡均富，㈢和平，㈣自由安全社會。

㈠養民

民生主義與資本主義根本上不同的地方，究竟是甚麼呢？ 國父說：「就是資本主義是以賺錢爲目的，民生主義是以養民爲目的。」「有了這種以養民爲目的的好主義，從前不好的資本制度便可以打破。」（民生主義第三講）他爲了要達到養民的目的，除於建國大綱第二條規定國家應滿足人民食、衣、住、行四大需要外，特別強調「我們要解決民生問題，不但是要把這四種需要弄到很便宜，並且要全國人民都能享受。所以我們要實行三民主義造成一個新世界，就是大家對於這四種需要，都不可短少，一定要國家來擔負這種責任。」（同上）又主張要「把中國變成一個黃金世界，達到這個目的之後，大家便可以享人生的眞幸福，子子孫孫便不怕窮。」（革命軍不可想升官發財）可見民生主義是要以國家的力量，負起養民的責任，達到養民的目的。

(二)均富

三民主義是以求平等爲目的，尤以經濟平等爲急務。國父說「我們要改造中國的主義是三民主義，三民主義的精神就是建設一個極和平、極自由、極平等的國家，不但在政治上要謀民權的平等，而且在社會上要謀經濟的平等。」（國父與戴季陶關於社會問題之談話）所謂謀經濟的平等，是就民生主義的均富思想而言。如就民生主義來說，「人類生活中最合理的方式，是一切人民經濟平等，無相互壓迫榨取之事，而且要使社會上大多數利益相調和，能夠眞正做到「均無貧、和無寡，安無傾」的地步。」（三民主義之體系及其實行程序）但和共產主義所標榜的經濟平等不同。民生主義的經濟平等，建立在和平與自由的基礎上，「並非如反動派所言，將財產重新分配之荒謬絕倫。」（中國之鐵路計畫與民生主義）

民生主義的眞諦是什麼？ 國父說：「國民黨的民生主義，目的就是要把社會上的財源弄到平均。」（民生主義第二講）先總統 蔣公對於民生主義的「均富」，有精闢的見解。他說：「我以爲民生主義的『平均地權、節制資本』兩句話，可以很簡單地說，就是『均富』兩個字。」（土地國有的要義）又說：「『均富』是要人人有田種，人人能發財，但是不許每個人在限田額數之外，再壟斷土地成爲大地主，亦不許財主集中社會財富，成爲托辣斯，而再有社會不平的現象，這就是我們革命要爲窮人打不平。」（同上）這種爲社會打不平的均富政策，便是民生主義的眞諦。

民生主義以均富爲原則，旣要求富，又要求均。 國父說：「我們的民生主義，是做全國大生利之事，要中國像英國、美國一樣的富足。所得富足的利益，不歸少數人，有窮人富人的大分別，要歸多數人，大家都可以平均受益。」（民生主義第二講）又說：「歐美經濟之患在不均，中國之患在貧，貧則宜開發富源以富之。唯富而不均，則仍不免於爭，故思患預防，宜以歐美爲鑑，力謀社會經濟之均等發展。」（中國國民黨宣言）上面所引的兩段話，歸結起來說，就是發達生產以致富，合理分配以求均，由此以達「均富」之目的。

㈢和平

解決社會問題（民生問題），計有兩種方法：一爲激烈的，二爲和平的。

民生主義解決民生問題，是反對馬克思暴力革命的手段，而主張採用和平方法。國父說：「用革命手段來解決政治、經濟問題的辦法，俄國革命的時候已經採用過了。不過俄國革命六年以來，我們所看見的，是他們用革命手段，只解決了政治問題。」「但是說到用革命手段來解決經濟問題，在俄國還不能說是成功」，「由此便知用革命手段不能完全解決經濟問題。」（民生主義第二講）

民生主義之採用和平方法，一方面是參酌歐美近代經濟進化的事實；另一方面是根據我國社會的實際情形所確定下來的。歐美近代的經濟進化，有四種事實值得注意：「第一是社會與工業之改良；第二是運輸與交通收歸公有；第三是直接徵稅；第四是分配之社會化。這四種社會經濟事實，都是用改良的方法進化出來的。」（民生主義第一講）至於我國的社會情形是患貧，不是患不均。土地問題雖已見端倪，但只有小地主，尚無大地主；私人資本亦尚未發達。所以我國解決土地與資本問題，都比較容易，不像歐美那樣「積重難返」。（民生主義第二講）

因此，國父主張我國解決民生問題的方法「是要用一種思患預防的辦法，來阻止私人的資本，防備將來社會貧富不均的大毛病。」（同上）他所說的「思患預防」的辦法，就是和平方法。國父說：「國民黨對於民生主義定了兩個辦法：第一個是平均地權；第二個是節制資本。只要照這兩個辦法，便可以解決中國的民生問題。」（同上）「不能用馬克思那種方法，立刻來解決社會問題，要用和平的方法才可以完全解決。」（同上）我們在臺灣實行耕者有其田，亦是採用和平方法。

四自由安全社會

(1)國父的主張

國父有關社會安全制度的主張很多，如說：「孕婦於孕育期內，免一年之義務，而享有地方供養之權利。」「凡在自治區域之少年男女，皆有受教育之權利，學費、書籍與夫學童之衣食，當由公家供給。」「未成年悉有享受地方教育之權利。」「老年人有享受地方供養之權利。」「殘疾之人有享受地方供養之權利。」（地方自治開始實行法）又說：「設公共養老院，收養老人，供給豐美。」「設公共醫院，以醫治之，不收醫治費。」「其他如設聾啞殘廢院，以濟天造之窮。」（社會主義之派別及批評）這些都是建設社會安全制度的有效措施。

(2)先總統的主張

先總統　蔣公補述民生主義育樂兩篇，其主要目的，就是要建設自由安全的社會。因爲我國的社會，亦將由農業社會向工業社會轉移。「在農業社會轉變爲工業社會的時候，有一種自然趨勢，就是人口集中於城市。」「工業革命要把農業社會變做工業社會。在這一過程中，舊社會組織不能適應這一大轉變，便發生社會問題，引起社會革命。」「我們中國近三十年的趨勢，最主要的就是農業已趨凋敝，工業未能順利發達，舊社會組織瓦解，新社會組織還沒有形成。」在舊社會瓦解，新社會組織尚未形成之際，必須爲建設自由安全社會而設計。民生主義育樂兩篇就是最好的設計藍圖。

在這種情況下，要有計畫的改革，不能放任社會自然發展。無論當前在進行反共復國的革命事業，或在反共復國的任務完成以後，「我們的工業必將順利發達，農業也漸能走向機械化的道路。但是這裏就發生一個問題，我們是放任社會的自然發展，還是要計畫社會的改革呢？我們今日要解答這一問題，仍須遵守　總理的遺教。」「總理對於社會組織的演變，不取放任主義，而主張盡人類的能力來挽救自然演變的缺憾。這就是說，我們要有計畫的改革社會爲自由安全的社會，我們不能放任社會的自然發展。」（民生主義育樂兩篇補述）

(3)自由安全社會以合作爲基礎

自由安全的社會是個甚麼樣的社會呢？　國父說：「將來中國之實業，建設於合作的基礎之上，政治與實業皆民主化，每一階級皆依賴其他階級，而共同生活於互信互愛的情形之下。」「對於待開發之實業，人人皆得按其應得之比例以分沾其利益，享受其勞力結果之全部，獲得較優良之工作狀態，並有餘暇之機會，可以思及其他工作以外之事件。」（中國鐵路計畫與民生主義）強調自由安全的社會，就是以合作爲基礎，政治與實業皆民主化，各階級互相依賴，全體人民都有生活的機會，有完全的自由，並有充分的娛樂和幸福。

叁、何以用民生主義代替社會主義

(一)用民生主義代替社會主義的理由

國父所以要用民生主義代替社會主義，其理由有四：

(1)始意在正本清源：社會主義原是要解決社會問題的，因「社會問題便是民生問題，所以民生主義便可以說是社會主義的本題。」而「現在中國人把社會主義同社會學兩個名詞作一樣看待，這實在是混亂。」（民生主義第一講）所以　國父說：「我用民生主義來替代社會主義，始意就是在正本清源，要把這個問題的性質表明清楚，要一般人一聽到這個名詞之後，便可以了解。」（同上）

⑵**為了解決紛爭與避免紛亂**：歐美社會主義派別紛歧，　國父曾說有五十七種之多，故我們不便再採用社會主義這個名詞。國父說：「從前的社會主義，錯認物質是歷史的中心，所以有了種種紛亂。」「我們現在要解決社會問題的紛亂，便要改正這種錯誤，再不可說物質問題是歷史的中心。」（同上）故在指出「歷史的重心是民生不是物質」以後說：「我們提倡民生主義二十多年，當初詳細研究，反復思維，總是覺得用民生這兩個字來包括社會問題，較之用社會或共產等名詞為適當，而且又切實又明瞭，故採用這個名詞。」（同上）為了避免或解決紛爭，故不採用社會主義而採用民生主義。

⑶**內容切合實際需要**：　國父考察歐美的社會主義，或僅有理想而沒有方法，或雖有方法而不切實際，乃發明了他的民生主義來替代一般的社會主義。而他的民生主義就是有理想、有方法，切合中國實際需要，足以解決全體人類生存問題的主義。

⑷**範圍比較博大**：　國父說：「民生二字，實已包括一切經濟主義。」（關於民生主義之說明）又說：「在今日社會進化中，其經濟問題之生產與分配，悉當以解決民生問題為依歸。」（同上）凡著重生產與著重分配的經濟學說，均包括在「民生」之中。因為民生主義的範圍比社會博大，所以只能以民生主義來替代社會主義，不能以社會主義來替代民生主義。（見附錄二）

㈡二十世紀為民生主義之擅場時代

在二十世紀，世界上最大的問題，不外民族、民權、民生三大問題，而民生問題在三大問題中，實為關鍵問題。國父說：「世界各國都是先由民族主義進到民權主義，再由民權主義進到民生主義。」（民報發刊詞）並指出「二十世紀不得不為民生主義之擅場時代。」（同上）因為代表資本家利益的資本主義，和以無產階級利益爲口實的共產主義，都是現代經濟思潮的逆流，而這兩股逆流所帶來的社會經濟問題，都造成民生的痛苦，無法解決當前社會與民生問題。

先總統　蔣公說：「資本主義日久產生的流弊，是富者愈富，窮者愈窮，資本主義國家一些識時務的政府和憂時之士，就不得不設法用重稅政策，配合社會福利政策，來抑低富人的財富，照顧窮人的生活，朝著我們民生主義的方向來發展。至於共產主義，更是在蘇俄一開始試驗，就弄到饑餓、死亡、恐怖、民不堪命的局面，結果也就迫使俄共不得不採行所謂新經濟政策，並不得不進一步修正馬列主義的經濟結構，但是由於他們思想體制的關係，這個死結是絕對解不開的。今天不管是資本主義國家、共產主義國家，都在或左或右，或多或少的加以修改，這就正是如　總理所指出的『二十世紀不得不爲民生主義擅場之時代。』」（復國建國的方向和實踐）由上可知，民生主義實爲當前經濟思潮的主流，如欲解決當前社會問題，就必須實行民生主義。所以說「二十世紀不得不爲民生主義之擅場時代」。

作業題

㈠試述民生的定義。
㈡民生主義有那些特質？試述其要。
㈢用民生主義代替社會主義的理由何在？試述其要。
㈣何以說二十世紀是民生主義之擅場時代？試抒所見。

補充資料一

據著者的考證，民生定義的斷句，計有下列九種之多：

一、民生就是人民的生活，社會的生存，國民的生計，羣衆的生命。（普通的三民主義版本，過去最爲通行，現在則不爲有研究者所採用）

二、民生就是人民的生活。社會的生存。國民的生計。羣衆的生命便是。（民國十三年十二月中國國民黨宣傳部印大字本三民主義，此書僅發現一册，存於中國國民黨中央黨史編纂委員會。）

三、民生就是人民的生活。社會的生存國民的生計羣衆的生命便是。（民國十四年一月民智書局印的三民主義單行本，十六年印的相同）

四、民生就是人民的生活。社會的生存。國民的生計。羣衆的生命。（見民國十九年胡漢民先生編　總理全集，民智書局印）

五、民生就是人民的生活。社會的生存，國民的生計，羣衆的生命便是。（鄭彥棻先生「民生定義的眞諦」）

六、民生就是人民的生活。即社會的生存，國民的生計，羣衆的生命便是。（黃昌穀先生的三民主義考訂本，一度由正中書局、總政治部及東方書店印行，今已停版）

七、民生就是人民的生活。社會的生存、國民的生計、羣衆的生命便是。（獨立出版社印，徵印百萬册三民主義運動版本）

八、民生就是人民的生活、社會的生存、國民的生計、羣衆的生命便是。（見中國國民黨黨史編纂委員會

總理全書，中央文物供應社印）

九、民生就是人民的生活——社會的生存，國民的生計，羣衆的生命便是。（見反共抗俄基本論及民生主義育樂兩篇補述）

以上九種可分爲兩類：

第一類可取名爲「四句並列」，包括一、二、四、八。

第二類可取名爲「以一概三」，包括三、五、六、七、九。

（凡應考或研究時，可採用八或九的斷句，最好註明來源）

補充資料二

何以說民生主義較社會主義博大呢？因爲就範圍大小言，民生主義的範圍大於集產主義與共產主義，亦大於社會主義。國父在關於民生主義的說明中，繪圖如下。

這裏著者要解釋的是：國父以爲「本黨既服從民生主義，則所謂『社會主義』，『共產主義』，與『集產主義』，均包括其中。」他的意思是說，我們既服膺範圍較大的民生主義，就不必再去實行範圍較小的社會主義、共產主義與集產主義了。並不是說，我們服膺範圍較大的民生主義之後，還要去實行範圍較小的社會主義、共產主義與集產主義。因此著者乃將上圖拆開改繪爲下四圖：

民生主義　　社會主義　　共產主義　　集產主義

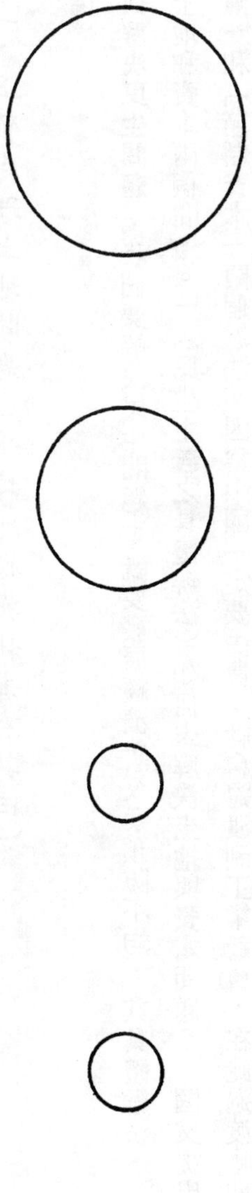

由此四圖看來，更可明白既服膺了範圍較大的民生主義，就不必再去實行範圍較小的社會主義、共產主義與集產主義了。

第三節　民生主義的基本主張

本節包括：㈠正確處理土地問題（平均地權與耕者有其田），㈡合理解決資本問題（節制私人資本與發達國家資本）。

壹、正確處理土地問題（平均地權與耕者有其田）

㈠平均地權

1.如何解決民生問題：我們要解決民生問題，既要發展經濟，又要預防不均，其具體辦法，「就是歸結到土地和資本兩個問題。」（民生主義之具體辦法）如何去解決土地與資本問題？　國父提出了「平均地權」和「節制資本」兩個辦法。因爲中國一定要由農業社會過渡到工業社會，在此過渡時期，土地問題必須獲得解決，所以民生主義「頭一個辦法，就是解決土地問題；解決土地問題的辦法……就是平均地權。」（民生主義第二講）

2.平均地權的意義和理由：　國父說：「釀成經濟組織之不平均者，莫大於土地權之爲少數人所操縱。」（中國國民黨全國代表大會宣言）「土地若歸少數富者之所有，則可以地價及所有權之故，而妨害公共之建設，平民將永無立錐之地矣。」（民生主義之眞義）如何去核定地價？「當改良社會經濟組織，核定天下地價，其現有之地價仍屬原主。所有革命後社會改良進步之增價，則歸於國家，爲國民所共享。」（中國同盟會軍政府宣言）以上引述，都是消除土地所有權被少數人操縱的現象，使地利歸國民所共享，就是平均地權的基本意義。

平均地權尚有促進工商業發達的積極作用。誠如 國父所說：「地權旣均，資本家必捨土地投機業，以從事工商，則社會前途，將有無窮之希望。蓋土地之面積有限，工商業之出息無限，由是而製造事業日繁，世界用途日廣，國利民福莫大乎是。」（平均地權）「若實行稅價法，及土地收用法，則大資本家不爲此項投機業，將以資本盡投之於工商，然後謀大多數之幸福之目的乃可達。」（同上）地權之所以必須平均的理由，就是旣要消除少數人操縱土地所有權不合理的現象，更要消除土地投機，轉而投資工商業，以謀求國利民福並可達到大多數人幸福之目的。

補充資料一

平均地權之意義與理由，本不易劃分，故有些書只講理由（或分三、四點），不講意義。高中三民主義課本則合起來講，應考者如採知以高中課本作出題範圍，則照此答。

3.平均地權的辦法：平均地權有那些辦法，計有下列四種：

(1)自定地價── 國父主張「地價應該由地主自己去定。」（民生主義第二講）爲防止地主以少報多或以多報少，則以照價徵稅和照價收買限制之。「地主如果以多報少，他一定怕政府照價收買，吃地價的虧；如果以少報多，他又怕政府照價抽稅，吃重稅的虧。在利害兩方面比較，他一定不情願多報，也不情願少報，要定一個折中的價值，把實在的地價報告到政府。」（同上）地價定了之後，不論是照價徵稅、照價收買或漲價歸公，都有了標準。所以定地價是平均地權的基本步驟。

⑵照價徵稅——講到照價徵稅，「就有一重要事件，要分別清楚。就是地價是單指素地來講，不算人工之改良及地面之建築。」（同上）至於稅率，國父主張「值百抽一」或「值百抽二」，應由民意機關決定。

⑶照價收買——照價收買有兩種情況：第一是地主以多報少時，政府卽以此法防止；第二是政府需用土地時，如開闢交通、設立學校等，都可隨時徵收之。所以照價收買，是國家對土地行使最高支配權。但照價收買和照價徵稅一樣，係按原報之素地地價爲準。若有人工改良物或地面建築物，則須另予補償。

⑷漲價歸公——地價既定，從此那塊土地的自然增值部分，應歸公有。「因爲地價漲高，是由於社會改良和工商業進步。」「推到這種進步和改良的功勞，還是由衆人的力量經營而來的，所以這種改良和進步之後，所漲高的價，應歸之大衆，不應歸之於私人所有。」（同上）這就是說，土地漲價，應由社會大衆所共享。

補充資料二

國父在民生主義中講平均地權時，只講以上四種辦法，但在南昌講演時，講過新市地公有。故崔書琴著三民主義新論加了第五個辦法，卽新市地公有，其實可以不加。應考時，亦可於答完以上之辦法外，再提崔書琴先生所加的第五個辦法「新市地公有」。

㈡**耕者有其田**

1. 耕者有其田的意義和理由： 國父就民國十三年的情形說：「我們解決農民的痛苦，歸結是要耕者有其田。這個意思就是要農民得到自己勞苦的結果；要這種勞苦的結果，不令別人奪去。現在農民的勞苦結果，在農民自己只分四成，地主得了六成。政府所抽的捐，都是由農民出的，不是由地主出的。像這種情形，是很不公平的。」（同上）耕地不被少數地主壟斷，要為耕田的農民所有，這就是耕者有其田的意義。

實行耕者有其田的理由，一可實現社會公道——因為「耕者有了田，只對國家納稅，另外沒有地主來收租錢，這是一種最公平的辦法。」（民生主義第三講）二可增加農業生產——「假使耕田所得的糧食，完全歸到農民，農民一定是很高興去耕田的。人人都高興去耕田，便可多得生產。」（同上）三則可以讓地主投資工商業——促進經濟事業發展。以上三點，卽是耕者有其田的理由。

補充資料三

和平均地權一樣，耕者有其田的意義與理由，本不易劃分，故有些書只講理由，不講意義。高中三民主義課本，則劃分清楚。

2. 耕者有其田的辦法： 國父認為耕者有其田，「是一個很大的問題，我們應該馬上用政治和法律來解決。」（民生主義之眞義）他的意思是遵循民主政治的立法程序，來達到耕者有其田的目的，使農民得到利益，而地主也有所補償。其辦法有四：

⑴限田——限田是一種政策，見於中國國民黨民國十二年宣言中，其原文爲：「由國家制定土地法，使用土地法及地價稅法，在一定期限以後，私人土地所有權，不得超過法律限度。」

⑵租田（貸田）——租田的辦法，見於實業計畫蒙古新疆之移民項內，其原文爲：「土地應由國家收買，以防專占投機之家，置土地於無用，而遺毒害於社會。國家所得土地，應均爲農莊，長期貸諸於民。而經始之資本、種子、器具、屋宇，應由國家供給，以實在所費本錢，現款取償，或分期攤還。」

⑶授田——授田爲實行耕者有其田的重要辦法。中國國民黨第一次全國代表大會宣言說：「國民黨之主張，則以爲農民之缺乏田地淪爲佃戶者，國家當給以土地，資其耕作。」

⑷保障農民權益——國父說：「我們要增加糧食生產，便規定法律，對於農民的權利，有一種鼓勵，有一種保障，讓農民自己多得收成。」（民生主義第三講）歷屆中國國民黨代表大會所訂政綱中，都講到保障農民權益，亦可列入對照研究。

貳、合理解決資本問題（節制私人資本與發達國家資本）

㈠節制私人資本

1.節制資本的意義和理由：節制資本是節制私人資本。「節制」卽調節管制防弊設限的意思。消極方面，在防止資本家壟斷；積極方面，在使社會財富分配平均，全民普享文明福祉。國父說：「夫吾人之所以持民生主義者，……反對少數人獨占經濟之勢力，壟斷社會之富源耳。」又說：「文明有善果，也有惡果，須要取那善果，避那惡果。歐美各國，善果被富人享盡，貧民反食惡果，總由少數人把持文明幸福，故成此不平之世界。」（三民主義與中國民族之前途）這裏說明少數人把持文明幸福，便會發生善果與惡果的懸殊情況。

所謂「文明善果」，就是工業化的大量生產，增加了社會財富；文明的惡果，就是社會財富集中於少數資本家之手，而把持文明的幸福，造成資本家壟斷的不平世界。所謂取那善果，就是實行工業化，以振興中國的實業，並分個人企業與國家經營「兩路進行」（實業計畫第一計畫），以求政府與人民協力，大量生產，增加社會的財富，而裕民生；所謂避那惡果，就是用節制私人資本和發達國家資本的辦法，防止財富集中於少數人之手。只有這樣，才「不致受資本的害，像外國現在的情形一樣。」

2. **節制私人資本的辦法**：節制私人資本的方法有幾種？民生主義中並未詳論，只講到社會進化有下列四項事實。以後研究者將此四項略加增刪，便成了節制私人資本的辦法。

(1)社會與工業之改良　國父說：「要用政府的力量，改良工人的教育，保護工人的衞生，改良工廠和機器，以求極安全和舒服的工作。能夠這樣改良，工人便有做工的大能力，便極願意去做工，生產的效力，便是很大。」（民生主義第一講）這是社會進化的事實。如就今日眼光來看，這些事實，可以歸納爲「社會安全」制度。

(2)交通運輸收歸公有　國父指出第一次世界大戰時，各國多將運輸收歸公有：「就是把電車、火車、輪船、以及郵政電訊交通的大事業，都是由政府辦理，用政府的大力量去辦那些大事業，然後運輸才是很迅速，交通才是很靈便。」（同上）此外，銀行及民生工業，國父亦主張公營。

補充資料四

這項交通運輸收歸公有的辦法，有些研究者標題改為大企業國營，或限制私人經營，或劃分公民營事業範圍。高中三民主義課本即改為限制私人企業經營範圍，應考時宜注意。

(3)徵收直接稅　用累進法徵收資本家或地主的遺產稅、所得稅和贈與稅等。國父說：「現在外國所行的所得稅，就是節制資本之一法。」他又說：「行這種方法，就是用累進稅，多徵資本家的所得稅和遺產稅。行這種稅法，就可以令國家的財源，多是直接由資本家而來，資本家入息極多，國家直接徵稅，所謂多取之而不為虐。」從前的舊稅法，只是錢糧與關稅兩種。行那種稅法，就是國家的財源，完全取之於一般貧民，資本家對於國家只享權利，毫不盡義務那是不公平的。」（民生主義第一講）可見直接徵稅是節制私人資本最重要、最好的方法。

(4)分配之社會化　所謂分配之社會化，是指設立「合作社」與實施「配給制度」而言。國父指商人分配制說：「這種分配制度，可以說是買賣制度，亦可以說是商人分配制度。消耗者在這種商人分配制度之下，無形之中，受很大的損失。……近來研究這種制度，可以改良，可以不必由商人分配，可以由社會團體來分配，或者由政府來分配。像用這種分配的新方法，可以省去商人所賺佣錢，免去消耗者所受的損失。就這種新分配方法的原理講，就可以說是分配之社會化。」（同上）這兩種分配方法，如能好好去做，可免除商人中間剝削，既可使消費者多得利益，又能免除資本家榨取，更可穩定物價。

㈡發達國家資本

這裏要補充說明的是：(1)以上(1)(2)(4)完全是講社會進化的事實，卽節制資本的演進，惟(3)項是指明爲外國節制資本之一法；(2)以上四種事實，都引自威廉氏的社會史觀。

國父說：「中國實業之開發，應分兩路進行，㈠個人企業，㈡國家經營是也。」（實業計畫）所以民生主義不但要節制私人資本，而且還要發達國家資本。

1.發達國家資本的意義和理由：爲什麼要發達國家資本？其理由有二：一爲實行工業化以求富；二爲實行社會化以求均。

國父認爲：「中國不能和外國比，單行節制資本是不足的，因爲外國富，中國貧，外國生產過剩，中國生產不足。所以中國不單是節制私人資本，還要發達國家資本。」（民生主義第二講）因爲發達國家資本，在於促進生產工業化，以改變經濟結構並改善人民生活。所以他又說：「要解決民生問題，一定要發達國家資本，振興實業。」（同上）至於發達國家資本的意義，最重要的就是 國父所說的「發展國家實業」。（同一）

2.發達國家資本的辦法： 國父說：「何謂製造國家資本呢？就是發展國家實業是也。其計畫已詳於建國方略第二卷之物質建設，又名實業計畫。此書已言製造國家資本之大要。」（同上）可知實業計畫就是發達國家資本之計畫。又說：「要解決民生問題，一定要發達國家資本，振興實業。振興實業方法很多，第一是交通事業；像鐵路、運河，都要興大規模的建築。第二是礦業；中國礦業極其豐富，貨藏於地，實在可惜，一定要開闢的。第三是工業；中國的工業，非要趕快振興不可，中國工人雖多，但是沒有機器，不能和外國競爭」。（同二）可知發達國家資本，應以交通、礦業與工業爲主。這三種大實業之「有獨占的性質者，且爲私人之力所不能辦者」，國父主張「當由國家經營管理之」（中國國民黨第一次全國代表大會宣言）。

作業題

(一)平均地權的意義和理由何在？試述其要。
(二)試述平均地權的方法。
(三)簡述耕者有其田的具體辦法。
(四)「文明有善果，也有惡果」何以要取「善」避「惡」？試申其義。
(五)試述節制私人資本的辦法。
(六)如何發達國家資本？

第四節　共產主義的破產

壹、共產主義的荒謬

㈠共產主義的基本理論

目前爲禍世界的共產主義是十九世紀馬克思所創立的，其基本理論爲唯物史觀、階級鬥爭及剩餘價值說，而以唯物史觀爲基礎，階級鬥爭爲中心。這些理論的錯誤，國父在民生主義第一講中已有很透闢的批判，力斥其思想爲邪說。又被十九世紀以後發生的事實所一一否定。就因爲共產主義的基本理論全盤錯誤，所以造成了歷史上空前的浩刼。以下分別批評。

㈡唯物史觀的錯誤

1.唯物史觀要點：馬克思擷取黑格爾（Hegel）的辯證法和費爾巴哈（Feuerbach）的唯物論，拼湊而成他的辯證唯物論，認爲「存在決定意識，非意識決定存在」，依此解釋歷史，而構成他的唯物史觀。

什麼是唯物史觀？馬克思研究解決社會問題的方法，求得一個結果說：「世界上各種人事的動作，凡是用文字記載下來，令後人看見的，都可以作爲歷史。他在這種歷史中所發明的最重要之一點，就是說世界上一切歷史都是集中於物質，物質有變動，世界也隨之變動。人類行爲，都是由物質的境遇所決定，故人類文明史，只可說是隨物質境遇的變遷史。」（民生主義第一講）這就是唯物史觀的大意。

唯物史觀之所謂「物」，乃指維持人類生活的物質資料而言。這種物質資料的方法，決定人類的一切活動。如何獲得這種物質資料，乃經濟問題，所以唯物史觀，屬於經濟決定論。他們認爲生產方式發生變化，則經濟結構隨之變化；經濟結構一經變化，則所有的政治、法律以及思想、信仰（宗教、藝術、道德、風俗習慣等）全部因而變化。用這套死硬的公式解釋歷史，完全否定了人的地位和價值。

2.歷史的重心是民生不是物質：殊不知生產方式以及經濟結構的變化，乃基於人類生存的要求，人類爲求生存，乃改進生產方式和經濟結構，以滿足改善其生活的願望。因此，人類歷史演進（或稱社會進化）的原動力，亦卽最後的歸宿點，不是物質，而是民生。

國父說：「近來美國有一位馬克思的信徒威廉氏，深究馬克思的主義，見得自己同門互相紛爭，一定是馬克思學說還有不充分的地方，所以他便發表意見說：馬克思以物質爲歷史的重心是不對的，社會問題才是歷史的重心；而社會問題中又以生存爲重心，那才是合理。民生問題就是生存問題，這位美國學者最近發明，適與吾黨主義若合符節。這種發明就是民生是社會進化的重心，社會進化又爲歷史的重心，歸結到歷史的重心是民生，不是物質。」（同上）至於政治、法律以及思想、信仰，也是由人類求生存而起的，和經濟結構並沒有直接關係。尤其是思想信仰，乃屬於精神活動，常有超越現實的情況。孔子說：「君子謀道不謀食」，「憂道不憂貧」，卽其例證。由此可見人類生活，決不是專靠物質，馬克思以物質爲歷史的重心，顯然是一種偏見。（補充資料）

3.以民生史觀破唯物史觀：先總統　蔣公說：「中外哲學史中，有兩個最重要、最有力的學派：其一是唯心史觀，其二是唯物史觀。持唯心史觀的以爲：歷史爲人類有意識的一種精神創造，一部歷史，就是精神活動史；持唯物史觀的意見，恰好相反，以爲一部歷史的變遷演進，完全依經濟的生產方式而轉移，某一時代的經濟制度變更或生產方式變更，歷史亦隨之而變；人類的變動，完全受經濟的支配。這兩種學說，都可說是一偏之見，不能夠概括人類全部歷史的眞實意義。」（三民主義之體系及其實行程序）唯物史觀和唯心史觀同是一種偏見，最正確的歷史觀應爲 國父所主張的民生史觀。「因爲人類全部歷史即是人類爲生存而活動的記載，不僅僅是物質，也不僅僅是精神，所以惟有以民生哲學爲基礎的民生史觀，或以民生史觀爲出發點的民生哲學，既不偏於精神，亦不偏於物質，惟有精神與物質並存，才能說明人生的全部與歷史的眞實意義。」故我們應以心物並存的民生史觀去破唯物史觀。

補充資料

國父在手改三民主義原稿民生主義方面指出孔子所講的話之外，又稱：「再說到伯夷、叔齊，餓死首陽山，義不食周粟，他們是爲什麼？就是爲守道。後人尊崇他們，也就是因爲他們能夠守道。由此便可見人類的生活，決不是專靠物質。不過物質在人類的生活上，佔一個重要部分罷了。由此便可見美國學者主張以生存爲社會的原動力，爲歷史的中心，不以物質爲歷史的中心，是很對的。我們國民黨專主張民生主義，更是很對的。因爲物質不能做人類生活的止境，不能飽足人類的慾望。人類慾望除了物質之外，更有無上的要求。這種要求就是高尙道德。有了物質，又有高尙道德，才能完全人類的生活。專有物質，決不是人類的最高尙生活，所以世界無形中支配歷史的東西，不是物質，是人類的生存。如果人類不能夠圓滿生存，就連歷史都沒有了。故生存才是世界上的原動力。是歷史中的重心點。」

㈢階級鬥爭論的錯誤

1.階級鬥爭不是社會進化的原因：馬克思學說和十九世紀其他社會主義最大不同之處，就在強調階級鬥爭。他反對以道德觀念進行社會運動；主張用階級鬥爭展開社會革命，並以唯物哲學爲階級鬥爭作僞證。他提出唯物史觀來，卽假借唯物哲學爲階級鬥爭作僞證。他解說生產方式是生產力和生產關係的綜合稱謂。所謂生產關係，乃生產過程中支配者與被支配者的關係。所謂生產力，包括生產工具和生產技能（技術）。生產工具和生產技術發展到相當程度，被支配者便和支配者開始對抗，於是生產關係發生了矛盾。結果由被支配者經階級鬥爭取得支配權，使經濟結構變革。馬克思認爲不斷的發生階級鬥爭，才能不斷的推動歷史前進，因此說：階級鬥爭是社會進化的原因，又說：人類的歷史，就是一部階級鬥爭史。

他同時強調階級鬥爭自古有之，於今爲烈。就是說奴隸社會卽有階級鬥爭，不過到了資本主義社會鬥得更兇罷了。

前文已經指出唯物史觀是錯誤的，根據錯誤的史觀所推論出來的道理（階級鬥爭），原是錯上加錯，尤其講階級鬥爭推動歷史進步，更屬荒謬絕倫。

馬克思抹煞了人類活動中，理智和道德的因素。人類之所以異於禽獸者，就在這裏。國父說：「物種以競爭爲原則，人類則以互助爲原則。社會國家者，互助之體也；道德仁義者，互助之用也。人類順此原則則昌，不順此原則則亡。」（孫文學說）這是人類之所以爲人類的必然道理，也就是說人類要重視理智和道德。國父又說：「如後達爾文而起之哲學家所發明人類進化之主動力，在於互助，不在於競爭，如其他動物者焉。故鬥爭之性，乃動物性根之遺傳於人類者，此種獸性，當以早除之爲妙也。」（實業計畫結論）馬克思卻偏偏鼓吹這種獸性！這裏所稱的後達爾文而起之哲學家是指克魯泡特金而言，因爲克氏曾以生存互助論反對達爾文的生存競爭論。

2.經濟利益相調和才是社會進化的原因：凡稍有常識的人都會知道，在歷史上，和諧的時候是治世，民生樂利；衝突的時候是亂世，生靈塗炭。不能和諧而起衝突，乃社會病態。如果社會自然的產生病態，還要設法消弭，豈可容人爲的製造病態？馬克思的階級鬥爭，就是人爲的製造社會病態。國父曾說：「社會之所以有進化，是由於社會上大多數的經濟利益相調和，不是由於社會上大多數的經濟利益有衝突。社會上大多數經濟利益相調和，就是爲大多數謀利益；大多數有利益，社會才有進步。社會上大多數的經濟利益之所以調和的原因，就是因爲要解決人類的生存問題。古今一切人類之所以要努力，就是因爲要求生存；人類因爲要有不間斷的生存，所以社會才有不停止的進化。所以社會進化的定律，是人類求生存。人類求生存，才是社會進化的原因。階級鬥爭，不是社會進化的原因；階級鬥爭，是社會當進化的時候，所發生的一種病症。」「馬克思研究社會問題所有的心得，只見到社會進化的毛病，沒有見到社會進化的原理；所以馬克思只可說是一個社會病理家，不能說是一個社會生理家。」（民生主義第一講）這是對階級鬥爭論最精闢的批判。合起來說，就是經濟利益相調和（和諧）是社會進化的原因，階級鬥爭（經濟利益相衝突）不是社會進化的原因。

㈣剩餘價值說的錯誤

「剩餘價值」(Surplus Value)（國父譯爲盈餘價值），是由馬克思提出來的，其用意是在資本主義社會煽動無產階級革命。一八六七年他出版資本論第一卷，論證工人的剩餘價值被資本家剝削問題。他不惜曲解事實，強調資本主義的特徵，是商品的生產。資本家拿出一筆錢來，購買設備、原料和勞動力，用以生產商品。商品經過交換過程，又變成一筆錢。這筆錢大於原來拿出的那筆錢，其差額名之謂「剩餘價值」。這個「剩餘價值」是從那裏來的呢？馬克思爲了判歸工人，於是編造「不變資本」和「可變資本」兩個名目。他說用來購買設備和原料的錢，是不變資本，在生產過程中，一成不變的轉移到商品裏去。而用來購買勞動力的錢，是可變資本，生產出商品來，其價值增加了，因爲勞動才能產生價值。「剩餘價值」是從可變資本來的，即從勞動力來的，應當歸於工人，而被資本家以利潤的名義剝削去了。又說資本家爲了追求利潤，竭力增加工時，減少工資，使工人的「剩餘價值」被榨取得更多，故非進行無產階級鬥爭不可。這種理論，是極盡蠱惑煽動的能事。

馬克思也知商品經由交換過程，在貨幣方面表現出來的差額，說成純粹屬於工人的「剩餘價值」，在理論上和在事實上都站不住，所以又強詞奪理的說：「剩餘價值不起於交換過程，而起於生產過程。」這是說，「剩餘價值」是純由工人的勞動產生的，用可變資本購買的勞動力，生產出商品來，「剩餘價值」已包涵於其中；殊不知需要和效用乃決定價值的重大因素。不合需要或沒有效用的東西，工人無論用多大的勞動力，也產生不出絲毫的價值來。這種商品出賣以後，必不能出現「剩餘價值」，可見「剩餘價值」大部分決定於交換過程。假使像馬克思所說的「起於生產過程」，那麼商品在市場上便是有盈無虧，其理論無法成立，因爲商品是有盈有虧的。

國父指出馬克思剩餘價值的錯誤，是把「一切生產功勞，完全歸之於工人的勞動，而忽略了社會上其他各種有用分子的勞動。」（同上）以紡織爲例，除工廠工人外，舉凡原料的研究、改良，機器的設計、製造，商品的運輸、經營等，各有關人員對於賺錢都有關係，怎能完全歸於工人？尤其是拿到市場去賣，「各界人民都不穿那種布，不用那種紗」，這樣「怎可以多賺錢，可以多取盈餘價值呢？」（同上）可見「所有工業生產的盈餘價值，不專是工廠內工人勞動的結果，凡是社會上各種有用有能力的分子，無論是直接間接，在生產方面或是在消費方面，都有多少貢獻。」（同上）這樣的價值論，可以叫做「社會價值論」。我們要以社會價值論去駁剩餘價值論。

國父駁斥馬克思：「資本家要能夠多得剩餘價值，必須有三個條件：一是減少工人的工錢；二是延長工人的作工時間；三是擡高出品的售價。」（同上）他以當年美國最賺錢的福特汽車工廠爲例，證明與馬克思的剩餘價值的理論恰好相反。福特汽車工廠所實行的辦法，是縮短工人作工的時間，增加工人的工資和減低出品的售價。「像這些相反的道理，從前馬克思都不明白，所以他的主張便大錯特錯了。」（民生主義第一講）

馬克思認爲在資本主義剝削制度下，必然湧起社會革命，而使資本主義消滅這一點， 國父也曾就事實指證其錯誤。 國父說：「馬克思下一個判斷，說將來資本制度一定要消滅。」「依他的判斷，資本發達到極點的國家，現在應該到消滅的時期，應該要起革命」；但是，「我們所見到歐美各國的事實和他的判斷，剛剛是相反。」「到今日（民國十三年）各國的資本家不但不消滅，並且更加發達，沒有止境，便可以證明馬克思的學理了。」（同上） 國父逝世（民國十四年）六十餘年，馬克思逝世（一八八三）一百餘年，資本家仍未消滅，假設他能死而復生，亦必自引爲愧！

貳、共產制度的崩潰

(一)俄共在經濟政策上的退卻

1.**列寧的退卻**：根據馬克思學說來講，共產黨奪取政權後，先要推翻資本主義社會，於是沒收私有財產，以杜絕利潤追求，以廢止商品生產，而取消剝削制度。俄共從一九一七年開始，即照此程序進行，沒有成功，而逐步退卻下來。

在蘇俄十月革命後，列寧發布了很多沒收私有財產的命令。一九一八年，又實行所謂「軍事共產主義」，廢止貨幣交易，關閉自由市場，實行餘糧收集制，採取實物限額配給，以為如此便沒有利潤追求、沒有商品生產與剝削制度了。結果人民生活不能滿足，陷於困頓，生產情緒低落，而引起經濟蕭條，終於釀成連年的大災荒。他為了挽救這種危機，不得不退卻，於一九二一年三月，改採「新經濟政策」，取消餘糧的搜集，改用糧食稅來代替。恢復小工業，推行合作制，並恢復市場和工資制度，就是恢復了商品的生產。他又在俄共第八次代表大會中坦承：「我們要用純粹共產主義社會中產生和教育出來的純粹共產主義的純粹的手，來建設共產主義社會，這乃是神話」，並以「我們需要有國家資本主義」以及所謂「我們要用資本主義的殘甎碎瓦來建設共產主義」，作為其在經濟上潰敗的遁詞。

2.**史達林的退卻**：史達林執政後，又把馬克思認為資本主義剝削手段的商品生產，納入社會主義經濟理論中。他說：在社會主義「各盡所能，各取所值」的原則下，沒法分配實物，必須採取貨幣形式的工資制度，使之經由買賣方式，獲得消費品，所以商品在社會主義中不能取消。他為了在商品生產條件下，防止私人追求利潤，乃實行「計畫經濟」，由生產到消費全部加以控制。他大言不慚的說：這是沒有資本家的商品生產。究其實，俄共頭目是這種制度中惟一的資本家，使人民沒有選擇餘地的受其壓榨，蘇俄的經濟因此亦陷於停滯。

3. **赫魯雪夫的退卻**：赫魯雪夫爲了改變蘇俄經濟停滯狀態，以便與自由國家競爭，在經濟上清算史達林「計畫崇拜」，轉而採取利潤觀念，來定生產與分配。這就是共匪所說的「修正主義」和「資本主義復辟」。而俄共解釋說：只是運用「資本主義方法」，不是走資本主義路線。總括起來說：列寧恢復了資本主義的商品生產；赫魯雪夫又採用了「資本主義方法」的利潤觀念，可見共產主義沒有能推翻資本制度，且形成了全國財產爲俄共所獨占的資本制度。

4. **甩脫這「思想形態」的臭汗衫**：如何建設共產社會問題，馬克思提出基本方針：㈠生產資料公有，㈡各盡所能，各取所需，㈢由全國到全世界成立統一的勞動公社，㈣管理物資生產的機構，代替管理人的政府，國家自行萎縮，歸於消失。可是俄共的措施，不但在推翻資本主義方面，逐步退卻，在建設共產社會方面，更是裹足不前。如一九二一年以後，不再宣傳「各盡所能，各取所需」。一九二八年開始杜撰社會主義是共產主義第一階段的理論，進行「一國社會主義建設」。一九三六年宣布等到社會主義建設成功後，再過渡到共產主義。可見俄共用半個多世紀的時間，還沒有能建設共產社會。

各盡所能，各取所需，本爲社會主義者柏南所提出，後爲共產主義者所採用。

國父早就指出共產主義不切實際，他說：「共產云者，卽人在社會之中各盡所能，以各取所需」，「然今日一般國民道德之程度，未能達於極端」，「於是盡所能者，其所盡未必充分之能，而取所需者，其所取恐又爲過量之需矣。」（社會主義之派別及批評）究竟國民道德到何種程度？才能實行共產主義。「說者謂可行於道德完美之後；然斯時人民道德知識，旣較我人爲高，自有實行之力，何必我人之窮思竭慮，籌畫於數千年之前乎？我人旣爲今日之人民，則對於今日有應負之責任，似未可放棄今日我人應負之責任，而爲數千年後之人民負責任也。」（同上） 國父六十年前的眞知灼見，在共產主義破產的今日，更顯示其無上價值。難怪索忍尼辛指馬克思的共產主義爲「臭汗衫」，他大聲疾呼：「丢棄這將殘破的『思想型態』——它在目前已沾滿了六千六百萬人的血跡，讓我們大家甩脫這件汚穢不堪的『思想型態』臭汗衫。它對所有流過的血都負有完全責任。」（致蘇俄領袖的一封信）今天我們應知道：共產主義旣不能實行於中國，亦不能實行於世界。

㈡共匪經濟措施走上絕路

1.所謂「三面紅旗」：共匪竊據大陸初期，未敢立卽採用激烈手段，沒收一切私有財產。民國四十二年提出「過渡時期總路線」，決定「逐步實現對農業、對手工業和對資本主義工商業的社會主義改造」。換句話說，就是利用「合作」與「合營」名義，逐步的呑蝕農、工、商的私有財產。民國四十七年宣布「社會主義建設總路線」，推行「生產大躍進」，組織「人民公社」——卽所謂「三面紅旗」。徹底沒收人民的財產，全盤支配人民的勞動，以爲實現其「總路線」的基礎。並在「工業方面的集中領導和大搞羣眾運動相結合」的方針下，驅使「全民大煉鋼」、「全民大挖煤」、「全民辦工業」、「全民辦交通」，妄想超越經濟發展規律，用搞羣眾運動的方法，「大兵團」作戰的生產方式，達成其「生產大躍進」。又建立「組織軍事化」、「生活集體化」、「行動戰鬥化」的「人民公社」。特別強調是

「爲過渡到共產主義，摸索一條道路」。

2. **財政經濟困難重重**：共匪推行三大暴政後，經濟立即陷於混亂、萎縮，達到全面破產的邊緣，導致全面的大饑荒。民國四十七年十二月，毛澤東被迫宣布下臺，次年四月由劉少奇接任僞政權主席，爲了挽救左傾路線所招致的經濟危機，乃於民國四十九年十月改採右傾的經濟措施。從民國五十四年開始，毛指摘劉爲「走資本主義道路的當權派」，發動所謂「文化大革命」，向劉「造反」、「奪權」。劉被打倒後，林彪勢力遽增，而引起毛之疑忌，民國六十年九月林於逃亡途中斃命，乃出自毛的反「奪權」。毛於民國六十五年九月九日斃命後，華國鋒又把江青等「四人幫」打成所謂「反黨集團」，現在鄧小平又逼華下臺。大陸社會秩序的動盪不安和經濟的混亂萎縮，使共匪內部的權力鬥爭愈演愈烈，而長期的奪權鬥爭，更促使共匪經濟走向總崩潰的絕路。誠如在美國跳樓自殺，被美國人救起而投奔自由的夏雨人所說：「中共因不斷的內部鬥爭，而陷人民於貧窮。」（見七十一年四月五日中國時報）。

民國五十年劉少奇曾說：「大躍進太傷元氣，人死得太多，應該說是一次大破壞。秦始皇、隋煬帝是修長城與運河垮臺的，實際上我們比他們死的人更多。」又說：「大躍進」搞得「財政經濟困難重重」，「三力（人力、物力、財力）虧損過多」，「經濟臨近了崩潰邊緣」，這就是共匪經濟措施早已走上絕路的自供。現在大陸同胞全都起來發出怒吼，要跟共產黨算帳了。他們要爭自由、爭民主、爭生存，他們都要活得像人；所以都向共匪質問：「我們的國民經濟爲什麼比不上臺灣」，勇敢的喊出：「三民主義是中國應走之路」，並且公開宣稱：「無產階級專政和眞正的民主絕不相容」。這些控訴與吶喊，反應了大陸同胞對共匪的憤怒，「對共產制度的否定，對匪僞政權的索債！」（蔣總統經國先生於民國六十八年十二月十日在中國國民黨第十一屆四中全會致詞。）

作業題

㈠共產主義有那些基本理論？試分述之。
㈡唯物史觀的錯誤何在？試述所見。
㈢階級鬥爭論的錯誤何在？
㈣社會進化的原因何在？
㈤試述社會價值與剩餘價值論的區別。
㈥俄共爲何採用經濟退却政策？試述其經過。
㈦何以說共匪經濟措施已走上絕路？

第五節　我們的經濟建設

本節包括：㈠民生六大需要，㈡實業計畫的規模。

壹、民生六大需要

㈠需要的意義

需要乃欲望之表現。人類生活，常有消費不足的感覺，致生出求滿足的傾向，這就是欲望。欲望可分別為兩類，即維持生存的欲望與追求幸福的欲望。國父認為：「欲謀人類之幸福，當先謀人類之生存。」（社會主義之派別及批評）「人類之生存」，是指人類基本生活需要之供應無缺的安全保障，「人類之幸福」，不僅指生活需要的滿足，而且指追求高一級的安適繁華幸福生活欲望的滿足，兩者不可偏廢。有人主張維持生存問題，應由政府負責予全國人民以安全的保障；關於追求幸福問題，則由政府為人民創造機會與條件，使每一個人都有自由，有權利去追求他自己所喜好的安適繁華的幸福生活。

㈡食衣住行問題

國父說：「民生的需要，從前經濟學家都說衣、食、住三種。照我的研究應該有四種，於衣、食、住之外，還有一種就是行。」又說：「我們要解決民生問題，不但要把這四種需要弄到很便宜，並且要全國人民都能夠享受。所以要如果國家把這四種需要供給不足，無論何人都可以向國家要求。」（民生主義第三講）又建國大綱第二條規定：「建設之首要在民生，故對於全國人民之食、衣、住、行四大需要，政府當與人民協力共謀農業之發展，以足民食；共謀織造之發展，以裕民衣；建築大計畫之各式屋舍，以樂民居；修治道路運河，以利民行。」可見保障全國人民食、衣、住、行需要的滿足，是我們從事經濟建設的第一件大事。

1.解決食的問題：國父說：「吃飯問題就是頂重要的民生問題。如果吃飯問題不能夠解決，民生主義便沒有方法解決。所以民生主義第一個問題，便是吃飯問題。古人說：『國以民爲本，民以食爲天。』可見吃飯問題是很重要的。」（同上）要解決吃飯的問題，首先要使耕者有其田，農民有了田，「農民一定很高興去耕田，大家都高興去耕田，便可以多得生產。」（同上）其次要改進農業生產技術，國父曾就當時科學技術發展情形，提出機器、肥料、換種、除害、製造、運送、防災等七項工作。要隨時引進最新的科學技術，用於農業生產，不但使人民在食的方面沒有匱乏之虞，並且可以改善其品質，增加其種類。

補充資料：增加糧食生產與改進農業的辦法

國父認爲要增加糧食生產，改進農業，於是提出了下列七個方法：

1.機器問題——要用機器代手工，生產可增加一倍，費用更可減輕，荒地可開墾耕作；用機器抽水，不怕旱災，生產自然增加。

2.肥料問題——用化學肥料，生產的速力，可加快一倍，生產力大爲增加，應從化學方面研究肥料。

3.換種問題——輪流耕植各種植物，或經常交換種子，可使土地交替休息，增加生產。

4.除害問題——要用科學方法，消除動植物的害蟲。植物方面爲野草和秕子，動物方面如蝗螟等蟲，除害工作做好，才可減少損害，增加生產。

5.製造問題——用新式製造罐頭的方法，可以保存甚久，又可供應遠方。

6.運送問題——糧食需要彼此調劑，調劑依賴運輸。我國過去依賴挑夫，運輸不便，費用又高，所以有的地方生產過剩。由於運輸不便，將糧食毀棄了。今後應先從運河、海道入手，其次為鐵路，再次為車路。窮鄉僻壤才用挑夫。運送方便，糧價才會便宜。

7.防災問題——水災損失甚重，要防止水災，治標的辦法是築堤與疏通河道。防止旱災，治標的方法，是用機器抽水。治本的辦法是造林。全國應普遍造林，並由國家經營。治標與治本的方法同時並用，水旱災即可避免，糧食的生產，不會受到損失。

2.解決衣的問題： 國父認為解決穿衣問題，應從兩方面著手：第一、改良衣服原料的生產。衣服的原料，不外絲、麻、棉、毛、皮五種，絲、毛、皮係由動物而來；棉、麻係由植物而來。就生產方面說，應由農業與畜牧業雙方謀求改良。第二、從事大規模的生產。「開設大規模之裁縫廠於各地，就民數之多寡、寒暑之氣候，來製造需要之衣服，以供人民之用。務使人人都能得到需要的衣服，不致一人有所缺乏；此即是三民主義國家之政府對於人民穿衣需要之義務。」（民生主義第四講）

3.解決住的問題： 國父於民國十三年演講三民主義，在民生主義中，講完食與衣後，就沒有再講下去。其住與行兩部分，曾在實業計畫中有週詳的設計。他認為：「居室為文明一因子，人類由是所得之快樂，較之衣食更多。人類之工業過半數，皆以應居室需要者。」（實業計畫）又說：「吾所定發展居室計畫，乃為羣眾預備廉價居室。」（同上）其中包括：建築材料之生產與運輸、居室之建築、家具之製造，以及家用物之供給等。

4.解決行的問題： 國父說：「人生時間內，行動最多。每人之有行動，故文明得以進步。中國欲得近時文明，必須行動。個人之行動，為國民之重要部分，每人必須隨時隨地行動，甚速甚易。」「吾濟欲行動敏捷，作工較多，必須以自動車為行具。但欲用自動車，必先建造大路」及「設立製造自動車之工廠」。國家「除供給廉價車之外，尚須供給廉價燃料，否則人民不能用之。故於發展自動車工業之後，卽須開發中國所有之煤油礦。」（同上）其他如發展海空交通、造船等事業，遺教中亦多論及。

㈢育樂問題

先總統　蔣公說：「我們從總理在民國十三年以前關於民生主義的演講和論著裏，可看出民生問題，除食、衣、住、行之外，還有育和樂。」他為完成民生主義的內容，所以撰著民生主義育樂兩篇補述。

1.**解決育的問題**：育，包括生育、養育和教育三方面。在生育方面，對人口政策的要求，「不但是要量的增加，而且要質的提高」。（民生主義育樂兩篇補述）在養育方面，對於兒童、老年、疾病殘廢、鰥寡孤獨不能自立的人，要使其在社會互助之下，受到保養與扶持，以達到「老有所終，壯有所用，幼有所長，鰥寡孤獨廢疾者皆有所養」的目的。在教育方面，要以四育（德、智、體、羣）與六藝（禮、樂、射、御、書、數）為內容，訓練身心平衡、手腦並用、智德兼修、文武合一的健全國民，以促使社會進步與民族復興。

2.**解決樂的問題**：先總統　蔣公認為：「有健全的國民，才有健全的民族；有健全的民族，才能建設國民的情感與理智能夠保持和諧。」（同上）這就是康樂的意義。解決樂的問題，要從康樂的環境、心理的康樂與身體的康樂三方面著眼。在康樂的環境方面，要做到「鄉村城市化，城市鄉村化」；在心理的康樂方面，是以文藝為中心；在身體的康樂方面，則以武藝為中心。所以解決樂的問題，就是要提倡文藝和武藝，以增進國民心理與身體的康樂。

㈣從需要到安適和繁華

民生主義的經濟建設，不但要使民生需要不虞匱乏爲已足，而且要使人民的生活很愉快，這就是先求生存，再求幸福。國父說：「歐美學者有言：『人類之生活程度，分爲三級：其一曰需要程度，在此級所用之貨物，若有欠缺，則不能生活也。其二曰安適程度，在此級所用之貨物，若有欠缺，則不得安適也。其三曰繁華程度，在此級所用之貨物，乃可有可無者，有之則加其快樂，無之亦不礙於安適也。』然以同時之人類而論，則此等程度，實屬極無界限者也。」（孫文學說第二章）如以時代論之：「錢幣未發生之前，可稱爲需要時代，蓋吾人最大之欲望，無過飽暖而已，此外無所求，亦不能求也。錢幣既發生之後，可稱爲安適時代，蓋此時人類之欲望始生，亦此時始有致安適之具也。自機器發明，可稱爲繁華時代，蓋此時始有生產過剩，不患貧而患不均者。」（同上）資本主義將人類帶進繁華時代，由於財富集中，致使貧苦的人連需要問題都無法解決。有些人針對這種情形，「想把古代的共產制度恢復起來」，使人普徧的退化到需要時代。民生主義乃以提高人民生活，普徧達到繁華程度爲目標。國父說：「我國今日之生活程度，尚在第二級。」「倘我能知用機器以助生產」，「則我亦可立進於繁華之程度矣。」（孫文學說第二章）並以國家力量保障人民生活六大需要的滿足出發，進而力求既富且均，期能革除資本主義弊端，這是我們經濟建設從需要到安適和繁華的道理。

貳、實業計畫的規模

關於實業計畫，本書分兩方面敍述：一部分列於三民主義與五大建設，一部分列於我們的經濟建設。

㈠實業計畫的構想

國父爲解決我國民生問題，曾說：「發展中國工業，不論如何必須進行。」（實業計畫結論）進行之道，卽廣泛運用機器。又說：「中國正需機器以營其巨大之農業，以出其豐富之礦產，以建其無數之工廠，以擴張其運輸，以發展其公用事業。」（實業計畫緒言）當時中國正患貧乏，無力舉此鉅額投資，國父籌思利用第一次世界大戰後，各國急待復員的「宏大規模之機器，及完全組織之人工，以助長中國實業之發達。而成我國一突飛之進步。」（實業計畫序）特就當時我國地理、人口及資源分布情形，發表國際共同開發中國資源的實業計畫。在這種構想下，「中國實業之發達，固不僅中國之益也，而世界亦必同沾其利。」（實業計畫第七章）

先總統　蔣公更申述其中的道理說：「一方面可使中國在各國勢力互相牽制的均衡狀態之下，得以自存自強；一方面可以促進中國的發展，解決各國生產工具過剩及嚴重的失業問題，這就是我們　總理的一個最大的政策。」（國父遺教概要三講）至於實業計畫與國防計畫的關係，已詳前三民主義與五大建設，這裏不再談。

㈡實業計畫的要項

實業計畫的要項，計有四大原則，十大目標，及六大計畫。玆分述如次：

1. 四大原則：

(1)必選最有利之途，以吸外資。
(2)必應國民之所最需要。
(3)必期抵抗之至少。
(4)必擇地位之適宜。

至於利用外資的原則，則爲「主權必須操之在我」，並用於生利之事業。

2. 十大目標（或稱十大綱要）：

(1)交通之開發——①鐵路一十萬英里。②碎石路一百萬英里。③修濬現有運河。④新開運河。⑤治河。⑥增設電報線路、電話及無線電等，使徧布於全國。
(2)商港之開闢——①於中國中部、北部、南部，各建一大洋港口，如紐約港者。②沿海岸建種種之商業港及漁業港。③於通航河流沿岸，建商場船埠。
(3)鐵路中心及終點並商港地，設新式市街，各具公用設備。
(4)水力之發展。
(5)設冶鐵製鋼並造士敏土之大工廠，以供上列各項之需。
(6)礦業之發展。
(7)農業之發展。

(8)蒙古、新疆之灌溉。
(9)於中國北部及中部建造森林。
(10)移民於東三省、蒙古、新疆、青海、西藏。

3.六大計畫：

(1)第一計畫——以北方大港為中心，共分五部：①北方大港位於渤海灣，在大沽口與秦皇島的中途，青河、灤河兩河口之間，為一深水不凍之大港。②從北方大港起，建西北鐵路系統，分達各地。③移民蒙古、新疆。④開濬運河，整理黃河，以聯絡北部、中部通渠，及北方大港。⑤開發直隸、山西煤鐵礦源，並設立製鐵鍊鋼工廠。
(2)第二計畫——以東方大港為中心，亦分五部：①東方大港之計畫港位於杭州灣乍浦與澉浦之間，或改良上海港為東方大港。②整理揚子江水路與河岸。③在揚子江沿岸由鎮江起至武漢間興建內河商埠。④改良揚子江水路系統。⑤設立大規模之士敏土廠（水泥廠）。
(3)第三計畫——以南方大港為中心，亦分五部：①改良廣州為世界港。②改良廣州水路系統。③建西南鐵路系統，以南方大港為終點。④建設沿海商埠與漁業港。⑤創立造船廠。
(4)第四計畫——為鐵路建設計畫，共分六部：①中央鐵路系統。②東南鐵路系統。③東北鐵路系統。④擴張西北鐵路系統。⑤高原鐵路系統。⑥設立機關車、客貨車製造廠。
(5)第五計畫——為民生工業計畫，共分五部：即糧食工業、衣服工業、居室工業、行動工業及印刷工業。

(6)第六計畫——爲開發礦產之計畫，共分七部：①鐵礦。②煤礦。③油礦。④銅礦。⑤特種礦。⑥礦業機械之製造。⑦冶礦廠之設立。

作業題

㈠如何解決食的問題？
㈡如何解決衣的問題？
㈢如何解決住的問題？
㈣如何解決行的問題？
㈤如何解決育的問題？
㈥如何解決樂的問題？
㈦試述人類生活的三級。
㈧試述實業計畫的四大原則爲何。
㈨試述實業計畫的十大目標。
㈩試述實業計畫的六大計畫的要點。

第五章　三民主義的實踐哲學

本章計分下列各節：㈠實踐哲學的重要，㈡革命的道德觀與人生觀㈢歷史觀（民生史觀）㈣知行學說，附錄：心物合一論與宇宙進化論。

第一節　實踐哲學的重要

本節包括：㈠　國父哲學思想的範圍，㈡實踐哲學的意義，㈢實踐哲學的重要。

壹、國父哲學思想的範圍

就三民主義哲學而言，乃包括　國父的整個哲學思想，如本體論、認識論、人生觀、道德觀、知行論、歷史觀（民生史觀）等。

貳、實踐哲學的意義

中西哲學可分為理論哲學與實踐哲學兩大部門：前者包括本體論、宇宙論、認識論等；後者包括人生觀、道德觀、知行論、歷史觀等。以國立編譯館主編高中三民主義課本所言：「國父的『知難行易』學說和先總統　蔣公的『力行哲學』，是『革命幹部精神教育的基礎』，也是三民主義的實踐哲學。」

叁、實踐哲學的重要

就理論與實踐言，我們既要研究理論，更要重視實踐，而三民主義的實現，更非實踐的行動不能奏功。先總統　蔣公在三民主義之理論體系及其實行程序中說：「僅僅有了主義，沒有革命的實際行動，只是一種學說，而不能發生救國救世的力量，所以我們必須明白，總理的三民主義是為了實行革命而作的……我們不但要研究主義，惟有努力革命以貫徹三民主義，才是眞正信仰三民主義。」這說明實踐非常重要。因此在哲學方面，應重視實踐哲學，包括對人生觀、道德觀、知行論與民生史觀等。因為這些哲學包含著為人處世之道，求學從政之方，應為青年所認識與實踐。本書除實踐哲學部分，並將理論方面之心物合一之本體論與宇宙進化論亦列入，供讀者參考。

實踐哲學與力行哲學，有同有異。自異的方面看，實踐哲學係對理論哲學而言；力行哲學係對知而不行或畏行而言。自相同點看，力行與實踐可以合起來說。因為　國父與先總統　蔣公都已著書立說，重視力行與實踐。我們要研究努力革命以貫徹主義的有關學理，在　國父遺教中就是『知難行易』的心理建設，在先總統　蔣公遺訓中就是提倡實踐力行的力行哲學。綜合言之，也就是實踐哲學。這種哲學，是實行三民主義所必須的，其重要性可知。而　國父不但已經為我們樹立了救國救民、行仁於天下的革命目標，並且訂定了革命建國的起點和程序，只要我們能經常而恒久的實踐力行，就必能建立一個三民主義的新中國。

總之，自廣義方面說，實踐哲學可以包括人生觀、道德觀、知行論、歷史觀等；自狹義方面說以「知難行易」與先總統　蔣公的力行哲學爲實踐哲學亦無不可。但本書所論，乃從廣義方面著眼。

作業題

㈠何謂實踐哲學？試述所見。
㈡何以要重視實踐與實踐哲學？試抒所見。
㈢試述　國父的哲學思想範圍。

第二節　革命的道德觀與人生觀

本節包括：㈠革命的道德觀，㈡革命的人生觀。

壹、革命的道德觀（革命的心法——誠）

㈠革命的原動力

要實行主義，就必須力行革命。我們擔負這種非常的革命事業，就必須要有一種革命的原動力。先總統　蔣公認爲革命的原動力，就在一個「誠」字。卽是中庸上所說「所以行之者一也」的誠字。誠在中庸上有幾種不同的解釋：所謂「誠則明矣」，這是說無誠不智；以「成己成物」而言，就是說誠通於仁；以「至誠無息」看，就是惟誠始勇。所以說，誠字分開來說，就是智、仁、勇。整體來說，就是「擇善固執，貫徹始終」。因此，一切革命先烈之決心成仁，純然是出乎一片至誠，所以說誠是革命的原動力。

㈡革命與三達德

國父曾講過八德及三達德，以及先總統　蔣公所講的四維，都可列爲革命的道德觀，但本節則以國父在軍人精神教育中，所指出智、仁、勇三達德爲救國救民所必備的革命精神爲內容。

1.智的意義：所謂智，國父下的定義是：「智之云者，有聰明、有見識之謂。」更進一步解釋：「智在於別是非、明利害、識時勢、知彼己。」凡此均「須以合於道德者爲準。」（軍人精神教育）

2.仁的意義：所謂仁，就是博愛，也就是公愛而非私愛。國父將仁分爲救世之仁，救人之仁，救國之仁三者。宗教家之仁是救世之仁；慈善家之仁是救人之仁；愛國志士之仁是救國之仁。實行三民主義，是行救國之仁。並認爲：「國與民弱且貧矣，不思有以救之，不可也；救之而不得其道，仍不可也。道何在？卽實行三民主義，以成救國救民之仁而已。」（軍人精神教育）

3. 勇的意義：所謂勇，就是不怕。對事而言，要提振勇氣，立定決心，來實行主義；對己而言，要使自己的學問修養，都能有日新月異的進步。國父認爲軍人之勇，旣要「長技能」，「更有明生死之必要。」所以又說：「軍人爲國効死，死重於泰山。我死則國生，我生則國死。」（同上）因此，卽使不是軍人，從事革命志業的人，亦應以「以吾人數十年必死之生命，立國家億萬年不死之根基。」（同上）

㈢行仁的方法在實行三民主義

國父繼承中國道教，以仁爲三民主義哲學基礎，三達德亦以仁爲中心。國父說：「所以行仁的方法，則在實行三民主義。」（同上）仁是本乎大公，出乎至誠。所以知之出乎誠者必智，行之出乎誠者必勇；智者之知必知仁，勇者之知必行仁。而且其行必篤，其知必致，其知其行，斷無不成。故行仁的最終目的，便是要實行救國救民的三民主義。

㈣革命的心法

革命的原動力，分而言之，爲智、仁、勇三者，但「所以行之者一也」，就是一個「誠」字。先總統蔣公曾經以「誠」字做革命的心法爲題，說明要用誠破僞，以誠來完成革命復國的使命，如古人所謂：「誠者成也」，又謂「不誠無物」，如果人生沒有誠，則智仁勇三達德也無從發生，無從表現，沒有智仁勇三達德之力，來實行三民主義，那麼主義也必不能完成。所以「誠」之一字，旣可稱爲革命的原動力，亦可稱爲實行三民主義的心法，也就是革命的心法。

貳、革命的人生觀

㈠革命人生觀的心理建設

革命人生觀的心理基礎何在？在於「革心」。

國父說：「革命究竟是什麼事呢？是求進步的事。」要革命以求進步，便要從自己做起，亦卽必先革心。所以國父又說：「要做革命事業，是從什麼地方做起呢？就是從自己方寸之地做起。要把自己從前不好的思想、習慣和性質，像獸性、罪惡性和一切不仁不義的性質，都一概革除。所以諸君要在政治上革命，便先要從自己的心中革起。自己能夠在心理上革命，將來在政治上革命，便有希望可以成功。」（國民要以人格救國）

先總統　蔣公解釋這個道理說：「　總理所講『革命必先革心』，乃是更精透的指出我們革命要從自己的心理，自己的精神革命起來。」又說：「我們要做一個正正當當的人，必須有高尚的人格。而人格之高下，則完全在此心之良否。必有光明磊落的心志，然後有獨立高尚的人格。所以古人極言『誠意、正心』的重要。荀子謂：『心也者，道之主宰也；道也者，治之經理也。』如果我們的心理不能健全的建設起來，使之歸於光明正大奮發向上的一途，而聽其苟且因循越出規範，縱於亡身之欲，那麼不僅人格掃地，害了自己，而且貽害了社會國家。設使一般人心陷溺，頹波莫挽，則社會必擾亂不寧，國家必覆亡無日。古人所謂：『人心善惡之幾，與國家治亂之幾相通，』這是必然的事實。」（革命的心法——誠）由此可知，革心的重要。

㈡革命者對人生的態度

1.革命的人生觀內涵：就革命人生觀的內涵而論，先總統　蔣公曾言：「我自立志革命以來，就認定創造、勞動、服務爲革命的人生觀。並認爲革命就是力行；（註：此處力行應包括勞動）因爲革命是效法『天行健，君子以自強不息』。革命就是服務；因爲革命是爲大多數人羣謀利益，和爲被壓迫民眾打不平的。革命就是創造，就是建設，而不是以動亂和破壞爲目的的；我們知道，動亂與破壞，乃是革命一時的現象和手段，而其目的，乃在於永恒的建設和不斷的創造和進步。這乃是　國父的人生觀，亦正是我們革命的人生觀。」（見反共抗俄基本論）亦有將　國父互助觀念、樂觀人生看法一併列入討論。以下分別論之。

2.創造的人生觀：所謂創造的人生觀，是與天命主義或宿命主義的人生觀相對立的。

國父在民族主義中，論恢復民族地位時，講到恢復固有能力，就是要恢復固有的創造力，如發明羅盤針、火藥、印刷術等。

先總統　蔣公則認爲：「生命的意義，在創造宇宙繼起之生命。」又在中國之命運第七章說：「宇宙間一切新的生命，皆由人來創造，亦要由人來決定。而國家的命運，更要由全國國民之本身來創造、來決定。」這種重視人的創造精神，與　國父提倡恢復固有能力是前後一貫的。

3.服務的人生觀：在人生哲學中有持利己主義者，有持利他主義者，而　國父所提倡的服務人生觀，屬於利他主義。　國父在民權主義中把人分爲兩種：一爲利己，一爲利他。認爲「重於利己者，每每出於害人，亦有所不惜，重於利他者，每每到犧牲自己，亦樂而爲之。」國父進一步更提出服務的人生觀，以相對於奪取的人生觀。他說：「人人當以服務爲目的，而不以奪取爲目的。聰明才力愈大者，當盡其能力而服千萬人之務，造千萬人之福。聰明才力略小者，當盡其能力以服千百人之務，造千百人之福。所謂巧者拙之奴，就是這個道理。」（民權主義第六講）

先總統　蔣公在民國四十三年七月講「革命教育的基礎」也指出：「旣是天地父母生下了我們這樣一個人，就是要我們在人的社會裏，盡我們做人的義務，小則能夠助人愛人，爲一鄉一族服務，大則能夠救國救民，救人救世，能爲國家民族爲世界人類服務。」此段話可說是　國父服務人生觀的發揮。

4. **力行（包括勞動）的人生觀**：　國父在「孫文學說」第七章「不知亦能行」中指出：「當科學未發明之前，固全屬不知而行，及行之而猶有不知者。故凡事無不委之於天數氣運，而不敢以人力爲之轉移也。迨人類漸起覺悟，始有由行而後知者……至今科學昌明，始知人事可以勝天，凡所謂天數氣運者，皆心理之作用也。然而科學雖明，惟人類之事仍不能悉先知而後行之也；其不知而行之事，仍較於知而後行者爲尤多也。且人類之進步，皆發軔於不知而行者也。」由上述話語中，我們可看出　國父勉人力行，反對宿命主義的人生觀，認爲有志國家富強者，尤應重力行。

先總統　蔣公在「自述研究革命哲學經過的階段」中說明力行的意義：「古今來宇宙之間，只有一個行字，才能創造一切。」又說：「行爲性之表，行與生俱來。」並說：「行的哲學，爲唯一的人生哲學。」可見　蔣公對於力行的人生觀的重視。

5. **互助的人生觀**：　國父認爲人類進化原則與物種進化原則不同，「物種以競爭爲原則，人類則以互助爲原則。社會國家者，互助之體也，道德仁義者，互助之用也。人類順此原則則昌，不順此原則則亡。」又在「大光報年刊題詞」中說：「人類由動物之有知識能互助者進化而成；當其蒙昧，力不如牛馬，走不如犬兎，潛不如魚介，飛不如諸禽，而猶能自保者，能互助故能合弱以禦強。」 國父反對將達爾文的「物競天擇，適者生存」天演淘汰理論，用於人類社會，主張「聰明才力之有餘者，當輔助聰明能力之不足者。」所謂以有餘補不足，就是提倡互助的人生觀。

補充資料

高中三民主義課本，(民國七十六年版) 國立編譯館主編，有關革命人生觀部分，僅講到互助、服務、力行的人生觀；本書則增列創造人生觀，以供讀者參考。

作業題

(一)革命的原動力爲何？
(二)試按 國父在軍人精神教育中解釋「智、仁、勇、」。
(三)革命人生觀的心理基礎何在？
(四)何謂人生觀的內涵？試簡述之。
(五)何謂創造的人生觀？試就 國父見解述之。
(六)何謂服務的人生觀？試就 國父見解述之。

㈦何謂力行的人生觀？試就　國父見解述之。
㈧何謂互助的人生觀？試就　國父見解述之。

第三節　歷史觀

本節包括：㈠歷史觀的派別，㈡社會進化的原動力，㈢社會的中心，㈣社會進化的原因，㈤社會進化的目的。

壹、歷史觀的派別

歷史觀就是吾人對於歷史演變的原理和法則的解釋或見解。

歷史觀的重要派別分述如下：

㈠唯心史觀——爲黑格爾所提倡，以精神活動爲歷史的重心。
㈡唯物史觀——爲馬克斯所提倡，以物質問題爲歷史的重心。
㈢社會史觀——爲威廉所提倡，以社會問題爲歷史的重心。
㈣民生史觀——爲　國父所提倡，以民生問題爲歷史的重心。

貳、社會進化的原動力

唯物史觀者以物質問題爲社會進化的原動力。國父則認爲民生才是社會的重心。國父曾說：「近來美國有一位馬克斯的信徒威廉氏深究馬克斯主義，……說馬克斯以物質爲歷史的重心，是不對的，社會問題，才是歷史的重心。而社會問題中，又以生存問題爲重心，那才是合理。民生問題，就是生存問題。這位美國學者最近發明，適與吾黨主義若合符節。這種發明，就是民生爲社會進化的重心，社會進化又爲歷史的重心，歸納到歷史的重心是民生，不是物質。」（民生主義第一講）又說：「這位美國學者所發明的人類求生存，才是社會進化的定律，才是歷史的重心。人類求生存是什麼問題呢？就是民生問題，所以民生問題，才可以說是社會進化的原動力。」

叁、社會的中心

馬克斯以物質爲社會的中心，國父反對其說，認爲民生才是社會的中心。他說：「民生就是政治的中心，就是經濟的重心，和種種歷史活動的中心，好像天空以內的重心一樣。從前的社會主義錯認物質是歷史的中心，所以有了種種紛亂……。我們現在要解除社會問題中的紛亂，便要改正這種錯誤，再不可說物質問題是歷史的中心，要把歷史上的政治和社會經濟種種中心，都歸之於民生問題。以民生爲社會歷史的中心。」又說：「社會的文明發達，經濟組織改良，和道德進步，都是以什麼爲中心呢？就是以民生爲重心。民生就是社會一切活動的原動力。因爲民生不遂，所以社會的文明不能發達，經濟組織不能改良，和道德退步，以及發生種種不平的事情。」（民生主義第一講）由以上兩段話，可知國父認為民生是歷史社會的中心。也駁斥了物質不是社會歷史的中心。

肆、社會進化的原因

國父在民生主義第一講中說：「馬克思認定要有階級戰爭，社會才有進化，階級戰爭，是社會進化的原動力。這是以階級戰爭為因，社會進化為果。我們要知道這種因果的道理，是不是社會進化的定律？便要考察近來社會進化的事實。」國父引用威廉見解，列舉歐美社會近來進化的事實，如「社會與工業之改良，運輸交通收歸國有，直接徵稅，分配之社會化」，都不是階級鬥爭的結果，而是經濟利益相調和的結果。因此說：「社會之所以有進化，是由於社會上大多數經濟利益相調和，就是為大多數謀利益；大多數有利益，社會才有進步。社會上大多數經濟利益之所以要調和的原因，就是要解決人類生存問題。古今一切人類之所以要努力，就是因為要求生存，所以社會才有不停止的進化。因此社會進化的定律，是人類求生存；人類求生存才是社會進化的原因。階級戰爭不是社會進化的原因，階級戰爭是社會當進化的時候，所發生的一種病症；這種病症的原因，是人類不能生存，因為人類不能生存，所以這種病症的結果，便起戰爭。」因為馬克斯不從「經濟利益的調和」的方面著眼，反而專從「經濟利益的衝突」方面著眼，故　國父批評他說：「馬克斯研究社會問題所有的心理，只見到社會進化的毛病，沒見到社會進化的原理，所以馬克斯只可說是一個社會病理家，不能說是一個社會生理家。」（民生主義第一講）經濟利益相調和，可叫做社會互助，亦可說社會互助為社會進化的原因。

伍、社會進化的目的

馬克斯以新共產社會爲社會進化的目的， 國父以世界大同爲社會進化的目的。在孫文學說第四章中說：「人類自入文明以後，則天性所趨，已𡙡之爲而爲，𡙡之致而至，向於互助之原則，以求達人類進化之目的矣。人類進化之目的爲何？卽孔子所謂『大道之行也，天下爲公。』耶穌所謂『爾旨得成，在地若天。』此人類所希望，化現在之痛苦世界而爲極樂天堂者是也。」

由上述所言，我們可知， 國父之民生史觀是認爲社會進化的原動力是民生問題，而非物質問題；社會歷史的中心是民生，不是物質；社會進化的原因是經濟利益相調和，不是階級鬥爭；而社會進化的目的是世界大同的大同社會，不是新共產社會。故 國父以民生史觀的觀點來駁斥馬克思唯物史觀的錯誤。

作業題

(一)社會進化的原動力是什麼？試述其要。
(二)社會歷史的中心是什麼？試略述之。
(三)社會進化的原因是什麼？試述所見。
(四)世界進化的目的是什麼？試略論之。

第四節　知行學說

本節包括：國父「知難行易」學說與先總統　蔣公「力行哲學」（亦稱行的哲學或行的道理）。

壹、知難行易學說

㈠提倡知難行易學說的動機

孫文學說起稿於民國七年，出版於民國八年。當時　國父奔走革命已達三十餘載，而三民主義、五權憲法與革命方略所訂之種種建設宏規，猶未能完全實現，蓋因各同志以為知之匪艱，行之惟艱，未能努力奉行而已。所以在孫文學說自序就有：「吾黨之士，於革命宗旨，革命方略亦難免有信仰不篤，奉行不力之咎也。而其所以然者，非關乎功成利達而移心，多以思想錯誤而懈志也。此思想錯誤為何？即『知之非艱，行之惟艱』之說也。此說始於傅說對武丁之言，由是數千年來，深中於中國之人心，已成牢不可破矣。故予之建設計劃，一一皆為此說打消也。」如何破此敵呢？　國父接著說：「兵法有云：『攻心為上』……夫國者人之積也，人者心之器也，而國事者，一人羣心理之現象也。……政治之隆汚，繫乎人心之振靡。吾心信其可行，則移山塡海之難，終有成功之日；吾心信其不可行，則反掌折枝之易，亦無收效之期也。……故先作學說，以破此心理之大敵，而出國人之思想於迷津，……乃能萬衆一心，急起直追……而建設一政治最修明、人民最安樂之國家，為民所有，為民所治，為民所享者。」

可知　國父倡「知難行易」學說之動機，乃在打破行難知易說，鼓勵黨員及國人實踐力行，以期革命主義與革命方略之實現，而建立民有、民治、民享的國家。

㈡以十事爲證

在孫文學說第一至第三章，共例舉十事以證明「行之非艱」而「知之惟艱」。

1. **以飲食爲證**：身內飲食之事，人人行之，終身不知其道；身外食貨問題，人人習之，全國不明其理。

2. **以用錢爲證**：錢幣爲百貨之中準，交易之中介，價格之標準，人人用之，而能知此理者蓋鮮也。

3. **以作文爲證**：中國文人，自古以來，能作極妙之文章，知其當然，不知其所以然，因爲不知文法學與論理學。

4. **以建屋爲證**：施工建設不難，所難者繪圖設計。

5. **以造船爲證**：鄭和無科學知識，而能於十四月中，造大船六十四隻，可見行易。

6. **以築城爲證**：秦時無科學，無機器，無工程學，而能築成萬里長城。歐洲大戰。東西兩戰場，臨時能築成四萬里戰壕，足見行之非艱。

7. **以開河爲證**：古人無今人之學問知識，而爲需要所迫，不事籌畫，只圖進行，亦能成此三千里之運河。

8. **以電學爲證**：我國上古就已發明羅盤針，羅盤屬簡單電學，用電不難，所難在研究其原理。

9. **以化學爲證**：中國人做豆腐，製陶器，但其中化學原理，行之而不知其道，用之而不知其名。

10.以進化為證：人類自物種進化以來，行之已三千萬年，但進化的原理，直到達爾文物種來由一書出世之前，世人莫知其道。又物種以競爭為原則，人類則以互助為原則，很少人知道。

(三)知行關係的演進（知行進化三時期）

國父把人類歷史從知行關係上分成三期。他說：「夫以今人之眼光，以考歷史人類之進化，當分為三期：第一由草昧進文明，為不知而行之時期。第二由文明再進文明時期，為行而後知之時期。第三自科學發明而後，為知而後行之時期。」國父認為不知而行時期與行而後知時期，固然注重行，就是知而後行時期，仍然注重行。他說：「其近代之進化也，不知固行之，而知之更樂行之，此其進行不息，所以得有今日突飛之進步。」可為證明。所以國父對知行問題的看法，為知難行易。並以前段列舉之十事，說明知難行易的學理。

(四)人羣三系

國父說：「而以人言之，則有三系焉：其一先知先覺者為創造發明，其二後知後覺者為倣效推行，其三不知不覺者為竭力樂成。有此三系人相需為用，則大禹之九河可疏，秦皇之長城能築也。……倘使我國之後知後覺者，能毅然打破『知之非艱，行之惟艱』之迷信，而奮起以為倣效，推行革命之三民主義，而建設一世界最文明進步之中華民國，誠有如反掌之易也。」自人言分三系，自史言分三期。

(五)能知必能行

在孫文學說第六章　國父認為：「當今科學昌明之世，凡造作事物者，必先求知而後乃敢從事於行，所以然者，蓋欲免錯誤而防費時失事，以冀收事半功倍之效也。是故凡能從知識而構成意象，從意象而生出條理，本條理而籌備計劃，按計劃而用工夫，則無論其事物如何精妙，工程如何浩大，無不指日可以樂成者也。」這是從科學原理之知，說明能知必能行。

(六)不知亦能行

就「能知必能行」說，蘇格拉底等曾經談到，惟「不知亦能行」說，乃國父的獨特見解，原意仍在鼓勵國人勇於力行。孫文學說中曾作說明：「然而科學雖明，惟人類之事仍不能悉先知之而後行之者也；其不知而行之事，仍較於知而後行者為尤多也。且人類之進步，皆發軔於不知而行者也，此自然之理則，而不以科學之發明，為之變易者也。故人類之進化，以不知而行者為必要之門徑也。夫習練也、試驗也、探索也、冒險也，此四事者，乃文明之動機也。生徒之習練也，卽行其所不知以達其欲能也；科學家之試驗也，卽行其所不知以致其所知也；探索家之探索也，卽行其所不知以求其發見也，偉人傑士之冒險也，卽行其所不知以建其功業也。由是觀之，行其所不知者，於人類則促進文明，於國家則圖致富強也。是故不知而行者，不獨為人類所皆能，亦當為人類所當行，而尤為人類之欲生存發達者所必要也。有志國家富強者，宜黽勉力行也。」這裏的「不知亦能行」與「行而後知」說相通。

(七)有志竟成

孫文學說以「有志竟成為結論，卽以國民革命的事實，以證明知是難的，而行是易的。國父說：「夫事有順乎天理，應乎人情，適乎世界之潮流，合乎人羣之需要，而為先知先覺者所決志行之，則斷無不成者也，此古今之革命維新興邦建國等事業是也。予之提倡共和革命於中國也，幸已得破壞之成功，而建設事業雖未就緒，然希望日佳，予敢信終必能達完全之目的也。故追述革命起源，以勉來者，且以自勉焉。」這是以革命史實證明知難而行易。

貳、力行哲學（行的哲學或行的道理）

㈠提倡行的哲學的動機

孫文學說固是打破知易行難的謬誤，而勉人力行。國人亦因此說之影響，而有力行的勇氣。但對於行的意義、目的、法則等尚欠澈底瞭解，不免誤趨於冥行或暴行，以致缺乏信心和耐心之修養。先總統蔣公有鑒於此，乃於民國二十八年著行的哲學一書，以說明行的精義。

㈡行的意義

行有廣狹二義，廣義的行包括行動工作及言論思想，狹義的行，則包括行動與工作而已。先總統蔣公在「行的哲學」中說：「我們常說的『行動』一個名詞，實際只就是『行』字。這個『行』字所包含的意義，要比普通所說的『動』廣博得多。我們簡直可以說『行』就是『人生』。通常往往將『行動』二字和『思維』相對立，或是和『言論』相對立，其實廣義的講，所謂『思維』和『言論』，只是行的過程，原是包括在『行』的範圍以內，而並不是列於『行』以外的。」

㈢行與動靜

先總統　蔣公獨創動靜合一說，他說：「行的意義，是不分動靜的，整個的行程中間，工作是行，游息是行，做事是行，修養也是行。『動』與『靜』在字面上是對立的，現時流行的所謂『動』，幾乎絕對否定了『靜』；因之，就不承認所謂安定的重要。現在就眞理來說，『定而後能靜，靜而後能安，

安而後能慮，慮而後能得。』——可見靜的作用，也是有積極意義的。我們所說的行的哲學，就無分於動靜。」（行的哲學）

㈣行與宇宙（行的眞諦）

就行與宇宙的關係而言，先總統 蔣公說：「我們要認識『行的眞諦』，最好從易經上『天行健君子以自強不息』一句話上去體察，因爲宇宙間最顯著的現象，亦卽是宇宙萬象所由構成的，無過於天體之運行。易經上的註文說：『天行一日一周，而明日又行一周，非主健者不能，君子法之，以自強而不息。』這裏所謂健，就是歷久不磨，經常不變的意思，最剛強也最持久，而且最貫澈圓滿。」（同前）

㈤行與人生（行就是人生）

先總統 蔣公發揚 國父「知難行易」學說，講述「行的道理」，指出：「行就是人生」。又說：「人生自少至老，在宇宙中間，沒有一天可脫離行的範圍。可以說人是在行的中間成長，由行的中間而充實了人格，而提高了人格。」爲什麼行就是人生？人類既是宇宙的一部分，宇宙因運行而有進化，人類亦必由力行以求發展，所以：「古往今來宇宙之間，只有一個行字，纔能創造一切。」又說：「人之生也，是爲『行』而生，那我們的『行』，也應當爲生而『行』。」（同前）

㈥行的原動力及行的要素

先總統 蔣公在「行的哲學」中以誠爲行的原動力，而以三達德爲行的要素。並說：「仁是本乎大公，出乎至誠。所以知之出乎誠者必智，行之出乎誠者必勇；智者之知必知仁，勇者之行必行仁。而且其行必篤，其知必致，其知其行，斷無不成，古人所謂『誠者成也』，又謂不誠無物，就是此意。如果人生沒有誠，則智仁勇三達德，也無從發生，無從表現。」

㈦行的法則

先總統　蔣公以為行的法則，必須具備下面的要件：

1. 必須有起點。

2. 必須有順序，亦即有系統、有條理、有計劃，就是科學的。

3. 必須有目的。

4. 必須是經常的恒久的。（同前）

倘不注重法則，則行的目的不能達到，也表現不出行的精神。

㈧事在人為

先總統　蔣公以「事在人為」作行的哲學的結論。他說：「古諺云：『天下無難事，只怕有心人。』又說：『事在人為』……無論抗戰建國，只要下決心，只要抱著熱忱，只要照著我們的信仰去力行，我敢斷言，抗戰必勝，建國必成，而我們的革命使命，必能容易達到，亦能不言而喻了。」（同前）

國父以「有志竟成」做孫文學說的結論，促進了北伐與護法的成功；先總統　蔣公以「事在人為」做行的哲學的結論，亦促進了抗戰建國與取消不平等條約的勝利。我們相信，本著此兩種學說實踐力行，則無事不成功。

作業題

㈠試述　國父著「孫文學說」（知難行易）的動機。
㈡何以說十事為證，可以證明知難而行易？
㈢能知是否能行？不知是否能行？試就　國父見解答之。
㈣行與人生有何關係？試就先總統　蔣公見解答之。
㈤行的要素與原動力是什麼？試略答之。
㈥試論行的法則。

附錄：心物合一論與宇宙進化論

民國七十六年國立編譯館主編高中三民主義課本，以民生哲學的主要內涵，將心物合一論、宇宙進化論、民生史觀及革命的人生觀四者並列討論，本章特將心物合一論與宇宙進化論列入附錄，供讀者參考。

㈠心物合一論

西洋在宇宙哲學方面，對於心物問題，主要分為唯心論、唯物論、心物二元論、心物一元論等派別。國父對於此一問題的見解，業經先總統　蔣公定名為心物合一論，故可納入心物一元論這一派。

國父在「軍人精神教育」中，談到精神與物質的關係。曾說：「總括宇宙現象，要不外精神與物質二者，精神雖爲物質之對，然實相輔爲用。考從前科學未發達時代，往往以精神與物質爲絕對分離，而不知二者本合爲一。在中國學者，亦恒言有體有用，何謂體？卽物質；何謂用？卽精神。譬如人之一身，五官百骸皆爲體，屬於物質；其能言語動作者卽爲用，由人之精神爲之。二者相輔，不可分離。」

先總統　蔣公在「爲學辦事與做人的基本要道」中說：「據我研究的心得，認定精神離了物質，既無由表現，物質離了精神，亦不能致用。所以精神與物質是一體之兩面，或者說，一物之二象，相因而生，相需而成。所以無論唯心唯物，如果偏執一見，都是錯的。」又在「青年爲學與立業之道」中說：「古今中外講哲學的書籍，不是偏於唯心，便是偏於唯物。其實精神與物質原屬一體之兩面，同物之異象相因而生，相需而成。在本質上既不可分離，在學理上亦不容偏重。」

在「反共抗俄基本論」第五章說：「民生哲學承認精神與物質均爲本體中之一部分，既不是對立的，也不是分離的，物質不能離精神而存在，精神亦不能離物質而存在，宇宙的本體應是心物合一的，宇宙與人生都必需從心物合一論上，才能得到正確的理解。」

唯心論者以精神爲宇宙的本體，唯物論者以物質爲宇宙的本體，都失之於偏。宇宙的本體應是心物合一的，心物都是本體中的一部分。這就是心物合一的本體論，也就是　國父與先總統　蔣公的本體論。

(二)宇宙進化論

國父將宇宙進化分爲三個時期，各時期有各時期的特點與目的。他說：「作者則以爲進化時期有三：其一爲物質進化之時期，其二爲物種進化時期，其三則爲人類進化時期。元始之時，太極動而生電子，電子凝而成元素，元素合而成物質，物質聚而成地球，此世界進化之第一時期也。今太空諸天體多尙在此時期進化之中。而物質之進化，以成地球爲目的。吾人之地球，其進化幾何年代而始成，不可得而知也。地球成後以至於今，按科學家據地層之變動而推算，已有二千萬年矣。由生元之始生而至於成人，則爲第二期之進化。物質由微而顯，由簡而繁，本物競天擇之原則，經幾許優勝劣敗，生存淘汰，新陳代謝，千百萬年，而人類乃成。」接著又說：「人類初出之時，亦與禽獸無異，再經幾許萬年之進化，而始長成人性，而人類之進化，於是乎起源。此期之進化原則，則與物種之進化原則不同，物種以競爭爲原則，人類則以互助爲原則。社會國家者，互助之體也，道德仁義者，互助之用也。人類順此原則則昌，不順此原則則亡，此原則行之於人類當已數十萬年矣。然而人類今日猶未能盡守此原則者，則以人類本從物種而來，其入於第三期之進化，爲時尙淺，而一切物種遺傳之性，尙未能悉行化除也。」

國父在競爭與互助之間，主張有人性的人類，應以互助爲原則，不應以競爭爲原則。而人類進化之目的，在達到「大道之行，天下爲公」的境界。

先總統　蔣公在「反共抗俄基本論」第五章說：「我們今日是要把人看做物？還是要把人看做人呢？要叫人類回到禽獸的境域？還是要發人性，促成文化的進化呢？這是我們三民主義者人生觀的根本論點。　總理的指示是很明白的：『乃至達爾文氏發明物種進化之物競天擇原則後，而學者多以仁義道德皆屬虛無，而競爭生存乃爲實際，幾欲以物種之原則，而施之於人類之進化。而不知此爲人類已過之階段，而人類今日之進化，已超出物種原則之上矣。』馬克思主義所鼓吹的階級鬥爭，就是『以物種原則施之於人類進化』的謬論，馬克思以爲人生而有意或無意的編入社會階級關係，因而決定人類思想行爲，是階級性而不是人性，他們否認人類理性，肯定自然狀態爲人與人之競爭。只有暴力與專制，才能爭取階級的生存。」

國父在進化論方面，反對達爾文將獸性的生存競爭施之於人類；在歷史觀方面，則反對馬克斯的階級鬥爭說施之於人類。先總統　蔣公繼　國父之後，強調人性而不強調階級性；反對馬克斯之否認理性，反對達爾文之強調獸性。

上述之宇宙進化論，亦可稱爲進化的宇宙論。西洋哲學可分爲：⑴宇宙哲學，⑵人生哲學，⑶認識哲學（知識論）。而單就宇宙哲學言，又可分爲：⑴本體論，⑵宇宙論。　國父與先總統　蔣公的本體論，可稱爲心物合一的本體論；其宇宙論，可稱爲進化的宇宙論。

第六章　三民主義與其他主義的比較

本章要研究的是：㈠民族主義與其他主義之比較，㈡民權主義與其他主義之比較，㈢民生主義與其他主義之比較。

世界上的主義很多，我們在此不準備對所有主義都作比較研究，而僅就與人類命運關係最密切之民族、民權、民生三大問題有關的各種較爲重要的主義來作比較，期使讀者能就重點之所在，加深內容的印象。在民族方面，是國家主義及國際共產主義；在民權方面，是極權主義與歐美民主主義；在民生方面，是資本主義、一般社會主義及馬列共產主義。就以上各種主義與民族、民權、民生三大主義做一番比較分析，期能幫助讀者了解人類幾個重大問題。

第一節　民族主義與其他主義之比較

本節要比較：⑴民族主義與國家主義，⑵民族主義與共產國際主義。

壹、民族主義與國家主義的比較

這裏要研究民族主義與國家主義，首先要就兩者的定義有一了解，而後才可比較其相同點及相異點。

㈠民族主義與國家主義的定義

民族主義與國家主義在英文中根本就是相同的一個字，卽"Nationalism"一字。國父譯之爲民族主義，有人譯爲國家主義，所以在名詞上，常相混淆。其實，民族與國家的性質和範圍並不相同，民族主義與國家主義，更有區別，應分別說明其定義。

1.何謂民族主義？

什麼是民族主義呢？可說是民族意識的精神表現，民族意識形成之後，便可發揮強烈的力量，逐漸演變發展爲民族主義。　國父曾說：「何謂民族主義？卽民族之正義之精神也。」（文言本三民主義）又說：「民族主義是國家圖發達種族圖生存的寶貝。」（民族主義第三講）他認爲中國自秦漢而後，都是一個民族造成一個國家，也就是所謂的「民族國家」。他又說：「什麼是民族主義呢？就是要中國和外國平等的主義，要中國和英國、法國、美國那些強盛國家都是一律平等的主義。」（女子要明白三民主義）又說：「余之民族主義，……對世界諸民族，務保持吾民族之獨立地位。」（中國革命史）不僅如此，他且認爲：「民族主義卽世界人類各種族平等，一種族不爲他種族所壓制。」（要改造新國家當實行三民主義）以上這些話，可以概括的了解民族主義的含義與界說。

2.何謂國家主義？

就一般而言，國家主義的意義，乃以國家的性質是有機體，認爲國家是目的，個人的一切均應屬於國家。世界百科全書（World Book Encyclopedia）族國主義（Nationalism）條載：「族國主義（國家主義）乃是一種信仰，認爲一己的國度，係世界上最好的國度，……應當憤發圖強，俾能獨行其是，而不與其他任何國度維持密切的關係。在其最優狀態時，族國主義只是對於一己的國家，抱持一種健全的驕傲。其在最劣狀態時，族國主義可使一個族國虐待其他弱小族國。」（引自浦薛鳳著現代西洋政治思潮，一七二頁）。這一定義，確能說明西方國家主義的特性。

3.民族與國家的區別何在？

民族與國家兩個名詞，常常被人誤爲一義，因爲英文中 Nation 一字有兩種解釋：一是民族，一是國家，因而使民族與國家的含義不明。 國父在民族主義第一講中說：「民族是由天然力造成的，國家是用武力造成的。用中國的政治歷史來證明，中國人說王道是順乎自然，換一句話說：自然力便是王道；用王道造成的團體就是民族。武力就是霸道；用霸道造成的團體便是國家。」故又說：「一個團體由於王道自然力結合而成的是民族，由於霸道人爲力結合而成的是國家。」這便是國家和民族的區別。

以上是就造成民族的動力（或稱民族的起源）而言，如就造成民族的要素而言，亦有區別。國父認爲造成（原文爲構成）民族的要素有五：⑴血統，⑵生活，⑶語言，⑷宗教，⑸風俗習慣。這五個要素都是自然力，不是武力。國家的要素是什麼？普通提到的有三：⑴土地，⑵人民，⑶主權。這三項要素，國父在演講中亦曾講到。

此外，研究三民主義者還講過：⑴民族無疆域，國家有疆域，⑵民族無統治權力，國家有統治權力，⑶民族是無組織的，國家是有組織的……但這些區別是研究者的意見，不是 國父的言論，遇到考試時可以多答，但亦須說明。

㈡民族主義與國家主義相同點

民族主義與國家主義雖有區別，但異中有同，茲擇其重要者，計有下列四項：

1.**國家民族的尊重**：國家主義者，對於國家或民族都是尊重的。李璜在其「國家主義正名」一文中云：「國家主義是在價值系統中給國家特性以崇高位置的態度。」胡國偉說：「國家主義是以爲應該把個人無上忠誠歸於民族國家的一種心靈狀態。」（「國家主義詮眞」新中國評論社）三民主義者亦屬尊重民族國家。國父有時也採用國家主義那個名詞。他在民國三年通告洪門會改組爲中華革命黨支部信中說：「望諸公竭力提倡國家主義，而破除門戶各立之微嫌。」十一年覆王永泉函說：「粵陳之部落割據主義，自知與吾輩國家主義決不相容。」這雖不足證明 國父主張國家主義，至少可以證明 國父認爲國家主義一辭是可採用的。民族主義第一講說：「民族主義就是國族主義」，所謂國族主義，可說是民族國家主義。

2. **恢復民族自信心**：恢復民族自信心，是民族主義與國家主義者的共同要求。菲希特是國家主義者的代表，他在告德意志國民書中說：「我想在新教育上，站在整個德國人立場上，使全德國人民都根據共同的國難，去鼓勵他們激發他們。」他的此種教育，對德意志民族復興與統一，發生巨大的影響力量。

民族主義亦主張要恢復民族自信心，國父說：「中國人從經過了義和團之後，完全失掉了自信力。一般人的心理，總是信仰外國，不敢信仰自己，無論什麼事，以爲要自己去做成，單獨來發明，是不可能的。」（民族主義第三講）先總統　蔣公亦特別強調要恢復民族地位，先要恢復民族自信力。他說：「要使教育發生效果，就要切實奉行　總理的主義，要以　總理遺教中所說的最重要的一句話，卽『恢復民族的自信力』來作教育的原動力，才可以解除國難，達到建國救國的目的。」（救國教育訓詞）。可見恢復民族自信力，是兩種主義的共同希望。

3. **祖國改業的光復**：國家主義者對失去國家或部分國土是主張光復的。國家要保全領土，卽保衞它底土地，就需要喚起人民的愛國心。民族要組織國家，也非有土地不可。海士（Carlton J. H. Hayes）說「愛國心現在總是與民族相連的。」國家主義在一八七〇年後的意國，採取光復主義（Irredentism）底形式，卽在統一的意國外有意國民族的地方都要光復。　國父在推翻滿清的辛亥革命以後，祭明太祖，說他以「光復大義昭示來茲」。故「恢復民族的地位」或光復民族故業也就是民族主義的主張。

4. **提倡富國強兵**：國家主義者認爲要完成國家的獨立與統一，先要富國強兵。如非希特在「閉關貿易國家」一文中，卽主張國家極度的干涉與通盤的統制國民經濟，以求國家的富強。又說：「祖國愛和國家愛，除維持國內的秩序，保護人民的財產、生命、自由、治安等目的之外，更有一個高尚目的，對此高尚目的，國家才整軍備武，建設國防。」（告德意志國民書）其他國家主義者，亦莫不主張富國強兵之道。國父提倡民族主義，同樣主張富國強兵。興中會之設，專爲聯絡中外有志華人，講求富強之學，以振興中華。（香港興中會宣言）當中華民國創建後，常懷有國防不固之憂。「實業計畫」一書之著作，亦寓有富國強兵、鞏固中華之意焉。

㈢民族主義與國家主義的相異點

民族主義與國家主義除了以上之相同點外，也有其相異之處，今列於後：

1.**民族平等與種族歧視**：國家主義者以國家爲本位，注意國家利益，自然走上利己道路。泰戈爾以爲西方底國家主義都是損人利己的。且國家主義者都有種族歧視的觀念，認爲白種人是最優秀的民族，德國人尤認爲白種人中以條頓民族爲最優。國父的民族主義則不然，它主張民族平等與民族互助。國父認爲：「民族主義有兩方面之意義，一則中國民族自求解放，二則中國境內各民族一律平等。」（中國國民黨第一次全國代表大會宣言）又認爲：「民族主義，即世界人類各族平等，一種族絕不能爲他種族所壓制。」（改造新國家當實行三民主義）且認爲：「夫今日立國於世界之上，猶乎人處於社會之中，相資爲用，互助以成者也。」（孫文學說第七章）民族主義的平等與互助精神，遠勝於國家主義的種族歧視。

2.**和平主張與侵略政策**：國家主義多頌揚武力的侵略政策，黑格爾指責康德底永久和平說：「兩國之個別意志如果不能求得一個協定，則解決紛爭之方法唯有訴諸戰爭。」這還是到了有訴諸戰爭的必要時發動戰爭。像墨索里尼說：「唯有戰爭可使人類的生命力發達到膨脹的最高度，而於一般有冒險勇氣的人民，可感應到一種高貴的光榮。」（任卓宣「三民主義底比較研究」）為適應這種擴張欲，所以實施軍國民教育，以相呼應。

國父認為中國自古以來即是愛好和平的民族，遠在漢代，便已拋棄武力的侵略政策。他在民族主義第五講中說：「各國人共同去講和平，是因為怕戰爭，出於勉強而然的，不是出於一般國民的天性，中國人幾千年酷愛和平，都是出於天性。論到個人，便重謙讓；論到政治，便說不嗜殺人者能一之，和外國人便有大大的不同。……這種好道德，不但要保存，並且還要發揚光大。」又說：「中國更有一種極好的道德，是愛和平。現在世界上的國家和民族，只有中國是講和平，外國都是講戰爭，主張帝國主義去滅人的國家。」（民族主義第六講）。和平是中國人的天性，亦是民族主義的眞精神，人類要實行眞正的和平，唯有弘揚三民主義於世界，貫徹民族主義的和平理想。

3. **大同世界與征服世界**：黑格爾說：「國家乃是最後的目的。」（黑格爾著「法律哲學」）摩拉士說：「完全的國家主義反對人道主義者和自由主義者所宣講的國際主義。它以為民族不是人類底一種工具，不是到新世界秩序的腳踏石，其自身就是一個目的，它將國家利益放在個人利益和人類利益之上。」（任卓宣著「三民主義底比較研究」）國家主義者常主張在國家強盛之後，便對外發動征服世界的侵略戰爭。希特勒說：「假若德國也和其他民族一樣，歷來就有種種團結的觀念時，則德意志帝國已早成了今日世界的主人了，世界的歷史也許就另走了一條道路。」墨索里尼更明白地指出：「因為在法西斯主義者看來，帝國的生長或國家的擴張，是國家活力的表現；不然就是國家衰微的象徵。」希特勒鼓勵大家發揮那種「更野蠻的意志力」，墨索里尼竭力稱讚「征服的意志」，國家主義之侵略政策，便其走上帝國主義之途，而以征服世界爲最後目的。

大同世界的思想係源出於禮記禮運篇：「大道之行也，天下爲公，……是謂大同。」這是我國古代最崇高的政治與倫理思想。國父繼承此種傳統的大同思想，並加以發揚光大，民族主義是「以建民國，以進大同」。最初目的固是國家，最後目的則是世界大同。「我們要將來能夠治國平天下，便先要恢復民族主義和民族地位，用固有的道德和平做基礎，去統一世界，成一個大同之治。」（民族主義第六講）民族主義的大同世界，是以道德和平做基礎，保障其他民族利益，扶助弱小民族，互助合作的精神，同躋於世界大同。這種民族主義的大同思想，與國家主義的征服世界主義，完全背道而馳。

貳、民族主義與共產國際主義的比較

㈠國際主義的意義

國際主義分爲一般的國際主義和馬列共產國際主義兩種：前者是主張各國消弭戰爭，維持和平，促進合作，維護正義，因而設立一個國際組織，以仲裁糾紛，如一九二〇年成立的國際聯盟，一九四五年成立的聯合國。它的初意是承認各民族的存在，但不鼓勵國際間的衝突，其主旨在增進人類幸福，實現世界和平。而馬列的共產國際主義與上述的不同，它的初意是促使世界各民族都從事「階級鬥爭」，打破國家民族的界限，實行國際間的共產制度。

㈡共產國際主義的眞面目及其國際運動

1.工人無祖國的口號與俄帝第五縱隊：馬克思要全世界的無產階級聯合起來，和資產階級鬥爭，提出了「工人無祖國」的口號。這就是說，無產階級要實行國際主義，並且要各國的無產階級「廢除國家與民族」的觀念，不分界限，共同行動，才能得到勝利。俄帝共產以後，列寧又加上一個「蘇聯是全世界無產階級的祖國」的口號。於是一面以「工人無祖國」的口號，煽動各國的內亂；一面又要各國的共產匪徒保衞他們的「祖國」，爲俄帝效命。依照這一國際主義的思想，各國的共產匪徒，先天的是國家和民族的叛徒，先天是俄帝的間諜和第五縱隊，一切只爲了俄帝的利益。這種國際主義，正是蘇俄帝國主義者，妄圖征服世界思想戰上的一個工具，使弱小民族陷於亡國滅種而不自知。

2.馬列共產國際運動：馬列共產主義者，先後曾成立了四次國際：第一國際，成立於一八六四年，但經不起普法戰爭民族精神的激盪，於一八七二年自行壽終正寢。第二國際成立於一八九一年，在第一次大戰時號召各國工人拒絕參戰，提出「不出一個人」，「不出一個錢」的口號，但各國工人均激於愛國熱誠，各爲其祖國而戰。於是第二國際遂於一九一八年宣告瓦解。第三國際成立於一九一九年，但於二次大戰中，在民族主義的怒濤衝激下，史達林終不得不宣佈解散。推溯其何以失敗，不外違反民族主義，經不起民族大義的衝擊，也就是民族意識戰勝了階級意識。

㈢民族主義與共產國際主義之比較

1.階級利益與民族利益：馬列的國際主義以階級爲基礎；民族主義以民族爲基礎。前者有階級性，屬於無產階級；後者無階級性，不屬於任何階級。前者從階級利益出發，後者從民族利益出發。

2.工人無祖國與愛國主義：馬列的共產國際主義是與愛國主義相衝突，是民族主義的反動；民族主義是與愛國主義相和諧，而不相衝突。前者是「工人無祖國」，故不愛國；後者是愛自己的民族，愛自己的國家。

3.**和平的否定與和平的肯定**：馬列的共產國際主義是和平主義的否定；民族主義是和平主義的肯定。前者是無產階級實行國際主義，就不分國界，共同做階級鬥爭，故無和平可言；後者是民族自決，保障和平，無鬥爭可言，故能講和平。

作業題

㈠民族與國家有何區別？試述其要。
㈡民族主義與國家主義有何相同之點？試分答之。
㈢民族主義與國家主義有何不同之點？試分答之。
㈣試論共產國際主義的眞面目與國際運動。
㈤民族主義與共產國際主義有何區別？試略述之。

第二節　民權主義與其他主義之比較

本節要比較：⑴民權主義與極權主義，⑵民權主義與歐美民主主義。

壹、民權主義與極權主義之比較

㈠何謂極權主義？

所謂極權主義，就是獨裁政治，統治者專憑暴力統治，否定個人價值，抹煞人民一切權利的一種政治制度。極權主義起源於俄國共產黨的無產階級專政。其後有意大利法西斯主義與德國的納粹主義，均曾囂張一時，對內專制，對外挑戰，因而引起第二次世界大戰。戰後德義失敗，僅存的蘇俄，則變本加厲，凶燄更熾，在東歐有許多國家爲其附庸，在亞洲中國大陸與北韓、越、高、寮都爲其赤化，並伺機滲透顚覆民主自由國家，予世界和平嚴重的威脅，它成爲新的帝國主義，共匪亦在效尤。

㈡民權主義與極權主義之區別何在？

民權主義與歐美的民主主義比較看來，兩者的主張與方法雖有其相異之處，至於本質與原則倒是一致的。（下詳）而民權主義與極權主義則是本質、原則、內容、方法完全不同，背道而馳。茲就其不同點，分述於后：

1.**專制獨裁與民主政治**：極權主義的最大特徵是專制獨裁，獨裁政治的表現方式即是一黨專政。如共產黨之於俄國或鐵幕內其他國家，法西斯黨之於意大利，納粹黨之於德國，不僅獨占統治權力，且根本不允許其他政黨的存在；民權主義主張民主政治，民主政治的表現方式則爲政黨政治。

2.**違反分權與主張分權**：民權主義主張五權分立，民主主義主張三權分立，極權主義則否，而是一權政治。由一人或少數人把持政權，使立法與司法流於形式，考試監察更不必說了。換言之，行政權在各權之上，處處以命令行事，所以是違反分權的。

3.**違反法治與實行法治**：民權主義是法治政治，一切以法爲主，人民要守法，官吏也要守法，法所規定，人人遵守。極權主義則爲人治，因爲旣爲一黨專政與個人獨裁，則統治者的意向就是國家的意向，而不問國家法律爲何？這種政治就成爲反法治的政治。

4.**違反自由平等與提倡自由平等**：極權主義僞裝民主，妄談自由，而實際上人民則永無平等自由可言，一切思想、行動，均在秘密警察控制之下，供獨裁者驅策與奴役。民權主義則提倡眞平等，眞自由。在立腳點平等之上，發揮各人的智慧；在不侵犯他人自由的原則之下，來往自如與自由競爭。

5.**把持選舉與自由選舉**：民權主義主張全民政治，人民有選舉權和被選舉權，而且可以自由競選，不受任何干涉。極權主義有時也採選舉制度，但只有共產黨員及該黨支持下的人員，才有候選資格，所以選舉是在統治和威脅之下進行的，人民永無自由意志存在，一切由共產黨把持。

㈢極權主義的謬誤

1.**違反時代潮流**：國父在民權主義演講中，曾將權的演進分成洪荒時代、神權時代、君權時代、民權時代四個階段，指出今日世界潮流已進化到民權的時代。在民權逐步形成的過程中，雖然先後在美國、法國和德國遭遇到了障礙，但是民權終究發達。國父說：「民權的風潮，在歐美雖然遇了障礙，得到君權的反抗，還是不能消滅，遇到了民權自身的障礙，也是自然發達不能阻止，那是什麼緣故呢？因爲大勢所趨，潮流所至，沒有方法可以阻止。」（民權主義第四講）共產極權主義實行專制獨裁，實在是違反世界潮流，如鐵幕國家，人民紛紛冒死逃難，投奔自由，亦可見其違反世界潮流，爲人民所唾棄的情況了。

2.**政治基礎薄弱**：政治是眾人之事的管理，而推動眾人之事的管理的政府，必須得到人民的服從、合作和擁護。所謂「民為邦本，本固邦寧」。由於極權主義的獨裁政治特質，統治者的意向與人民分歧，獨裁的政府乃得不到人民的衷誠支持與合作，在其政府統治或控制力量強大時，人民受其壓迫，不敢亦無力反抗，只有加以順從與忍受；但是一旦此獨裁統治的力量或因統治者的敗亡產生內部奪權鬥爭、或因對外戰爭的失敗導致極權政府的解體，都將迅速歸於崩潰。

3.**違反進化原理**：國父指出，人類進化是由獸性進化到人性，更由人性進化到神性（詳國民要以人格救國講詞）。極權主義者專用清算、鬥爭、暴虐無道的壓力和屠殺，去對付老百姓，是專用獸性的方法去治人，違反了人類進化的原理，是開倒車，焉能得到長治久存？

4.**內訌必敗**：孟子說：「天時不如地利，地利不如人和。」孔子說：「禮之用，和為貴。」國父提倡「精誠團結」，先總統 蔣公提倡「致中和」。查查以往歷史，凡內訌者無不敗。蘇俄自列寧死後，引起一連串的內訌，史達林鬥倒托洛斯基，赫魯雪夫對史達林鞭屍，柯錫金等又鬥倒赫魯雪夫。共匪方面，瞿秋白鬥垮陳獨秀，李立三鬥垮瞿秋白，毛澤東先鬥李立三，後鬥高崗、彭德懷、劉少奇，以至其親密戰友林彪，目前鄧小平等又向毛澤東和四人幫惡鬥。將來還會繼續鬥下去，「最後非鬥到只留共黨頭子一人孤獨存在不可的境地。」

貳、民權主義與歐美民主主義的比較

㈠何謂民主主義？

歐美的民主主義爲 Democracy 的一種意譯，這個字原是從希臘文來，Demo 是人民的意思，cracy 是統治的意思，合起來就是人民的統治。人民統治是一種政治形態，它與一人統治的君主政治相反，也和少數統治的貴族政治或寡頭政治不同。民主政治早在希臘城邦時代就爲人所共知。中古時代的封建社會，某些城市亦有民主政治的出現。至於近代的民主主義，則是近代民族國家出現後才發生。洛克提倡天賦人權及自由主義，其後孟德斯鳩著「法意」一書，集三權分立說之大成，首倡民主主義政治制度。盧梭亦以「民約論」，倡天賦人權，認爲主權在民。美國的獨立及法國的大革命卽是在此種學說的鼓動下，奮起抵抗暴政，追求民主自由，民主制度的確立於焉產生。

㈡民權主義與民主主義相同之處

1. **重視民權，反對君權**：民權主義與民主主義對於民權的來源，看法上雖有不同，但對於民權之重視，君權之反對則無不同。就今日之君主立憲國家言，也重視民權，其君主亦僅爲虛位元首耳。

2. **重視公意，反對獨裁**：民主政治的要義，就是注重公意，政府的一切措施，完全以人民的意思爲依歸。個人獨裁，卽違反公意，爲民主主義所不容，亦爲民權主義所反對。民權主義以「天下爲公」爲理想，主張主權在民，卽主張民意政治。

3. **分權政治與立憲政治**：民主主義實行三權憲法，政治制度以三權分立爲原則；民權主義實行五權憲法，在政制上採五權分立。雖有三權、五權之分，但同爲分權政治與立憲政治則一。

4.**法治主義與自由主義**：所謂法治，就是政府官員的行政行爲，都要依法去做事。鮑爾斯（C. Delcsle Burns）說：「英國的巴力門（議會）……創立了法律之治，以代替統治者爲所欲爲，這就是所謂民權，乃爲民主政治的另一基本要素。」所以民主主義必爲法治主義，而法治與自由不可分離，兩者相互依存，「法律之前人人平等，法律之內人人自由」。歐美的民主主義都重視法治與自由， 國父的民權主義亦然。故 國父云：「平等自由，法爲之界。」（中國同盟會本部宣言） 先總統 蔣公說：「民權主義本乎法」，他又提倡合理的自由。

5.**責任政治與政黨政治**：所謂責任政治，即是政府對於其本身的行爲，要對人民負責的意思。即一方面要對政策負責，一方面要對法律負責。在三權分立的國家，行政機關應對立法機關負責；而五權憲法之理論，五院應對國民大會負責。就現行憲法論，行政院應對立法院負責。歐美的民主主義與 國父的民權主義，都必須靠政黨政治來運作。政黨的作用，可以綜合民意，教育民眾，組織民眾，進而推舉總統、副總統以實行其政策。

6.**會議政治與議會政治**：歐美的民主主義以國會爲基礎，重要事件以會議通過爲合法；民權主義以國民大會爲基礎，重要事件亦以會議通過爲合法。

㈢民權主義與民主主義不同之處

1.**天賦人權與革命民權之不同**：民主主義之權利來源爲盧梭的天賦人權說（或自然權利說）。民權主義之權利來源，爲 國父的革命民權說（或稱社會權利說）。

2.**間接民權與直接民權之不同**：民主主義採間接民權，因此人民只有一個選舉權，沒有充分民權。民權主義採取直接民權的全民政治，人民有四權行使，對人對法都有權可加以控制，自然可以達到眞正民主的目的。

3.**三權分立與五權分立之不同**：民主主義主張三權分立，法人孟德斯鳩著法意，創三權分立學說，美國獨立成功卽採三權分立而制定憲法，其後歐美諸國制憲大體皆採此制。民權主義則主張五權分工而合作。國父認爲三權分立之缺點應予彌補，爲免任用私人及造成議會專制，故應將考試權與監察權分別獨立，使成爲理想的制度。

4.**權能不分與權能區分之不同**：民主主義是權能混合，不分政權與治權，以致人民旣怕政府有能，侵害人民；又欲政府有能，爲人民謀幸福。而民權主義是權能區分，把人民的權和政府的能，劃分清楚，卽人民有四權可以管理政府，不怕政府有能，壓迫人民；政府有五權可以替人民謀幸福。

5.**少爲政府與萬能政府**：西方民主主義學者反對政府干涉人民的行爲，認爲「管得愈少的政府，卽是愈好的政府」。而民權主義則主張教養兼施，管衞（保）並行，加以權能區分後，人民不怕不能控制政府，故可以造成萬能政府，爲人民多服務。

6.**政府組織之不同**：民主主義是採用內閣制和總統制，還有一種委員制。前二種最爲普遍，後一種較少。民權主義是五院制。中央政府內分五院，而相互平等，皆對國民大會負責，與一般民主國家不同。

作業題

㈠民權主義與極權主義有何不同之點？試分答之。
㈡極權主義的謬誤何在？試略言之。
㈢民權主義與民主主義有何相同之點？試分答之。
㈣民權主義與民主主義有何不同之點？試分答之。

第三節　民生主義與其他主義之比較

本節要比較：⑴民生主義與資本主義，⑵民生主義與馬、列共產主義，⑶先總統　蔣公對於民生主義就是共產主義的詮釋。

壹、民生主義與資本主義之比較

㈠何謂資本主義？

資本主義這個名詞，不是資本家自己提出的，乃是一位社會主義者柏南（Louis Blanc 亦譯布南克）所提出，其解釋並不一致。⑴松巴特（Werner Sombart）說：「資本主義，是一種以資本的優勢爲特徵的經濟制度。」(2)海斯（Hayes）說：「資本主義，乃是一種經濟制度的名詞。在這種制度裏，資本家站在支配的地位。」(3)熊彼得（Joseph A. Schumpeter）說：「資本主義是工業社會的一種型態，它具有三個特徵：①生產工具的私有，②私有利潤與由私人承擔風險，③私人銀行創設支付工具，如紙幣及銀行存款等。（以上參考任卓宣著三民主義與各種主義）

資本主義的特質計有：

①商品生產不是爲要滿足大眾的需要，而是爲要獲得個人的利潤。

②將勞動視爲商品而買賣。

③財產絕對私有。

④所有生產手段爲資本家所獨占。

⑤重視機器生產。

⑥自由競爭與放任主義，反對政府干涉。

由上列特質，可以下一定義：資本主義是一種經濟制度，這種經濟制度包涵私有財產、自由競爭、機器生產、追求私人利潤以及勞動商品化等性質。

㈡民生主義與資本主義相同之處

1.**機械生產**：資本主義是講求生財之道，它要提高生產力、改進技術，即採用機器，大量生產。由機械不斷改良，來促進工業發展，農業工業化。民生主義也是這樣。「廢手工，採機器。」（實業計畫緒言）「窮理日精則物用呈，機器日巧則成物多，不作無益則物力節。」（上李鴻章書）由此可知，國父亦是主張機械生產的。

2.**注重創造**：松巴特研究資本主義，以爲企業家要具有發明家、發現家、征服者、組織者和商人五種人底性格，以發明生產和運轉底新形式，發現新銷路新顧客，克服困難，管理人與物，爲精明的計算與談判。（大陸雜誌三卷八期第二七頁）熊彼得以創新爲資本主義動力。「所謂創新就是將各種生產因素加以新的組合的意思。」（「社會科學論叢」第六輯第二三三頁）要之，資本主義是不墨守成規，而富有創造的。民生主義亦復如此。 國父對於發展實業，注重「人才」、「熟練人才」、「經營之才能」（參看「中國實業當如何發展」）本國不足，可「廣羅各國之實業人才爲我經營創造。」（同上）他不贊成「老守舊法」（民生主義第四講）應「用科學的道理」並常以「研究」和「方法」爲言。（參看民生主義第一講）民族主義中對於學習西洋科學要迎頭趕上，還要後來居上。

㈢民生主義與資本主義相異之處

1.**賺錢爲目的與養民爲目的**： 國父說：「民生主義和資本主義根本上不同的地方，就是資本主義以賺錢爲目的，民生主義是以養民爲目的。」（民生主義第三講）

2.**私有財產與公私並存**：資本主義專重私有財產，民生主義的財產制度是公私並存。先總統 蔣公在土地國有的意義中指出， 國父所講的土地國有是一個原則而已。就是在這個原則之下，政府需要土地，隨時可以徵收，不是全部土地全都要收歸政府所有，也就是在這個原則之下，土地仍可歸於農有或私有。可謂公有與私有並存。

3.**私營企業與公私並營**：資本主義重視企業私營，民生主義則公營與私營並顧。 國父在實業計畫中指示，企業分兩個途徑進行：一為個人經營，二為國家經營。

4.**自由經濟與計畫性的自由經濟**：資本主義實施自由經濟，共產主義實施計畫經濟，民生主義的經濟政策，已經故總統蔣經國先生任行政院長時，核定為計畫性的自由經濟（見陽明山經濟會議講詞）。其解釋是自由與計畫不可偏廢。

5.**發達私人資本與節制私人資本**：資本主義要儘量發達私人資本，政府不得干涉。民生主義則採行節制私人資本。節制私人資本在消極方面要徵收所得稅，積極方面要發展國營實業等。

6.**製造階級與消弭階級**：資本主義的流弊在於資本家獨占社會財富，造成資產階級與無產階級的對立，引起社會革命。民生主義在消弭階級對立，避免社會革命，防資本主義之患於無形。

7.**自由競爭與社會互助**：達爾文講進化，提倡生存競爭，即物競天擇，優者生存，劣者滅亡。資本主義則提倡自由競爭，與優勝劣敗之原則相同。

克魯泡特金提倡生存互助，以反對生存競爭。他認為動植物及人類的進化，都是以互助為原則，不是以競爭為原則。國父則說：「物種以競爭為原則，人類則以互助為原則，社會國家者，互助之體也，道德仁義者，互助之用也，人類順此原則則昌，不順此原則則亡，此原則行之於人類，當已數十萬年矣！」（孫文學說）可見互助是人類進化的原則，所以國父在經濟方面批評自由競爭（見實業計畫）一再主張互助。故民生主義經濟則以人類互助或稱社會互助為原則。

貳、民生主義與馬、列共產主義的比較

㈠何謂共產主義？

有人說，人類原始社會本就是共產社會，所有生活必需的物質，散布在地球上，無分爾我的盡情享用。後來人類放縱私慾，據爲己有，漸漸的私有財產制便發生了。直到工業革命，資本主義發展，私有財產制可謂趨於巔峯狀態，貧富懸殊現象，亦日趨明顯，於是貧者愈貧，富者愈富，形成階級對立。社會學者最初站在人道的立場，爲社會打不平，爲貧民謀幸福，遂提倡社會主義，反對資本主義。在社會主義當中，有一派叫社會共產主義，以馬克思、列寧爲代表，我們姑稱之爲馬、列共產主義，我們這裏暫以馬、列共產主義與民生主義來作比較，下面就兩者區別立言。

㈡民生主義與馬列共產主義（或俄、匪共產主義）的區別何在？

1. **思想淵源不同**：民生主義的思想淵源，爲堯舜禹湯文武周公孔子之正統思想；俄、匪共產主義的思想淵源，爲馬克思思想。
2. **哲學基礎不同**：民生主義的哲學基礎，爲三民主義哲學中的心物合一論；俄、匪共產主義的哲學基礎，爲辯證唯物論。
3. **歷史觀不同**：民生主義的歷史觀爲民生史觀；俄、匪共產主義的歷史觀爲唯物史觀。
4. **出發點不同**：民生主義的出發點爲「愛」；俄、匪共產主義的出發點爲「恨」。
5. **目的不同**：民生主義的目的，對內爲實現經濟平等的大同社會，對外爲實現民族平等的大同世

界；俄、匪共產主義的目的，對內爲實施經濟剝削的「大私有主義」，對外爲實施赤色帝國主義。

6.方法與手段不同：就方法言，民生主義的方法爲平均地權與耕者有其田，節制私人資本與發達國家資本；俄、匪共產主義的方法爲以暴力沒收土地與私有資本，並實行慘無人道的清算鬥爭。再就手段言，民生主義以政治手段解決經濟問題；俄、匪共產主義以革命手段解決經濟問題。

7.範圍不同：國父認爲民生主義的範圍，既大於社會主義，更大於集產主義與共產主義。（詳民生主義的說明）

8.時間性不同：國父在民生主義的講詞中說：「三民主義之中的民生主義大目的，就是要眾人能夠共產，不過我們所主張的共產，是共將來不是共現在。」所謂共現在，就是馬克思所主張的勞資鬥爭，用激烈手段沒收資本家財產，表面上要大家平分，實際上爲政府或共產當權者的「大私有」。民生主義則不主平分財產，而是主張製造財產。一方面發達國家資本以求富，一方面節制私人資本以求均。並徵收所得稅及土地稅等，以爲社會福利事業的經費，爲人民造福。所以是共將來，不是共現在。

9.實施結果不同：民生主義實施的結果，可以達到「共富」，以臺灣地區的經濟繁榮可以爲證；俄、匪共產主義實施的結果，完全走向「共貧」，大陸的一窮二白可以爲證。

10.政治觀點不同：三民主義的民生主義一方面求經濟平等，一方面求政治民主，而且要實現直接民權與全民政治，俄、匪共產主義在政治方面實行階級專政與一黨獨裁，事實上則走上極權主義與黨魁獨裁。

除以上十項外，還可以講到：

1.**社會進化的觀點不同**：民生主義以經濟利益相調和（社會互助）爲社會進化的原因；俄、匪共產主義以經濟利益相衝突（階級鬥爭）爲社會進化的原因。

2.**經濟政策不同**：民生主義的經濟政策，爲計畫性的自由經濟，俄、匪共產主義的經濟政策，爲「計畫經濟」與「極權經濟」。

3.**農工制度不同**：民生主義的農工政策爲保障農工利益，尊重農工擇業自由；俄、匪共產主義則實施奴工制度與奴農制度，剝削農工擇業自由及其他利益。

4.**革命立場不同**：三民主義的民生主義，是站在全民方面，實行國民革命；俄、匪共產主義，在理論上是站在一個階級方面，實行階級革命，而事實上是站在一黨的立場，實行暴力革命與特務政治。

5.**對外政策不同**：三民主義的民生主義以「扶助弱小民族打倒帝國主義」爲實現世界大同的手段；俄匪奉行列寧的民族政策，以「扶助弱小民族打倒帝國主義」爲製造「附庸」的手段。

補充資料一

上面講民生主義與馬、列共產主義（俄、匪共產主義）的區別，總共備了十五項，應考時，不一定要答這樣多。

叁、先總統　蔣公對於民生主義就是共產主義的詮釋

由於　國父說過：「民生主義就是社會主義，又名共產主義，即是大同主義。」「共產是民生主義

的理想，民生主義是共產的實行。」由於這幾句話引起紛歧的解釋，甚至發生誤解。先總統　蔣公為了澄清這種誤解，在「土地國有的要義」中曾對於「民生主義就是共產主義」有精闢的解釋。他認為：

㈠民生主義概括了共產主義，共產主義不能概括民生主義。

㈡　總理所指的共產主義是民生主義式的共產主義，而絕不是俄匪現在所行的那種「共歸於盡」的共產主義。

㈢　總理當時所指的民生主義就是共產主義的意義，乃是指其主義的原則，而不是指其主義的內容與方法，更不是指民生主義的目的，就是俄匪所行之共產主義的目的。

㈣所謂民生主義式的共產主義乃指一切事權都共的大同主義而言，換句話說，人民所共有、共管、共享的共產主義，就是民生主義式的共產主義。

㈤　總理在世時，蘇俄試行共產不過六年，尤其是他們實行的新經濟政策的時候，外人莫明眞相。他們所提倡的所謂「扶助弱小民族，打倒帝國主義」等口號的假面具，亦沒有揭穿，想不到俄國當初所謂共產的意義和目的，其後果會有像今日那樣空前絕後的浩刼！

㈥如果　總理至今依然健在，看到俄帝今日這樣侵略中國與征服世界奴役人類毁滅人性的共產主義，必補充說明：我們的民生主義絕不是俄匪式的共產主義。

補充資料二

上面先總統　蔣公所謂民生主義與共產主義的原則相同，或許有各種不同的答案，著者的解釋是要圖解決社會問題的原則（如解決貧富懸殊問題）相同而已。

又　國父在民國十三年，蘇俄實行共產不過六年，外人莫明眞相的時候說民生主義與共產主義的理想或目的相同，是有時間性的。今日鐵幕打開，假面具揭穿，自知兩種主義的理想和目的亦不同了。

作業題

(一)資本主義有何特質？試略述之。
(二)民生主義與資本主義有何相同之點？試分答之。
(三)民生主義與資本主義有何不同之點？試分答之。
(四)民生主義與馬、列共產主義有何區別？試述其要。
(五)先總統　蔣公對於「民生主義就是共產主義」有何詮釋？試略述之。

附錄·民生主義與一般社會主義的比較

民生主義與一般社會主義之比較，沒有民生主義與馬、列共產主義那樣重要，故列爲附錄。

社會主義在其起源上是反抗當時經濟中的個人主義的，而主張建立一種生產及其用途由社會來支配的一種經濟制度，其基本思想，在求經濟分配之公允，以消弭社會貧富之不均，俾得以解決社會問題，因此，社會主義「是一種社會哲學或社會組織的體制，以生產和經濟勞務的物資工具之公有原則爲根據」。（社會學詞典）「是說明由社會取得生產的力量，爲社會一切成員的利益而使用。」（法國社會學詞典）

社會主義的種類繁多，就一般社會主義而言❶其與民生主義之同異點有如下述：

㈠相同方面

㈠同站在社會本位，反對個人主義，尤其在經濟方面：如社會主義反對亞當斯密的自由競爭；民生主義亦然。

㈡同反對不勞而獲，提倡社會福利，尤其重視勞工利益：許多社會主義者都代勞工說話；　國父亦在各種宣言及政綱中主張保護勞工權益。

㈢同反對資本家壟斷獨佔，提倡平均分配：所有社會主義都反對資本家剝削勞工，壟斷社會財富；　國父提倡平均地權與節制資本，也是反對土地與資本的獨佔，主張分配平均。

㈣同重視人道主義反對達爾文主義：　國父謂早期的社會主義者都是人道主義者，又說以人爲挽天演是社會主義者的責任。（詳社會主義的派別及批評）這裏所謂挽天演是指反對達爾文的優勝劣敗弱肉強食的天演公例而言。國父又提倡社會互助，反對達爾文的生存競爭，而且民生主義是博愛主義，也是人道主義。

㈤同主張消滅貧富階級實行經濟平等：　國父認爲社會主義之產生，就是要解決貧富懸殊之社會問題；而民生主義之目的，也是要打倒社會上之不平等階級，以實行經濟平等。

㈡相異方面

㈠就實施方法言：民生主義的實施方法，爲平均地權與耕者有其田，爲節制私人資本與發展國家資本，一方面是土地與資本並重，一方面是私營公營兼顧；一般社會主義多反對私有財產，不讓私人企業有存在餘地，而且多偏重資本方面，不是土地與資本並重。

㈡就民族觀念言：民生主義是兼顧民族觀念的，如反對經濟侵略，提倡保護政策，即以勞務與技術，扶助弱小民族而論，亦與民族主義有關，社會主義則偏重經濟方面，很少顧及民族主義，如英國的費邊主義，其在社會政策與福利實施方面固多與民生主義相同，一談到民族政策與國際政策，便和我們的民生主義相反，因爲他們仍舊不脫殖民主義和帝國主義的色彩。

㈢就範圍大小言：民生主義的範圍，大於集產主義與共產主義，亦大於社會主義。國父在「關於民生主義的說明」中曾繪圖加以說明。又認爲民生主義是用來替代社會主義，並包括社會主義外之附屬問題。（見手改三民主義原稿）

㈣就防患先後言：民生主義防資本主義之禍於未然，使人民免受貧富懸殊與階級鬥爭之痛苦，其事較易進行；社會主義在救資本主義之禍於已然，圖爲貧窮人民打倒資本階級，其收效較難。

❶ 一般社會主義包括：烏托邦社會主義，社會民主主義，農業社會主義，國家社會主義，基爾特社會主義，基督教社會主義，社會聯帶主義，無政府社會主義，費邊社會主義，土地單一稅社會主義。（詳見周世輔　國父思想新論）

第七章　三民主義各種建設的成就

本章計分：第一節民族主義文化建設的成就，第二節民權主義政治建設的成就，第三節民生主義經濟建設的成就㈠，第四節民生主義經濟與社會建設的成就㈡。

這裏要說明的是：在民權主義項下講政治建設與在民生主義項下講經濟與社會建設，都沒有問題；惟有在民族主義項下講文化建設應該加以說明，因爲文化建設的範圍，較諸民族主義建設的範圍爲狹窄。本節從一般習慣，將文化建設列入民族主義。討論重點以民族主義的建設與民族復興運動爲主。

第一節　民族主義文化建設的成就

本節包括：㈠民族復興運動，㈡文化復興運動，㈢實現國內民族平等，㈣長期發展科學，㈤提高國民倫理道德，㈥反共義士來歸，㈦報紙開放登記與擴版，㈧文化交流與技術合作，㈨教育建設的成就。

壹、民族復興運動

國父領導國民革命，以三民主義為最高準則，也以三民主義的實現為最終目標。而實現三民主義的方法，對內在推翻滿清、創建民國，對外在打倒帝國主義，廢除不平等條約，求國家的獨立、自由與平等，以及民族的復興。所以，國民革命就是民族復興的主要工作，在國民革命運動中，民族復興運動的主要成就，按任務不同，可分為下列五個階段說明：

㈠推翻滿清、建立民國

清朝末年，政治不修，綱紀敗壞，民生凋敝，列強欺凌，危機四伏，中華民族遭列強鯨吞蠶食，豆剖瓜分之禍，就在眼前。國父於清光緒二十年（西元一八九四年）於檀香山創立革命組織興中會，以「驅除韃虜，恢復中華，創立合眾政府」為宗旨，次年展開推翻滿清的實際革命行動，光緒二十一年廣州之役，事雖未成，烈士陸皓東以身殉難，自此，志士仁人，風起雲湧，八方響應，「屢作屢起，百折不回。」（孫文學說自序）歷經十次革命，十次失敗，迨武昌起義，革命成功，推翻滿清，建立亞洲第一個民主共和國。「革命黨從前推翻滿清，就是實行民族主義。」（國父：「農民大聯合」）。是為第一階段的成就。

㈡興師北伐完成統一

民國成立以後，自袁世凱稱帝，後乃憂憤而死。繼之，軍閥割據，魚肉人民，而「凡為軍閥者，莫不與列強之帝國主義發生關係。所謂民國政府，已為軍閥所控制，軍閥即利用之，結歡於列強，以求自固；而列強亦即利用之，資以大借款，充其軍費，使中國內亂，糾紛不已，以獲取利權，各占勢力範圍。」（國父：「中國國民黨第一次全國代表大會宣言」）為達到革命目的，國父於是在民國十年，於廣州就任非常大總統後，率軍北伐，認為「此戰之目的，不僅在推倒軍閥，尤在推倒軍閥所賴以生存之帝國主義。」（國父：「北伐宣言」）國父北上逝世後，此一未竟大業，由先總統　蔣公於民國十五年繼　國父遺志，誓師北伐，至民國十七年底東北易幟，完成全國統一，是為民族復興運動的第二個階段的成就。

㈢贏得民族抗日聖戰

北伐完成，全國統一，日本乘第一次世界大戰，歐洲列強無暇東顧之際，久欲滅亡我國之野心，隨即暴露無遺，首先悍然於民國二十年製造「九一八」事變。民國二十一年又發動「上海一二八」事變，至二十六年又在盧溝橋製造事端，至此，我國已到「此事發展結果，不僅是中國存亡的問題，而將是世界人類禍福之所繫」　蔣委員介石先生乃號召國人「地無分南北，人無分老幼，無論何人，皆有守土抗戰之責任，皆應抱定犧牲一切之決心。」（先總統　蔣公：「對於盧溝橋事件之嚴正聲明」）全面民族抗日戰爭，遂告展開，人人皆抱定國家至上，民族至上，集中全國力量，在　蔣委員長領導下，歷經八年浴血戰爭，終在民國三十四年獲得最後勝利，光復臺、澎、及東北，日本宣布無條件投降，國家地位躋於四強之一，是為民族復興運動的第三個階段的成就。

㈣取消不平等條約

民國成立以後，帝制推翻，可是「因為滿清借許多外債，和外國立了很多不平等條約，至今還沒有廢棄，還是受各國條約的束縛。」（國父：「女子要明白三民主義」）因此 國父在遺囑中說：「廢除不平等條約，尤須於最短期間，促其實現——」經過幾十年來全國上下一致努力奮鬥的結果，不平等條約，逐步取消，自民國十六年收回漢口、九江英租界開始，至民國三十二年一月十一日，中英、中美簽訂平等新約，爾後比利時、巴西、盧森堡、古巴、挪威、加拿大、荷蘭、法國、瑞士、丹麥、葡萄牙、荷蘭等國亦相繼與我國重訂新約或換文，並聲明放棄在華特權，自此，百餘年來，我國所受不平等條約的壓迫，乃告解除，國際地位的平等，終告實現。是為民族復興運動的第四階段的成就。

㈤**三民主義統一中國，遏阻中共破壞民族復興**

中共在民族復興運動無論在那一個階段之中如北伐、抗日，一直處心積慮的從事分化、阻撓、破壞民族的統一，並利用抗日藉機坐大。竊據大陸後，更大肆破壞民族根基，如文化大革命，實行破四舊，即舊思想、舊文化、舊風俗、舊習慣，來推翻中國文化的價值，在大陸各地掀起空前的暴亂，抄、打、刼、殺，無所不為，對民族倫理造成極大的傷害。

政府遷播來臺，三十多年來，以三民主義的理想，作建設臺灣的藍圖，使得在臺灣的中國人，享受到中華民族史上，前所未有的繁榮與民生樂利的景象，與中共在大陸上的措施，卻成鮮明對比，造成全世界的中國人，一致的呼聲，要求中共放棄共產社會主義，「政治學臺北」「經濟學臺灣。」為中華民族的復興運動而覺悟，以三民主義來統一中國，開創中華民族復興的美好遠景，這是中華民族復興運動的現階段任務與成就。

貳、文化復興運動

先總統　蔣公於民國五十五年十一月十二日，發表中山樓中華文化堂落成紀念文，慶祝陽明山中山樓落成，倡導中華文化復興運動。復於民國五十六年七月二十八日，成立中華文化復興運動推行委員會，並負責實際行動策畫，其重點工作項目如下：

㈠**教育目標**

德、智、體、羣、美五育並重，學校加強倫理道德與民族精神教育，大學設三民主義研究所；推行國語文教學，研究與推行國劇；建立各縣市文化中心等。

㈡**學術方面**

整理古籍，譯介西方名著，繼續編輯完成「孔子廟庭志」，賡續完成中華文化研究論文目錄，編印中國人文及社會科學史叢書，編印中華復興論叢。

㈢**積極倡導民族文藝**

推動各種文藝活動及推廣梅花運動。

㈣**國民生活輔導方面**

加強實踐國民生活須知與禮儀規範。積極推行倫理道德，倡導勤儉節約，革除奢侈浪費行爲，並推行敦親睦鄰，表揚孝悌楷模及好人好事。

㈤**推展海外文化工作**

加強文復會海外分支機構組織功能。海外的文化機構，應配合海外僑校、僑報、圖書館、文化館、加強華僑社會的僑教功能，擴大辦理國際文化交流活動。

㈥加強對中共文化作戰

與旅居海外學人、留學生及僑社聯繫，強化反共思想鬥爭功能，運用有效方法遏阻共產思想毒素，淨化反共陣容，擴大號召及協助共軍共幹和中共海外機構工作人員投奔自由。

㈦工作策進方向

廣徵意見，統一策劃，分工合作完成任務。

政府爲使文化復興運動，更能落實起見，在民國七十年十一月十一日，文化復興節前夕，設立文化建設委員會，隸屬行政院，有關文化建設職掌如下：

1. 文化建設基本方針的研議。
2. 文化發展環境之建立。
3. 文化建設人才之培育與奬掖。
4. 文化遺產之維護與宏揚。

在國家十二項建設計劃內，特列文化建設專項，其內容包含每一縣、市。如在中央遷建中央圖書館，興建國家音樂廳，縣市均建圖書館；文化中心，或社會教育館，總計臺灣地區新建文化活動場所，共有六十多處，對全國文化活動推展甚有裨益，對提高國民生活素質，有直接影響。而中華文化復興運動與文化建設工作，兩者互爲表裏，相輔相成，因此，文化建設委員會主任委員兼任中華文化復興運動委員會之秘書長，可使兩者兼籌並顧，工作更易於實施。

由於政策具體可行，上列各項工作，多已先後次第完成，中央圖書館遷建已全部完成，並開放給國人閱覽，內有會議廳，設備新穎，已召開國際性學術會議多次，對提高國家學術地位，貢獻甚大。設於中正紀念堂之國家歌劇院與國家音樂廳亦先後於七十六年底完成，並正式啟用，測試時，獲得國內外專家一致讚賞，譽爲世界一流之藝術殿堂。

叁、實現國內民族平等

政府在有關法令中，如憲法、公職人員選舉，及公務人員考試，乃至就學等均有對邊疆或少數民族，列有明文保障，藉以扶助。在蒙藏僑胞之輔導方面，在國內成立西藏兒童之家，收容海外蒙、藏胞兒童，設有專人，負責生活起居之照顧，保留蒙、藏胞原有之文化與宗教特色。並聘有對蒙、藏文化有學養人士，負責教導。爲使國內成爲西藏文化學術研究中心，政府業已核准興建喇嘛寺一座，其規模宏偉，與設計完善，已獲得海內外人仕一致讚譽，最近達賴喇嘛即曾表示願回國作佛學研究，並對政府開明作風與愛護藏胞的實際行動深感讚佩。

對臺灣山地同胞方面，如改善山地醫療設施與居住環境，務使山胞經濟生活，與平地人民相等。日據時期，山地同胞備受日人壓迫與歧視。光復以來，政府本三民主義的民族平等精神，積極予以扶植。在政治上，山胞不僅與平地人民享有相同公民權，以及憲法上所賦予之一切自由及權利。政府因山地文化較平地落後，因此山地地區自治人員的選舉，訂有保障制度，規定山地村村長、鄉長、鄉民代表、省、縣議員之候選人，必須具有山胞身份始得擔任。因而各級民意機構，均有代表山胞利益的代表，為山胞爭取權益。

教育乃一切之根本，政府特別重視山地教育，在山地交通極為不便之地區，當地學童入學人數不足開班者，仍照常設立國校，方便學生入學，近年來山地兒童就學率，已達百分之九十五。並配合山地特性，設立農校，如屏東、南投均設農業職業學校，以政府提供公費方式，給予山地入學學生。公費待遇，造就山地農業人才，發展當地農業，開發山地經濟。就讀於平地一般學校之山胞，如普通高中、師範學校與職業學校，也享有公費待遇，減輕家長負擔，提高山胞教育水準。對於山地學生投考大專院校，亦給予加分優待。

土地政策上，更是政府注意推行的重點，訂定山地土地處理原則，以無償放領為主。並設立山地保留地，山胞開發使用，不收租稅，減輕其負擔，平地人民若需使用山地保留地者，則必先經政府核准，以免山胞生活資源，土地耕作範圍遭受平地人民之侵害。

根據統計數據表示，至民國七十六年六月止，山胞接受中等教育者，有三萬多人，大專畢業人數亦達二千人以上，而擁有博士、碩士學位者，不乏其人。對於山胞各族原有之文化，政府更予以輔導，藉以保存其民族文化。為此政府撥款興建山地文化園區，由臺灣省政府負責，預定於民國七十七年六月完工，並對外開放，此舉有助於山地獨特文化習俗之保存外，並對全國人民提供對山地文化瞭解與研究之第一手資料。

肆、長期發展科學

當前國家長期發展與研究科技的目標，在提高我國整體科技水準，促進經濟建設發展，開拓國人科技知識領域，促進產業界本身研究發展能力，使我國工、農及服務業加速現代化，有效利用國內有限之能源與天然資源，提升人民生活品質，確保生態環境，防治天然或人爲災害及疾病，使民間工業與國防工業相結合，建立自主之國防體系。政府訂有「國家科學技術發展十年長程計畫」，作爲推動是項工作之指引，原有之「國防科技發展方案」仍繼續執行。爲培育及延攬高級科技人才，政府設置獎助金，鼓勵青年在國內修讀博士學位，並遴選科技人才在國內外進修，開發所需要之技術，帶動工業升級，並選擇十二項重點科技爲中程發展目標，政府民間共同協力推動，已獲致良好效果。如新竹科學園區，以技術密集與高科技爲主，研究重點以尖端科技作重心，藉此提昇國家科技水準。自民國六十九年設立時迄今至七十六年三月，共引進高級工業七十七家，其中已有六十三家正式入區設廠營運，並有四十一家產品問市。

爲深植國家潛力，以科技爲基礎，始能將國家晉入已開發國家之列，政府預估至民國八十五年投資研究經費將達一千億元，屆時科技人力亦將達四萬五千人。研究項目將以學術研究、工業科技、農業科技、醫療衞生科技、交通科技作爲重點項目，今（七十七）年爲推行是項「長程計畫」的第二年。以上種種措施，均係恪遵　國父「迎頭趕上西洋科學」的理想。

由於教育普及，機會均等，社會環境開放，適合創造發明。因此國人參加國際發明展；如比利時舉辦的世界發明博覽會，卽獲得金牌兩面、銀牌十四面、銅牌七面，為我國創作發明的成就在國際間，再度大放異彩。又參加美國紐約國際發明展亦獲得首獎金杯，成績斐然。另加拿大高科技發明展以及日本國際發明展，亦獲得多項大獎，揚譽世界，爲國人爭光。

伍、提高國民倫理道德

文化範圍雖廣，但是文化精神與道德水準，則在國民生活方式上，表露無遺，文化與生活兩者密不可分，互爲影響，文化建設之目的，在使其與國民現實生活結爲一體，進而提高一般國民生活品質。國父主張恢復民族固有道德，改善國民生活與社會風氣。我國自推行文化復興運動以來，普遍推廣國民生活須知、國民禮儀規範、表揚好人好事，及推行睦鄰互助工作，社會風氣普遍獲得改善。

七十七年五月三日，在臺北市舉行孝行獎，頒發四十五位孝行模範獎。我們由家庭親長的愛，推展至鄰里，更擴大發展到對民族的愛，以及對國家的忠貞情懷。因此近年來，每當國家遭逢重大挫折之時，全國上下，均能表現出此種愛國情操，如中美斷交時刻，全民發起自強愛國捐獻；捐機、捐艦、捐戰車，一片擁護政府赤忱，與爲民族盡忠的表現，都是忠、孝固有道德。

陸、反共義士來歸

自政府號召中共空軍來歸後，雖在中共嚴密控制下，如將沿海基地後撤、不准單飛、油料管制、航圖管制，以及紅專身份等等措施，但是仍然不能遏阻駕機來歸的熱潮，歷年來經由不同地區，駕機起義情形，玆列表如下：

歷年反共義士駕機投奔自由情形簡表

年月日	義士	機艇	起飛地點	降落地點	投奔自由經過
49 1 12	王文炳	米格十五 編號〇六五一	浙江路橋	宜蘭南方澳	因地形不熟，不幸於降落時失事殉難。
50 9 15	邵希彥 高佑宗	AN二民用螺旋槳機 編號一八一三八	山東膠縣	韓國濟州島	利用噴灑農藥投奔自由，50 10 7返國。
51 3 3	劉承司	米格十五 編號一七八五	浙江路橋	桃園	藉飛行訓練投奔自由。
54 11 11	李顯斌 李才旺 廉保生	伊留申廿八型轟炸機 編號〇一九五	杭州筧橋	桃園	炸射演習時飛來臺灣，通訊員廉保生於降落時頭部受傷殉難。
66 7 7	范園焱	米格十九 編號三一七一	福建晉江	臺南	藉飛行訓練投奔自由。
71 10 16	吳榮根	米格十九 編號三二二〇	山東文登	韓國漢城K16基地	飛彈試射中投奔自由，71 10 31返國。
72 5 5	卓長仁等六義士	英製三叉戟客機 編號B二九六	瀋陽	韓國漢城春川機場	奪持中共民航機，於自瀋陽飛往上海途中轉向迫降韓國，在韓羈押一年三個月又九天，73 8 13返回祖國。
72 8 7	孫天勤	米格廿一 編號〇四五	大連	韓國漢城K16基地	利用飛行訓練投奔自由，72 8 24返回國內。

74 11 14	王學成	米格十七	浙江岱山	中正機場	藉飛行訓練投奔自由。
74 8 24	蕭天潤	轟五型魚雷轟炸機 編號八一〇三八	山東膠縣	韓國裡里市	迫降於裡里市時墜毀，蕭天潤於74 9 20返國。
75 2 21	陳寶忠	米格十九 編號三二八三	瀋　陽	韓國漢城水原基地	利用雙機往內蒙參加熟練飛行訓練之機會，趁機擺脫另一架飛機，以超低空飛行抵韓，同年四月三十日返國。
75 10 24	鄭菜田	米格十九 編號八三〇五三	山東煙臺	韓國清州	於執行沿海岸巡邏任務時，趁機脫離編隊投奔自由，同年十二月十九日返國。
76 11 19	劉志遠	米格十九 編號四〇二〇八	福建龍溪	臺中清泉崗	執行反偵巡任務之際，於抵達大陸海岸準備折返時，突然加速脫離編隊，十七分鐘的時間飛抵自由祖國。

又七十七年五月十二日二十時（下午八時），厦門航空公司波音七三七——二五一民航飛機，由厦門起飛赴廣州，飛至汕頭西龍之間，兩位刼機青年張慶國、龍貴雲，持假手槍及手榴彈，迫機長楊永嶺向臺灣方面飛行，經我方派飛機迎接，引至臺中清泉崗降落，刼機者下機，表示投奔自由。當由有關當局決定原機放回，刼機者收留，依照國際慣例加以處理，此事當機立斷博得外人讚賞。

除中共空軍以外，海軍人員亦於五十五年一月九日駕小型登陸艇，由福州至馬祖投奔自由成功。七十四年三月二十二日義士杜新立、王宗智為投奔自由，與艇中共幹發生衝突，死傷八人，先到韓國，但被韓國政府，將人艇遣回大陸，所有人員均遭中共槍決。

政府為使中共海外留學生，瞭解自由祖國在三民主義原則下，進行各項建設的成果。特於七十七年二月進行研究開放中共留學生來臺參觀措施，一經披露，已獲得世界各地熱烈回響，紛紛表示願意來臺進行現況觀察，汲取臺灣發展政治、經濟的經驗，作爲比較。此舉，預期對大陸人民嚮往民主化與自由化提供極大的助力。

柒、報紙開放登記與擴版

文化傳播事業，尤以廣播、電視、報紙和雜誌，在傳播民主政治思想與提供一般民衆各種資訊來說，具有主導地位，扮演極爲重要的角色，不僅是全國國民的精神食糧，而且代表社會大衆，對政府形成一種強有力的監督與守護作用，當政府近年愈來愈趨向民主、社會亦變得多元化的情況下，大衆傳播事業的重要性，愈爲明顯。

政府於民國七十六年二月五日宣佈重新擬訂新聞紙張數以及登記辦法，並廣徵各方意見後，並於七十七年元月一日正式開放，對於新創報紙登記開放，發行報紙張數亦不予限制，形成更爲活躍的局面。這一措施，使得國家與社會的活力更爲強化，民主與自由的基礎將更爲深厚，在社會處於變遷過程中，擔任國家與社會的「安全瓣」功能，使各種衝突的因素，逐漸歸納於一定的秩序之下。而民衆的福祉藉此亦可以獲得更爲確實的維護。起先懷疑報紙在開放後，會產生秩序紊亂的現象，但是在報業共同釐訂「報紙事業法」規範下，報界自律，一切運作均能達到預期良好效果。

捌、文化交流與技術合作

國際間學術文化交流活動，不僅可發揚中華文化，增進國際間之了解，有助於世界和平，對國內而言，亦可吸收他國文化優點，更能假他山之石以攻錯。

七十六年以美國爲例，中華民國自七十五至七十六年間，在美就讀學生有二萬五千六百五十四人，領先於其他國家。七十六年上半年五位美國大學校長及外籍學生顧問，均曾應邀來華訪問。到七十六年七月止已經簽訂了十六個雙邊教育及學術協定，國內參與學校公、私立均有，甚至於已擴展至高中階層，交換教師與學生計畫。

技術合作方面，自五十年十一月派遣第一個農耕隊到非洲賴比瑞亞開始，已歷二十六年，由於我國在科技知識及經濟建設均有長足進步，很多發展中國家要求我國，在農業以外，擴展到漁、畜牧、手工藝、製糖、公路、電力工程等方面援助，至七十五年底，共派遣三十四個技術工作團三百三十五位技術人員協助二十五個國家和地區漁、農業。合作地區也由非洲推展到中南美洲、加勒比海、亞太及亞西地區。另外我國亦接受友邦農技人員來華接受訓練，舉辦綜合性農技講習，後爲適應友邦需要，改爲專門技術講習，如電工、手工藝等，效果良好，獲得國際間一致讚譽，爲實現世界大同理想的初步表現。

我國派赴外國考察實習人員，至七十五年止，已達九千二百五十一人，研習範圍與考察項目包括農林、工礦、交通、勞工、教育、公共行政、社會福利與經濟發展等。

玖、教育建設的成就

自民國五十九年全國教育會議以後，已經有十八年未曾召開，在此期間，國家發展無論文化、社會、政經方面，都產生很大的改變，對於教育方面自然也發生同樣的影響，爲因應未來形勢與改善現狀，教育部於七十七年二月一日起舉行一連五天的全國教育會議，分九組討論，以「爲我國邁向二十一世紀高度開發國家的文化基礎與人力資源預作準備，策訂教育發展計畫」。

會議重點對於現行學制過分僵化、幼兒學前教育的制度建立、九年國教應否繼續延長至十二年、高中有否必要分設綜合型、大學單科的可能性、社會教育的擴大、如何落實、學校素質的提高、教學如何正常化、課程研究與發展如何加強、城鄉教育平衡問題，均爲討論要項，經過五天愼重研討，已經爲二十一世紀的中華民國教育，勾勒出一幅光明遠景。

大學法因實施已久，與現行教育環境以及大學發展有失調現象，政府決定修訂，爲審愼起見，首先廣徵學者專家意見，舉行分區座談會，會議由不同份子；如教育行政人員、教授、學生代表，以及有關人員組成，充分溝通，修正草案精神以授與大學更多的自主權與彈性措施，並以教授治學爲著眼，給予教授權益更多保障，以及提高學校教學研究風氣，提昇學術品質，確實發揮樹人功能，爲國家奠定人才基礎，生根落實。此項修正辦法，教育部已完成修正草案，將報行政院審議後，送立法院正式立法。

學校數量與在學人數逐年均有增加，學校總數爲六千四百九十一所，每平方公里有學校一七、九五所，學生人數佔全國總人口數約百分之二十五、九。學童就學率以學齡兒童論，爲百分之九九、八六，而國小畢業學生升學率則爲百分之九九、六九，七十五年大專畢業生人數爲九萬七千一百八十六人，在質量方面均有顯著進步。詳細數字見附表如下：

各級學校校數及學生人數（民國七十五學年度）

項目	校名		校數	學生人數
學前教育	幼稚園		二、三九六	二三八、四二八
國民義務教育	國小		二、四八六	二、三六四、四三八
	國中		六七六	一、〇五二、九九三
中等教育	高中		一七五	二〇〇、五九九
	職校		二〇四	四三七、九二四
高等教育	大專		一〇五	四四二、六四八
	特殊學校		一〇	三、〇三九
社會教育	補校	普通補學校	二四九	六一、七六八
		職業補校	一九〇	二四三、九三一
總計			六、四九一	五、〇四五、七六八

資料來源：行政院新聞局出版，中華民國七十六年八月版「國情簡介」

在高等教育方面，發展極爲迅速，依據教育部統計資料顯示，以每萬人口的大學生人數相比較，美國最多，日本居次，法國佔第三位，我國緊隨於法國之後，居世界第四位，政府爲配合經濟發展與社會變遷的需求，於七十年將九所師範專科學校，改制爲師範學院，提高國民小學師資，新設國立中正大學，校地業已覓妥，並預訂於民國七十八年招生，私立大專院校設立同時開放，已有長庚醫學院、長榮大學、逸仙工學院、高雄工學院等獲准籌備。在專科方面有萬里、和春、景文等校亦獲通過。可使得大專學生名額大幅增加，解決學生升學問題。此外研究所計畫增加，培養高級人才。七十七年博、碩士研究所新增十一所。

爲滿足人人追求高深知識的願望與需要，順應成人教育的世界潮流，政府於七十五年秋季，正式開辦空中大學一所，本「錄取從寬，考核從嚴」原則，第一屆報名人數計三萬六千八百五十二人，錄取二萬零七百六十二人，錄取率爲百分之五六·三四，先開辦人文學、社會科學及商學三學系，開課二十二種，註册全修生爲一九、四七四人，選修生六、一〇七人。爲中華民國教育史上的一件大事。可使國民教育與文化水準普遍提高，增加成人進修途徑。

在體育方面，民國七十六年全年度計有七個運動單項，四十四人獲得四十五座國家級國光體育獎章。七十七年初網球女神童王思婷在美獲得青少年級單打冠軍。

此外如教育部已同意辦理高中生出國留學措施，使得無兵役義務高中畢業生，可避免狹窄之升學考試競爭，緩和學生升學壓力。同時，對國人詬病已久的小留學生問題，亦可得以解決。

對於大陸出版品，政府亦決定從寬處理，可使學術研究，更趨活潑。

作業題

㈠對於民族復興運動做了些什麼工作？試述其要。
㈡對於實現國內民族平等做了些什麼工作？試述其要。
㈢反共義士來歸情形怎樣？試略述之。
㈣試略述我國教育之進展。

第二節　民權主義政治建設的成就

本節要研究的是：一、國民大會的召開，二、選舉中央與地方民意代表，三、臺灣地區宣佈戒嚴與解嚴的經過，四、解嚴後減刑及復權情形，五、實施審檢分隸，六、改進外交關係，七、開放大陸探親，八、票據犯免刑與全國減刑，九、國防建設的進步等。

壹、國民大會的召開

國民大會依照憲法規定，代表全國國民行使政權，其職權爲：選舉總統副總統，罷免總統副總統，修改憲法，複決立法院所提之憲法修正案及議決國家領土變更之權。民國三十七年三月二十九日，在首都南京舉行第一屆國民大會第一次會議，蔣公繼承　國父遺志，實施憲政的決心，終成事實，唯以共匪武裝叛亂，國民大會乃權衡國家情勢需要，制定動員戡亂時期臨時條款，授權總統緊急應變能力，使行憲與戡亂得以同時並進。自來臺後，國民大會舉行歷次會議時，國大代表皆能針對國家政治需要，提案修訂動員戡亂時期臨時條款，使政府在憲政體制下，得以依據法源，策訂各項政策。國家建設之所以能蓬勃發展，此皆由於代表全國國民行使政權的國民大會，在遵守中華民國憲法原則下，策進政治導向，使我國民主憲政，產生輝煌之成果。

貳、選舉中央與地方民意代表

中央政府於三十八年遷至臺灣，鑒於國家發生重大變故，暫時不能依法辦理次屆選舉，故經司法院大法官會議之決定：仍由第一屆國大代表、立法委員、監察委員繼續行使其職權。嗣因政府為應國情需要，於民國五十八年依據動員戡亂時期臨時條款之規定，訂定「動員戡亂時期自由地區中央公職人員增選補選辦法」由總統核定公佈實施，並於同年開始舉辦中央民意代表增補選。歷年辦理選舉次數如下：國大代表四次（民國五十八、六十二、六十九、七十五年）、監察委員四次（民國五十八、六十二、六十九、七十五年）、立法委員六次（民國五十八、六十一、六十四、六十九、七十二、七十五年）。

中央政府於民國三十九年四月公佈「臺灣省各縣市實施地方自治綱要」，以為「省縣自治通則」未頒定之前，縣市地方自治實施的基本法規，按照此一綱要，縣市政府的職權加重，而縣市參議會均改為縣市議會，自此，正式實施地方自治。至於「省參議會」，亦於三十九年改名為「臨時省議會」，至四十八年，正式改稱「省議會」，而臺北市與高雄市分別於五十六年七月一日、六十八年七月一日，升格為直轄市。而臺灣省自民國三十九年開始實施地方自治，有關公職人員選舉的法制，悉遵中華民國憲法第一百二十九條「普通、平等、直接及無記名投票方式為之」的基本精神而制定，並經多次檢討充實與改進，共辦過⑴省議員選舉九次（包括兩次臨時省議員之選舉），⑵縣市長選舉十次，⑶縣市議員選舉十一次，⑷鄉鎮縣轄市長選舉十次，⑸鄉鎮縣轄市民代表選舉十三次，⑹臺北市改制後，市議員選舉已有五次，⑺高雄市自改制後，原有之市議會亦在七十年及七十四年，先後改選兩次。綜觀歷次選舉，平均投票率維持在七成以上，顯現國民政治意識普遍提高。此外，競選活動的多元化，候選人平均年齡降低，素質提高，婦女參政人數增加，都是地方公職人員選舉的特色。

叁、臺灣地區宣佈戒嚴與解嚴的經過

㈠戒嚴經過

民國三十八年五月十九日，臺灣省政府暨臺灣省警備總司令部宣告翌日起全省戒嚴。十一月二日，行政院會通過宣佈全國包括海南島、臺灣一併劃為接戰地區，實施戒嚴。十一月二十二日咨請立法院追認。十一月二十四日立法院交由該會國防委員會審查。三十九年三月十四日，立法院照該會國防委員會審查意見通過戒嚴案，並予以追認。自此，禁止人民任意集會請願及海邊垂釣等活動，以策國家安全，經過三十餘年之後，臺灣地區經濟繁榮，人民安居樂業，故有人建議解除戒嚴法，以增進民主自由。

㈡解嚴經過

中國國民黨鑒於要推行民主政治有解嚴之必要，乃於民國七十五年十月十五日，提由中央常會通過解嚴政策，由行政院執政同志，草擬國家安全法，以準備作解嚴後維持秩序之用，經多方研究，於七十六年一月八日，提出院會通過國家安全法草案，咨請立法院審查。立法院於民國七十六年六月二十三日三讀通過。由總統於七十六年七月一日明令公布。

七十六年七月二日行政院會通過「國安法施行細則」與「解嚴案」，咨請立法院審查，七十六年七月七日，立法院開會審查通過。同日總統指示行政院審議非現役軍人於戒嚴時期受軍事審判者減刑及復權事宜。七十六年七月十四日，總統宣告自明日（七月十五日）起正式解嚴。中國人民額手稱慶，英美各友邦同聲讚揚！

肆、解嚴後減刑及復權情形

國防部於七十六年七月十四日宣佈：遵奉總統命令，對非軍人因戒嚴而受軍法審判之受刑人，其所處刑期尚未執行完畢者，在解嚴後酌情減刑並復權，經逐案愼重審核結果，共有許南古等二百三十七人，將於今日零時解嚴起獲得減刑及復權。

國防部說，根據審核結果，除叛亂再犯及涉及槍枝、彈藥、爆裂物犯罪而情節重大者，不予減刑外，共有二百三十七人合於減刑規定，其中，包括叛亂犯一百七十人，其他罪犯六十七人。

這些獲得減刑與復權人士，經國防部報奉總統核定：原處無期徒刑並宣告褫奪公權終身者，減爲有期徒刑十五年、褫奪公權十年；原處有期徒刑並宣告褫奪公權期間者，均減刑二分之一，並於主刑刑期執行完畢，即回復公權，主刑已執行完畢而僅餘褫奪公權者，則即予回復公權。各罪犯及家屬均表感激！

伍、實施審檢分隸

原來行政院司法行政部，轄管高等法院以下各級法院及各級檢察機關。政府為改革司法制度，依照執政黨中常會「審檢分隸」五項原則，修訂行政院組織法、司法院組織法、法務部組織法，並策訂審檢分隸實施綱要，送請立法院審議，於六十九年五月三十日完成法定程序，並經總統於同年六月二十九日公布，七月一日施行。即將高等法院及各級地方法院，劃歸司法院隸管。行政院所屬司法行政部改制為法務部，掌管各級檢察機構，這一個新的重大改革，將使我國司法制度，更臻健全。

陸、改進外交關係

㈠加強與我有邦交國家之關係

至民國七十六年十二月底，與我維持正式外交關係的國家有二十二國：大韓民國、教廷、南非、馬拉威、史瓦濟蘭、哥斯大黎加、多明尼加、東加、諾魯、吐瓦魯、所羅門羣島、沙烏地阿拉伯、薩爾瓦多、瓜地馬拉、海地、宏都拉斯、巴拿馬、巴拉圭、聖文森、多米尼克、聖克里斯多福、聖露西亞等，我分別在此等國家設有二十一所大使館、五所總領事館及兩所領事館，雙邊關係都很密切。今後將繼續加強與各國之政治聯繫及各種合作，包括軍事互訪與合作，同時全力擴大經濟技術合作之範圍，以鞏固雙邊關係。

㈡增進與我無邦交國家之實質關係

我與許多無外交關係國家均能透過經濟、貿易、文化等交流以及技術合作，增進彼此實質關係，至民國七十七年三月底止，我在四十一個無邦交國家（地區）設立了七十六個機構，如：日本、印尼、斐濟、香港、馬來西亞、菲律賓、泰國、汶萊、新加坡、紐西蘭、澳大利亞、巴林、阿曼、約旦、賽普勒斯、黎巴嫩、利比亞、模里西斯、英國、西德、法國、比利時、希臘、西班牙、奧地利、瑞典、挪威、盧森堡、荷蘭、瑞士、丹麥、美國、加拿大、阿根廷、巴西、智利、哥倫比亞、厄瓜多、委內瑞拉、秘魯等。

又與我無邦交國家亦有三十一個國家在華設立了二十五個駐華機構，如：澳大利亞、印尼、日本、約旦、馬來西亞、菲律賓、新加坡、泰國、奧地利、比利時、丹麥、英國、法國、西德、希臘、荷蘭、西班牙、瑞士、瑞典、美國、厄瓜多等。今後對無邦交國家當結合及運用一切對外關係之力量，擴大接觸，經由各種途徑，進一步推展實質關係。目前我與全世界一百四十餘個國家及地區維持經貿等關係。

柒、開放大陸探親

大陸政策之複雜萬端，卽在於我們一方面認定大陸同胞是我們的骨肉手足，必須推誠相愛，一方面又對共產政權所暗藏的陰謀詭計深刻體悟，必須審愼應付，因此，在維護國家利益和安全的前提下，政府已釐清中共與中國的不同，中共政權與大陸同胞的不同，使大陸政策可以定位在民間，而非政治性的交流之上，此對於開展海峽兩岸更大的交流，將是一個新的啟元。政府基於人道立場，已允許國人赴大陸探親，一償遊子望鄉的宿願，並委由中華民國國際紅十字會負起與大陸「通信不通郵」的責任，於七十六年十一月一日開始，開放大陸探親，已獲中外好評，並使去過大陸的人更相信臺灣優於貧窮、落後的中國大陸太多了，三民主義救中國，共產主義禍中國，經由兩岸民間私人接觸已找到了明證，也更堅信唯有以三民主義統一中國，方能使二十一世紀成為中國人的世紀。

捌、票據犯免刑與全國減刑

民國七十五年六月二十九日公布的修正的票據法，對於「空頭支票」的要處徒刑。政府特訂於七十六年一月一日起，減除此項刑法，使「空頭支票」的，還有一條路可走，或則可以設法籌款兌現。本來法律不究既往，蔣故總統經國先生法外施仁，特准以前犯罪的一律免刑，共釋放三萬餘人，現行犯及家屬無不感激萬分。

另一德政是，執政黨李代主席登輝，為了彰顯蔣故總統經國先生遺愛，特於七十七年二月十日，向執政黨中央常會交議，通過全國減刑案，各監獄符合此次減刑規定者計有二萬八千六百五十九人，內中因減刑而出獄者七千五百餘人。

玖、國防建設的進步

現階段我們國防建設的中心要求，是攻勢與守勢兼備，建軍與備戰並進，並在精實、精壯、精練的基礎上，建立自立自主的國防體系。

目前我國已具備製造核子武器的能力，但未進行實際製造。輕兵器已完全可自行製造，並能創新，如K2型步槍，七五式班、排用機槍，火砲方面有六五式一五五公厘榴彈砲、與六九式一五五自走榴砲與自走增程砲，戰車使用之一〇五公厘火砲，已開發成功。飛彈方面除原有之工蜂四型與六型火箭外，並研製成功昆吾戰防飛彈、雄風反艦飛彈、天弓地對空飛彈、天劍短程空對空飛彈、以及地對地青蜂飛彈，新一代主力戰車正全力開發，飛機方面已完成AT3型自強號噴射教練機之製作，並可作地面支援之用，新一代高性能戰機，已完成設計工作，並進入全程發展階段，海軍方面除自製海鷗飛彈快艇，並進行第二代軍艦之發展與國艦國造計畫。

七十七年六月三十日臺灣自由時報載：我國向荷蘭RSV公司訂購的第二艘潛艇——「海虎號」，昨日（七十七年六月二十九日）抵達國門，這是繼去年十二月十六日「海龍號」抵達後，又增添一海軍生力軍。

「海虎」與「海龍」同屬國防部「劍龍計畫」方案，全案包括潛艇建造等八項相關經費，爲新臺幣二百九十六億元，其中潛艇建造部分爲一百三十九億元，換言之，「海虎」身價約在七十億元之譜。「海虎」與荷蘭海軍現役的「旗魚」級潛艇相差甚微，全長六六·九公尺，直徑八·四公尺。

七十七年十月九日臺北中央日報載：國防部卽將公佈國產防禦機（IDF）的有關資料，以慶祝雙十國慶。

IDF是我國繼AT3噴射教練機後，和美國合作發展的戰鬥機。機身由航發中心和美國通用公司合作設計，目前在臺中航發中心裝配原型機，預定明年初公開試飛。

七十七年七月三十日，中國時報載：最近臺北市靠淡水河上空，常看到我空軍小型飛機飛行活動，這種兩具渦輪引擎的空運機，是最近向美國購買，作爲短程和短跑道起落地區緊急運輸之用。

這種飛機爲美國畢奇飛機公司製造的畢奇克來夫——一九〇〇型運輸機。據了解這種新運輸機具有壓力艙，爬高升限爲二五、〇〇〇呎，巡速可達二二〇浬，巡航距離約一、〇〇〇浬，爬升速度可達一六〇浬，乘載人員可達十九人，組員兩人（正副駕駛）。此型飛機參加空軍後，將爲我空軍運輸作戰上具有突破性的作用與價值。

七十七年十月三十一日，聯合報載：由國人自製的TFE一〇四二型扇渦輪發動機，昨天上午呈獻在慈湖先總統　蔣公靈前，以祭答　蔣公於四十五年前親詢「我們發動機何日可以完全自製？」。

國防部「雲漢專案」成果祭告典禮，由參謀總長郝柏村上將，親率三軍首長及研發單位代表，於蔣公靈前致敬祭告，工業界與政府首長百餘人受邀觀禮。

郝柏村接受記者訪問時表示，雖然發動機經過四十五年的努力，才完全自製成功，但也顯示國軍傳承　蔣公思想、貫徹建軍備戰的指示。

「雲漢計畫」副主持人舒孜川表示，在整個研發過程中，確曾發生諸如渦輪葉片斷裂，零組件故障等挫折，但所有工作人員均抱持以辦公室爲家，二十四小時三班制全力研發並解決問題，才使這項計畫如期完成。至於將來將發動機技術移轉給民間時，研究單位應嚴格執行品管要求，以提升民間工業技術，及保證發動機品質安全。

中科院研發人員在發動機實體前解說指出，一〇四二型發動機的研製成功，對於配合自製空優戰鬥機（IDF）的發展，提升我空軍戰力，提供了堅實的保證。

附錄：外報載我國政經發展情形

【七十六年十二月廿七日臺北中國時報駐華盛頓特派員傅建中二十六日專電】：華盛頓郵報今天報導，臺灣過去一年在政治上的變化，超過了從前四十年的變化。

郵報的長篇報導指出，雖然國共兩黨的組織都脫胎於蘇俄的模式，但臺灣和大陸在政治上已越走越遠，成了分道揚鑣之勢。郵報特別舉出以下數例：

——當國民黨正在談論擴大獨立性的出版物之際，中共則在小心翼翼的控制新聞。

——國民黨現正考慮把臺北、高雄兩市的市長由官派改爲民選，中共則嚴格控制地方選舉的試驗。

——國民黨容忍一個小但強有力的反對黨存在，中共則排斥多黨制的想法。

——中共禁止任何示威遊行，臺灣則每天有各式各樣的示威活動。據政治大學馬起華教授統計，從去年七月到今年六月，臺灣已發生一千四百六十二次的公開示威或抗議活動。

作業題

㈠略述解嚴經過。

㈡略述票據犯免刑與全國性減刑的實施經過。

㈢國防建設對我們有甚麼重要？

第三節　民生主義經濟與社會建設的成就(一)

本節包含：㈠經濟建設計畫，㈡推動經濟建設計畫的成就，㈢加強國際經濟合作，位躍四條小龍龍頭。另有㈠土地改革的成就，㈡社會福利事業的成就，列爲本章第四節。

壹、我國的經濟建設計畫

自第二次世界大戰結束以來，多數國家爲促進經濟快速發展，謀求政治社會之安定與繁榮，莫不確立目標，制定政策，從事短期與長期經濟發展計畫之釐訂與實施。我國政府爲有計畫運用有限的資源，從事經濟發展以發揮最大效能，亦早自民國四十二年起，根據民生主義的原則開始實施經濟建設計畫，在計畫性的自由經濟制度下，造成震動國際的經濟奇蹟。

各期經建計畫涵蓋期間如下：

第一期：民國四十二年至四十五年（四年計畫開始）

第二期：民國四十六年至四十九年

第三期：民國五十年至五十三年

第四期：民國五十四年至五十七年

第五期：民國五十八年至六十一年

第六期：民國六十二年至六十五年（六十四年底停止）

第七期：民國六十五年至七十年（六年計畫）

第八期：民國七十一年至七十四年

為配合長期經濟發展的需要，政府自民國六十九年起實施十年計畫，計畫期間自民國六十九年至七十八年。所以目前實施中之中期計畫，係長期計畫之一部分。

貳、推動經濟建設計畫的成就

三十餘年來由於經建計畫的實施及全民的努力，使我們獲得豐碩的成果，茲就其中重要者分析於下：

㈠經濟快速成長與物價穩定，甚至下跌

國民生產毛額已成為反映各國經濟實力的重要指標。從長期觀察，民國四十年代，我國經濟成長率（以實質國民生產毛額成長率表示）平均每年為百分之八・〇五，民國五十年代為百分之九・六二，至民國六十年代雖然遭受兩次石油危機之影響，但平均成長仍高達百分之九・六六，民國七十年以後經濟成長受世界性長期不景氣之影響，雖一度下降，但至七十三年又恢復到百分之十・五。

著者於六十六年赴韓國出席中韓學術會議，晤東國大學校長，談到韓國經濟成長迅速。他說：「我國經濟成長固然迅速，但物價亦隨之高漲；反過來看，我倒佩服貴國，一面經濟成長迅速，一面物價穩定。」這可說是「旁觀者清」之言。我國三十餘年來，生產飛躍，物價固稍有波動，但不如韓國以及日

本之可怕。尤難得的，民國七十五年實行營業加値稅之先，大家怕物價高漲，但實施後，物價平穩。加以受油價降低影響，鐵路、汽車票價相對降低，而政府堅決使油價作第四波降價，民、商受惠者確實不少。七十七年初臺北各報載：去年及今年躉售物價下降，自七十三年十月以來，下跌持續四十個月之久。

㈡**國民所得的大幅增加**

民國七十五年六月六日，銷路廣大的義大利米蘭晚報刊載，中華民國一九八五年的國民平均所得爲三千一百四十六美元，名列世界第二十三名，義大利則名列十九。中華民國二千萬居民的平均所得爲中國大陸十億中國人平均所得的十二倍以上。而且中華民國一直維持極高的成長率，民國七十六年，平均國民所得已達四千五百七十三美元。一說，民國七十六年約達五千美元。（中央銀行總裁在亞銀報告）

㈢**儲蓄率提高**

隨所得的不斷大幅增加，國民儲蓄能力亦大爲提高，在民國四十年時，儲蓄率（卽國內儲蓄毛額佔生產毛額的比例）僅百分之八．五，六十九年超過百分之三十三，使我們突破所得低——儲蓄少——投資少——所得低的惡性循環。我國國民儲蓄率，民國七十五年已升至世界第一，尤其是郵政儲金幾乎無法容納。政府正研究儲蓄與投資之均衡，以加速資本形成。

㈣**創造就業機會解決失業問題**

我國在從事經濟發展初期，失業問題嚴重，而且缺乏資本與技術，工業落後；當時所需民生必需品端賴進口供應，因此國際貿易有鉅額逆差。在當時情況下，發展勞力密集產品，不僅其產品可以代替進口供應國內需要，減少進口改善國際貿易逆差，而且創造大量就業機會，使當時大量失業問題可以減輕。故在民國四十年代及以後，政府卽積極推動勞力密集產業的發展，其產品除供國內的需要外，並進一步拓展外銷，經三十餘年來的不斷努力，外銷大量展開，不僅帶動整體經濟的快速發展，就業機會亦大爲增加，尤其過去十五年間，製造業就業人數平均每年增加率高達百分之八·四，不僅使過去失業的人口，都獲得就業，而且農村流出的勞動力，被工商業所吸收，產生了勞力不足現象。

補充資料

有人統計稱，我國失業率爲百分之一·三，爲各國所罕見。

(五)對外貿易與外滙存底

我們雖然是一個海島經濟，資源缺乏，但在經濟發展初期，仍然是個以內銷爲主的社會，而且對外貿易有鉅額的逆差。惟爲突破資源缺乏的困境，解決失業問題及獲取經濟規模的利益，二十餘年來，不斷的開拓出口事業，使我們的出口大幅擴張，出口金額二十五年來已增加八十倍，平均每年增加百分之十九，尤其最近十五年來的平均每年增加率高達百分之二十九，最爲顯著。不僅賺取了足夠的外滙，進口了我們所需要的物資，而且也帶動了整體經濟的快速發展，並由鉅額的逆差，轉變爲貿易順差，使我們的外滙準備大幅提高。至民國七十六年十二月，外滙存底已超過七百五十億美元。

(六)公營事業的整理與賺錢

中國國民黨在十二全大會所訂政綱指出「健全公營事業經營」之規定，是採企業化經營，加強企業管理，減少開支，淘汰冗員，降低成本，提高效率等。這是說公營事業應加以改進與整理，但有人看見公營事業年年要增加預算，或看見有些公營事業不能按規定賺錢，甚至有時要虧本，於是出賣之聲，甚囂塵上！這可說是沒有顧到民生主義與計畫性的自由經濟政策。

七十七年五月二十三日中國時報載：國營事業投資報酬率，根據經濟部一項調查統計資料顯示，平均達百分之九點七八，其中以中油公司的百分之二十九點二三最賺錢。

經濟部這項七十六年度統計資料，是按稅前純益除以平均資產總額，分析各事業單位的投資報酬率。

根據這項資料，除中油公司因獨佔市場得天獨厚而享有百分之二十九點二三的高投資報酬率外，產品具有市場競爭性的中化公司以百分之十點七一名列第二。

排名第三的則是與中油公司同屬獨佔事業的臺電公司，報酬率只有百分之六點六一。

其次分別是中鋼公司百分之五點九一、臺肥公司百分之五點四三、臺糖公司百分之三點九六、臺鹽總廠百分之二點六五、臺機公司百分之一點一八。

唯一營運赤字的中船公司，投資報酬率是負百分之九點七九。

經濟部所屬公所大概有八、九家，一家虧本，不足爲奇，難道一律開放民營，就一家亦不會虧本嗎？何況一律移歸民營（實際是商營），公家的財產便垮光了，還有錢可賺嗎？

叁、加強國際經濟合作，位躍四條龍龍頭

㈠恢復參加亞銀

我國本爲亞洲開發銀行之創始國，及中共參加後，要求將我中華民國改名爲「中華臺北」，我即拒絕出席。今年各會員國多數希望我國參加開會，我國派代表張繼正等，以抗議方式參加，中共代表雖臨時退席，因各國代表未予理會，乃不得已又繼續參加。

㈡參加太平洋經濟合作會議

七十七年第六屆太平洋經濟合作會議，於五月十七日在日本大阪開會四天，我國代表團由辜振甫領導參加會議，此爲民間組織，我們用「中華臺北」名義參加。同時，中共亦派代表出席。

㈢對東歐貿易加速成長

我國與東歐共產國家原無來往，自民國六十八年起，政策決定開放與東歐七國間的直接貿易，以及與蘇聯和阿爾巴尼亞的間接貿易，但由於國內環境的限制頗多，因此業者過去仍多以間接貿易方式進行。根據統計，去年一至十月我出口部份以間接貿易進行的佔五八％，進口部份則高達八九％。進出口總金額較前年同期增加兩倍，將來還會繼續增加。

㈣與美探鈾傳佳音

七十七年五月十八日聯合報載：臺電公司在美國亞利桑納州大峽谷南部探獲有經濟價值的鈾礦，儲量估計可達五百萬磅，而且初步評估可以低成本開發生產。這是我國海外探鈾首次傳回捷報，亦是確保

我國核能發電所需的鈾原料的一大喜訊。

㈤位躋亞洲四小龍龍頭

根據一項權威的統計，亞洲四小龍的經濟發展，繼續在亞洲開發中國家居於領先地位，而中華民國的經濟表現則居亞洲四小龍的龍頭。

這項正式公開的統計資料指出：中華民國一九八六年的輸出總額、外貿盈餘、外滙儲備金，都高居十七個亞洲發展中國家的第一名，經濟實質成長率居第二名，低物價膨脹率也居第二名，一九七六年至一九八五年，這十年間的經濟實質成長率也是第二名，成爲亞洲開發中國家經濟發展最穩定、最快速、最有成就的楷模。

這項綜合各國提供的資料及世界銀行的資料所撰寫的研究報告指出，在經濟成長方面，中華民國的實質成長率是百分之九點九，居第二，韓國以百分之十一點四居第一，香港以百分之八點七居第三，新加坡以百分之一點九居第十五。

物價指數方面，中華民國也是亞洲四小龍中最穩定的。一九八四年消費者物價膨脹率是負百分之零點一，一九八五年更低到負百分之二，都是唯一的負膨脹率國家。

在外滙儲備金方面，中華民國高居亞洲四小龍之首，在亞洲僅次於日本。一九八六年十二月底，中華民國的外滙儲備是四百九十億美元，日本是五百十四億美元，韓國是三十七億美元，新加坡是一百二十九億美元，香港沒有外滙儲備統計。

在國際貿易方面，中華民國也是亞洲四小龍的龍頭。從一九八三年至一九八六年，中華民國的出口金額依次是：二百五十億美元、三百零四億美元、三百零七億美元、三百九十七億美元，連續四年居亞洲開發中國家出口總額的第一名。

貿易盈餘在一九八三年是四十七億美元，居第二名，一九八四年是八十四億美元，一九八五年是一百零六億美元，一九八六年高達一百五十六億美元，都居第一名。

我們讀到了上面的新聞，應該人人眉飛色舞，尤其是著者在民國十四年肄業中學時，讀到三民主義所載外國經濟侵略的龐大數字時，不禁心寒膽顫，與今日眞是異若天壤！

此外，農業建設、工業建設、交通建設之成就及十大建設、十二項建設與十四項建設之要點，均詳三民書局出版之周世輔著國父思想要義，本書從略。

作業題

㈠試述我國物價穩定情形。
㈡試述國民所得與儲蓄增加情形。
㈢我國對外貿易與外滙存底情形怎樣？試略述之。
㈣現行公營事業盈虧情形怎樣？應否大量改爲民營？
㈤何以說我國位高四小龍？

第四節 民生主義經濟與社會建設的成就㈡

本節要研究的問題有二：㈠土地改革的成就，㈡社會福利事業的成就。

壹、土地改革的成就

我國的土地政策，係以達成「地盡其利，地利共享」爲目標，所推行的土地改革措施，包括㈠三七五減租，㈡公地放領，㈢耕者有其田，㈣平均地權，㈤土地重劃。

㈠三七五減租

民國十五年中國國民黨在廣州召集中央及各省區聯席會議，決議實行二五減租；十七年於浙江省實施，引起計算上之爭執。十九年立法院訂立土地法，限定田租不得超過千分之三百七十五；至三十八年一月開始推行三七五減租，同年九月底卽告完成。其辦法要點爲佃農與地主重行訂約，規定耕地地租最高不得超過正產物全年收穫總產量千分之三百七十五，耕地租賃期間不得少於六年，承租人對於承租耕地有優先購買之權。主要成果如次：

1. 簽訂減租新約：全省當時私有出租耕地，全部訂立三七五減租新約者，計二五六、五五七公頃，佔全省耕地面積百分之三一．四，受益佃農二九六、〇四三戶。

2. 農民生活改善：農民獲得利益，較減租前爲多，收入增加，買耕牛，建新屋，生活大爲改善，故當時有「三七五牛」、「三七五屋」等之稱。

3.生產量增加：農業糧食生產大量增加，如民國三十七年實施減租前，全省生產糙米僅一、〇六八、五二三公噸，減租後，以四十一年計，生產糙米爲一、五七〇、一一五公噸，卽增加百分之四七以上。

4.七十五年底佃農僅爲六九、六五三戶，租約爲七二、六七三件，訂約爲一四九、七〇〇筆，購買耕地面積爲五一四公頃。

㈡**公地放領**

臺灣光復後，將日人據有的土地一七六、〇三一公頃耕地，一律收歸公有土地，依照土地法規定，分爲國有、省有、縣市有及鄉鎮有四種放租，以爲實施耕者有其田的初階。

1.放領辦法：臺灣省政府於民國三十九年訂定「臺灣省放領公有耕地扶植自耕農實施辦法」，經行政院於四十年六月核定施行。其要點包括：放領範圍爲省內出租公有耕地經民意機關同意後辦理；放領對象首先爲承租耕地之現耕農，依次爲雇農、承租耕地不足之佃農、耕地不足之半自耕農、無土地耕作之原土地關係人及轉業爲農者；地價則按耕地正產物全年收穫總量二倍半折成實物計算，並分十年均等攤還。

2.放領成效：臺灣實施公地放領，自民國三十七年至六十五年共辦理九期，計放領面積一三九、〇三二公頃，放領五四八、〇六二筆，承領農戶二八六、七〇六戶；放領公地工作，至六十六年停辦，原爲佃農共獲得十三萬餘公頃之耕地成爲自耕農；至於收得公地放領價款，撥作扶植自耕農基金，奠定全面實施耕者有其田，澈底消滅租佃制度的基礎。

㈢**耕者有其田**

民國四十二年一月二十六日，政府公布實施「耕者有其田條例」，解決承耕佃農無耕地及地主不勞而獲，扶植自耕農取得耕地所有權，提高土地生產。

1.實施要點：採用和平漸進原則，先徵收地主超額之出租耕地，放領予現耕農民，其後由政府貸款現耕農民，承購地主出售之保留耕地；地價以耕地正產物全年收穫總量之二倍半計算；政府則以實物土地債券分十年補償地主地價，農戶亦以十年均等攤還地價。

2.實施成果：

⑴徵收放領土地面積爲一三九、二四八公頃，承領農戶達一九四、八二三戶，徵收私有耕地地主數亦有一〇六、〇四九戶。

⑵佃農變成自耕農後，就中等水田爲準，增加收益百分之五一四・二四。

⑶政府開放四大公司爲民營，轉移地主土地資金新臺幣六億六千萬元投資工業，擴大企業自由，促進工業發展，並加速農村富庶繁榮。

⑷增加農民收入，提升生活水準，至七十五年底農家每戶所得爲新臺幣二八九、八二四元，而非農家爲三四七、九二七元，達到其百分之八三・三〇，足見農民所得已顯著提高，衣、食、住、行、育、樂各方面的生活隨之改善，均有長足進步。

㈣**平均地權**

國父創導平均地權，主張四項辦法，即地主自報地價、照價徵稅、照價收買與漲價歸公，以合理徵收地價稅，並使漲高的地價歸之大眾。

1.實施依據：民國四十三年政府頒行「實施都市平均地權條例」，四十五年臺灣地區重要都市陸續推展；為期全面貫徹實施，復於六十六年將原條例修正為「平均地權條例」，不分都市或農村，一體適用，以促進土地利用。

2.實施成果：

(1)實施平均地權規定地價，至六十八年六月全部順利完成，民眾申報比率達百分之百，共計一、六九八、五五八公頃。

(2)照價收買者為五、〇三〇筆，規畫完成再出售者亦有四、三九四筆。

(3)以增收的地價稅與土地增值稅約二八〇億元，作為推行社會福利、發展地方建設、辦理九年國民教育及興建國民住宅等經費。

(五)土地重劃

1.農地重劃：

(1)民國四十七年試辦農地重劃，五〇年辦理示範農地重劃，同年訂定實施「臺灣省農地重劃十年計畫方案」，至七〇年，復以「臺灣省加速辦理農地重劃五年計畫」，陸續完成農地重劃工作。六十九年十二月頒布「農地重劃條例」，以資依據。

(2)至七十五年底，一般農地重劃達六四〇個地區，計有二八六、三〇四公頃，臺糖農地有五五、二五五公頃，災區農地亦有五、三六六公頃。

2. 市地重劃：

⑴民國六十八年六月，內政部訂頒「都市土地重劃實施辦法」，針對都市發展的需要，及土地經濟利用的原則，將都市計畫範圍內，因地形不整或畸零細碎不適於建築使用的土地，運用科學方法重新規劃整理，並鼓勵土地所有人自辦重劃；臺灣地區推行市地重劃，先於四十七年由高雄市開始試辦，其他縣市相繼推展。

⑵至七十五年底，臺灣地區共辦竣市地重劃面積總計六、八四七公頃。

貳、社會福利事業的成就

三民主義的理想，在求民有民治民享國家的實現，其終極目標乃為臻於自由平等博愛的大同世界；因此憲法中明定社會安全為基本國策，俾據以制定各種社會福利立法，行政院於民國五十四年頒行「民生主義現階段社會政策」，六、七〇年代先後制定社會福利的法規，作為推動全民福祉的準繩。茲就政府歷年來對於社會福利事業的措施及其成就，分為㈠增進社會福利，㈡改善勞工生活等兩部分，加以條分縷析。

叁、增進社會福利

㈠社會保險

1. 勞工保險：①四十七年七月開辦，②至七十六年底投保單位一六二、五三三個，計五、三二七、二六六人。

2.公務人員保險：①四十七年九月開辦，②至七十六年底止投保四八九、七七二人。

3.退休人員保險：①五十四年八月開辦，②至七十六年底止投保三、六三二人。

4.退休人員疾病保險：①七十四年七月開辦，②至七十六年底止投保六八、〇八〇人。

5.退休人員配偶疾病保險：①七十四年七月開辦，②至七十六年底止投保四五、六四九人。

6.公務人員眷屬疾病保險：①七十四年七月開辦，②至七十六年底止一七九、六八八人。

7.私立學校教職員保險：①六十九年十月開辦，②至七十六年底止投保二七、七二三人。

8.軍人保險：①四十三年一月開辦，②至七十六年底止，投保約有五〇萬人。

9.學生團體保險：①六十四年八月開辦，②至七十六年底止投保約四百五〇萬人。

10.漁民平安保險：①六十九年一月開辦，②至七十六年底止，投保約二六、〇〇〇人。

11.農民健康保險：①七十四年十月試辦，②至七十六年底止，投保二一八、〇二一人。（目前尚在試辦中）

㈡福利服務

1.**老人福利**：根據民國六十九年一月公布施行的「老人福利法」，增進老人福利，積極推動辦理下列老人福利事業：①改善老人扶養機構及增建老人自費安養設施，約達二、五〇〇人，②設立老人休養機構如長壽、長春或松柏等俱樂部計三千餘所，③興建綜合性老人文康活動中心，④辦理老人在宅服務、居家護理及日間照顧等措施，⑤實施老人免費健康檢查每年約二十餘萬人次參加，⑥優待老人搭乘交通工具及參觀社教娛樂與遊覽觀光風景地區。

2. 兒童青少年福利：民國六十二年二月公布施行「兒童福利法」，行政院於七十三年三月頒布「加強兒童青少年福利服務實施要點」，主要工作包括：①普設托兒所計一般托兒所一、二八七所可收托一〇五、〇六一人，農村托兒所二、八七二所可收托一二八、七四九人，②充實四〇所育幼機構設施安置失依失養兒童計三、五三一人，③籌設青少年福利服務中心與兒童活動中心計十八處。

3. 殘障福利：根據民國六十九年六月施行的「殘障福利法」規定，扶助殘障者自力更生，舉辦各項福利措施，包括：①擴充及改善殘障教養設施四六所計收容三、四七七人，②核發殘障手册計一四〇、〇一二本，③增辦殘障者職業訓練與就業輔導計四千餘人次，④開辦殘障福利工廠、博愛商店、自強市場、創業貸款等扶助措施，⑤改善公共建築物設施場所，便於殘障同胞參與社會活動。

4. 社會救助：民國三十二年國民政府公布的「社會救濟法」，至六十九年六月修改爲「社會救助法」，以照顧低收入者及遭遇緊急患難或非常災害者，其重要措施有：①生活扶助卽對於低收入戶按月發給生活補助費年達十一億元，②醫療補助係提供免費施醫或醫療優待補助，七十五年計達七九一、九二四、三六三元，住院一、三三〇、〇六七日次，門診爲三九四、九二一人次，③急難救助則按情節輕重發給二千至一萬元的補助，④災害救濟方面七十五年救濟金額達一一一、三六六、八〇〇元，慰問金亦計一一三一、七七五、四一八元，⑤改善救助機構設施計三七所收容二〇、四八三人。

5. 社區發展：行政院於五十七年訂頒「社區發展工作綱要」，七十二年四月修改爲綱領，推動社區公共設施、生產福利與精神倫理等三項建設，運用社區資源及結合村里行政組織力量，配合擴展社會福利服務，①截至七十五年度止，臺灣地區共有四、三一九個社區，②受益戶數計達二、二四七、三五四戶，③受益的社區居民亦計一〇、三八一、六三三人。

6.**合作事業**：民國二十三年三月施行「合作社法」，旨在貫徹分配社會化，建立合作社與實施配給制，減少資本家的剝削，達到增進消費者的權益，並在互助平等合作的原則下，以共同經營方法，謀求社員的經濟利益與改善生活，辦理成果包括：①至七十五年底臺灣地區成立農業及工業生產、運銷、供給、利用、勞動、運輸、消費、公用、信用、保險、區域、社區等合作社及聯合社達四、一七八單位，合作農場及聯合會爲二二九單位，社（場）員數計三、九七九、一八三人，②股金總數達九、二七二、六二三、〇〇〇元。

7.**國民住宅**：民國六十四年七月公布施行「國民住宅條例」，貫徹「住者有其屋」的社會建設目標，編列國民住宅基金，由土地增值稅提撥百分之二〇及政府編列預算支應，歷年來推動成果如下：①已興建完成者有一一三、〇二四戶，②正施工者爲六、八二九戶。

8.**就業安全**：

(1)就業輔導：民國七十四年七月行政院核定「加強就業服務方案」，強化就業服務功能及建立就業服務電腦作業網路，加速求才與求職的媒合工作，增進國民就業；主要成果包括：①七十六年求職登記人數一四三、七〇五人，求才登記人數四八六、四〇二人，安置就業人數爲六五、四一四人，求職就業率爲四五・五二%，求才利用率爲一三・四五%，②七十五年輔導大專青年就業達一六、七七〇人，青年創業貸款四六六人，③七十五年輔導退除役官兵及其眷屬創業與就業計一二、五九七人。

(2)職業訓練：民國七十二年十二月公佈施行「職業訓練法」，設立公共職訓機構十三所，公民營事業、機關學校及民間團體附設職訓機構達四五五單位，①截至七十六年六月底止，製作各項訓練課程規範訂定六個月、一年及三年的教材標準一三七種，技工養成訓練費用標準二八職類四八種，②舉辦技工、服務業養成及企業在職員工進修訓練，七十五年計八、六七一班次，參訓人數二二〇、九六九人，其中養成訓練二、五〇五班六七、七八〇人，進修訓練六、一六六班一五三、一八九人，③辦理技能檢定，至七十六年底核發技術士證計二四七、二八二張。

(3)失業救助：政府為解決失業問題，針對勞工開辦轉業訓練或第二專長訓練，加強公共投資與提供臨時性工作機會，安置失業勞工就業，透過以工代賑、創業貸款或轉業措施，扶助其自力維生，①七十五年省市政府計安置一五一、四九二人就業，並提供九三六、〇〇〇人／日的臨時性工作，②辦理煤礦工人轉業，計二、二〇一人，使用經費達四億八千餘萬元，一般勞工轉業訓練，年訓三五〇人。

9.**醫療衛生**：根據各種醫事人員及衛生環境營養保健等法規，積極推動國民醫療保健與公共衛生等措施，並於七十六年十月成立行政院環境保護署，策劃展開環保工作；截至七十五年底的主要成就包括如下：①普及醫療充實醫事人力及診療設備，各類醫事人員為六九、七九九人，每萬人擁有執業醫事人員數為三六・六人；公私立醫療機構一二、五三三所，每萬人擁有數為六・四七所；病床數共計八一、五〇二床，每萬人擁有四二床。②推動臺灣地區醫療網，增加醫療資源的利用率及照顧偏遠地區民眾，自七十二年七月起建立羣體醫療訊業中心四五處，並設置基層保健服務中心八〇處。③七十三年五月公布施行「營養師法」，七月施行「優生保健法」，擴大辦理婦嬰幼兒保健及食品營養衞生措施。④加強環境衞生的維護，強化空氣、水質、噪音等公害污染的防範及管制，注重傳染疾病防護與廢棄物垃圾的清理，並保護自然生態，創建居民生活的清潔及健康環境。

㈢改善勞工生活

政府對於勞工的生活與福利，一向極爲關切，改善生活水準，提高勞動條件，並合理調整勞工待遇；主要勞工福利、安全衞生及勞動條件等立法，包括「勞資爭議處理法」、「工會法」、「工廠法」、「團體協約法」、「職工福利金條例」、「勞工安全衞生法」及「勞動基準法」等，旨在保障勞工權益，加強勞資的和諧關係，維護勞工的生活與健康安全，並於民國七十六年八月成立行政院勞工委員會，負責推動；其重要成就如次。

1.保障勞工收入安全：

⑴調整基本工資七十六年六、九〇〇元；規定雇主爲勞工提存退休準備金，截至民國七十六年底止計一一、三九七家事業單位，基金達二〇三億一千三百餘萬元；償付工資則由雇主繳交積欠工資墊償基金方式辦理，已提繳者八〇、三七二家，累計金額一億三千三百餘萬元。

⑵公民營事業提撥職工福利金，辦理各項福利設施，至七十六年底止已成立職工福利委員會之事業單位五、七七五家，提撥一〇九億七千五百萬元，受益職工及眷屬約九百八十餘萬人。

⑶輔導事業單位與工會簽訂團體協約，至七十六年六月底止已有二九二家廠商訂定，另有四八一

家事業單位舉辦勞資會議。

2. 增進勞工安全衞生與勞動條件：

(1)適應企業經營特性，核定實施女工夜間工作，至七十六年底止有一五六家。

(2)僱用勞工三〇人以上的事業機構已逾九〇%均設置有勞工安全衞生管理人員或專責單位。

(3)七十五年辦理勞工安全衞生、廠礦安全衞生及勞動檢查達四五、〇四七次。

(4)舉辦勞工安全衞生管理人員、鍋爐、壓力容器、起重機具等危險性機械操作人員訓練，七十六年計辦理一三三班次。

(5)實施重大職業災害的檢查處理，至七十六年底止辦理一二〇件，違反勞動基準法的處分亦達四一二單位。

3. 加強勞工福利服務：

(1)增進勞工知能與技藝，七十五年計辦理勞工教育達一三、九一八班次，參加人數爲五七〇、五六六人。

(2)擴大辦理勞工建購住宅貸款，截至七十六年底止共貸出一四、三一〇戶，達四五億二千四百餘萬元。

(3)辦理勞工福利服務者包括：興建勞工育樂中心一〇處，提供生活文康娛樂設施；輔導勞工青年參加各項活動，七十五年計有三六萬七千餘人；照顧勞工生活，辦理日用品供應，子女教育補助及急難互助撫卹等；設置勞工申訴及諮詢服務專責機構，受理勞動條件、職工福利、勞資爭議、住宅貸款、就業轉業等申訴諮詢案件，紓解勞工問題。

作業題

(一)「三七五」減租實施後有何成果？試述其要。
(二)「實施耕者有其田條例」如何進行？試略述之。
(三) 國父平均地權的政策，在自由中國如何施行？試述其經過。
(四)按民生主義理想，政府在社會保險方面，提供了那些保險，以保障國民的福利？試列舉之。
(五)在兒童與青少年福利方面，政府採取了那些措施？
(六)在就業安全方面，政府做了那些工作？試略述之。
(七)保障勞工收入安全方面，政府的作法如何？試略述之。

第八章　三民主義與文化復興

本章計分下列各節：㈠我國歷史文化的正統，㈡文化的融會與創新，㈢三民主義的本質，㈣維護道統與復興文化。附錄：釋道統，釋文化。

第一節　我國歷史文化的正統

本節包括：㈠三民主義的基本精神，㈡我國文化中一脈相傳的道統。

壹、三民主義的基本精神

任何主義、學說都有其基本精神；三民主義的基本精神則承傳了中國歷史文化的正統。先總統蔣公說：「三民主義從什麼地方產生出來的呢？固然是　總理所手創的；但是我們要知道　總理決不是憑空創造出來的，這個三民主義是有所本的。其淵源所自，早在 總理之前，與我中華民族歷史的生命同流發展，不過到了 總理手裏，重新整理，構成一部完整的思想體系，就叫三民主義。這個主義雖是最新的，而其本質及基本精神之所在，卻完全是由我們歷史文化的正統，歷數千年而一直傳下來的。」（中國魂）因此，我們研究三民主義，必須明瞭我國數千年傳下來的正統思想，這就是我們的「道統」；亦卽三民主義基本精神所在。只有探知及把握三民主義的基本精神，方能對三民主義的精微處有深入的了解，繼而引伸發揚。

貳、我國文化中一脈相傳的道統

民國十年， 國父在桂林督師北伐，第三國際代表馬林曾問 國父的思想基礎是什麼？ 國父說：「中國有一個道統，堯、舜、禹、湯、文、武、周公、孔子相繼不絕，我的思想基礎，就是這個道統，我的革命就是繼承這個正統思想來發揚光大。」（三民主義之體系及其實行程序）

堯、舜、禹、湯至孔子一脈相傳的道統，經朱子的解釋，主要的就是「中道」（見朱熹撰中庸章句序），也就是「執兩用中」的道理。堯曾以「允執厥中」四字傳給舜，舜又以「人心惟危，道心惟微，惟精惟一，允執厥中。」十六字傳給禹。先總統 蔣公：「以爲這四語，實在就是中國道統所傳授的心法中之要訣，乃可名之爲『道統四語訣』。」（先總統 蔣公著「中庸要旨」）由此可知「允執厥中」就是我國文化中一脈相傳的道統之主要部分；正因爲三民主義發揚了我國相傳的「中道」思想，始能不偏不倚，成爲二十世紀人類思想追求的正確方向。

作業題

㈠何以說三民主義的基本精神在於「道統」？試加以說明。

㈡「中道」與道統有何關係？試述所見。

附錄一：釋道統

㈠孟子道性善，言必稱堯舜。又他自己說，要繼承三聖；禹、湯、文、武、周公。可見孟子要以傳堯、舜、禹、湯、文、武、周公、孔子之道統而自命，但未說出「道統」二字而已。

㈡董仲舒主張罷黜百家，獨尊儒術，也是以傳儒家學說自命，亦未說出「道統」二字。

㈢韓愈著原道，尊儒術，反佛老。主張傳堯、舜、禹、湯、文、武、周公、孔子、孟子之道，是為道統說之完全形成。其內容，就倫理言，談及仁義道德；就政治言，論及衣、食、住（宮室）、醫藥等民生問題。

㈣朱熹序中庸，以「人心惟危，道心惟微，惟精惟一，允執厥中。」十六字心傳，為堯、舜、禹、湯、文、武、周公、孔子一脈相傳之道，這是更具體講明了道統的繼承。

補充資料

國父在桂林對第三國際代表馬林的答覆，首見於戴季陶先生著孫文主義之哲學的基礎（民國十四年印行）；其次，見於先總統　蔣公著三民主義之體系及其實行程序（民國二十八年）。兩者字句稍有不同，意義完全一樣。

第二節　文化的融會與創新

本節包括㈠中西文化的融會，㈡中華文化的創新。

壹、中西文化的融會

中國滿清末葉，西方文化挾帝國主義之威力，衝擊著沉靜而自成體系的東方文明。使得中國傳統的文化，遭受到前所未有的考驗。最近西方學者對東亞文化圈的國家，日本、新加坡現代化發展的成功，作成功背景深入研究，認爲東方的儒家文化，不僅不是現代化的障礙，若有適當的轉化，反而對現代化提供相當有力的助益。因此東西文化的融會已成爲世界文化發展必然趨勢，羅素說：「西方文化的長處在於科學方法，中國文化的長處在於合理的人生觀。吾人希望二者能夠逐漸結合爲一。」　國父正是掌握了時代變遷的正道，融會中西文化；一方面繼承中國固有文化，一方面吸收西方文化，熔於一爐而冶。

國父對於中西文化的態度，與一般人不同。旣不故步自封，也不作「文化整體移植」的無條件接受。有如海洋滙納百川一樣，這正是我國文化發展的一貫精神。如同孔子所用的因革損益的辦法，以世界的前途與人類的未來爲考慮，做第二次集大成的工夫。　國父說：「大凡一種思想，不能說是好不好，只看他合我們用不合我們用。如果合我們用，便是好；不合我們用，便是不好。」（民族主義第三講）這段話裏，「我們」兩個字，非常重要。合他人所用的，不一定合「我們」用；而思想學說的價值，就是在於能夠增進吾人民生福利。

國父對於融會西方文化，認爲：「歐美有歐美的社會，我們有我們的社會。」「中國的社會既然是和歐美的社會不同，不能完全仿效歐美，照樣去做。」（民權主義第五講）「固有的東西，如果是好的，當然要保存，不好的才可以放棄。」（民權主義第六講）並且又說過：「必要取法古人的長處才好。」（學生當立志做大事不可做大官）「恢復一切國粹之後，還要去學歐美的長處，然後才可以和歐美並駕齊驅。」（民族主義第六講）「吾人採外國良法，對於本國優點亦殊不可輕棄。」（憲法之基礎）「發揚吾固有之文化，且吸收世界之文化而光大之。」（中國革命史）以上都是 國父對中西文化融會的觀點。由此可知，中國文化的改造，必須取中西文化之長而融會之，使能順應時代的潮流，且於世界文化變遷中發揮中國固有優美文化的淑世功能。

貳、中華文化的創新

國父將西洋的文化與中國的文化融會貫通，而創出符合中國的歷史進展和世界潮流所趨的三民主義。這種新的產物，是化合而成，不是拼湊混合物。因而他說：「三民主義是集古今中外的學說，所得到的一個結晶品。」（三民主義之具體辦法）「因襲我國固有思想」，「規撫歐洲學說事蹟」（中國革命史）所融鑄而成的創新物；如三民主義、五權憲法等，均爲古今中外學說所未有，亦即 國父「所獨見而創獲者」（中國革命史）這正是創新的特色，而不僅以復古為足，更能開拓中華文化的新境界與新的契機。

更進一步分析，國父獨創的五權憲法，就是創新了我國的古代監察與考試制度，並且同時吸收了西方的三權分立；行政、司法、立法制度，改進其專制國會、無能政府、賢能者不能發揮的缺點而發明的新政治制度。民族主義中的濟弱扶傾說，又何嘗不是針對當時帝國主義向外擴張侵略弱小的政策，以及發揚我國興廢繼絕的王道政治。此外革命民權說、權能區分制、均權制、平均地權、節制資本、知難行易主張、分期的宇宙進化論以及世界大同的主張在在都顯示中華文化新的生機。

作業題

㈠國父對於中西文化的發展採取何種態度？試說明之。

㈡國父如何創新中華文化？試說明之。

附錄二：釋文化

什麼叫文化？這是一個言人人殊的名詞。

首先說明文化（Culture）與文明（Civilization）加以比較：

何謂文明？何謂文化？易經乾卦文言稱：「見龍在田，天下文明。」疏：「陽氣在田，始生萬物，故天下有文章而光明也。」以文章光明釋文明，乃是望文生義的解釋。又易經賁卦傳言曰：「文明以止，人文也：……觀乎人文，以化成天下。」孔穎達易正義解釋說：「觀乎人文以化成天下，言聖人觀察人文，則詩書禮樂之謂，當法此教而化成天下。」以六藝釋人文，乃是囿於儒家的立場。程伊川易傳云：「人文、人倫之倫序，觀人文以教化天下，天下成其禮俗。」以人倫釋人文，也是囿於儒家立場。

以上釋人文，雖受了儒學的限制，但禮俗、人倫與詩書禮樂，仍不失爲文化之內涵，這是誰亦不能否認的。次就文明與野蠻來加以比較：大致文化發達或已進開化叫文明，其國叫文明國，其人叫文明人；反之，文化不發達或過原始生活的叫野蠻，其國叫野蠻國，其人叫野蠻人。

再次就文化與自然來加以比較：凡未經過人工的東西叫自然的；經過人工的叫文化。如天然河川屬於自然；大禹所疏的九河屬於文化。

因此，廣義的文化，凡宗教、藝術、教育、道德、風俗習慣以及政治法律、經濟制度、典章文物、食衣住行等生活方式，都屬於文化。我國古代有人把文治和武功加以對比，以武功之外的文治或文教叫文化，這是狹義的看法。又我國現代有人把從事文藝、新聞活動的人叫文化人，更是狹義的看法，就本書言，這裏講的中華文化與創新比較是廣義的，前面講民族主義的文化建設比較是狹義的。

第三節　三民主義的本質

本節包括：㈠民族主義的本質爲倫理，㈡民權主義的本質爲民主，㈢民生主義的本質爲科學。

壹、民族主義的本質為倫理

倫理的意義，「照中國文字的本義說，『倫』就是類，『理』就是紋理。引伸為一切有條貫、有脈絡可尋的條理，是說明人對人的關係。」（先總統　蔣公：三民主義的本質）「即是個人對於家庭、鄰里、社會、國家和世界人類應該怎麼樣，闡明他各種關係上正當的態度，訴之於人的理性而定出行為的標準。」（同上）

「民族主義的本質，與其說是救國，或者說是文化，還不如用我們民族可大可久的特點『倫理』來代表民族雄厚的基礎，較為完備。」（先總統　蔣公：三民主義的本質）因為救國是民族主義行動的表現，而文化代表的是民族精神的一部分，還不足以包涵民族主義思想的本質，也不能代表民族主義精神的全部。

國父：「民族思想，根於天性。」（社會革命談）又說：「民族主義，卻不必要什麼研究才會曉得的。譬如一個人，見著父母，總是認得，決不會把他當作路人，也決不會把路人當作父母。民族主義也是這樣，這是從種性發出來，人人都是一樣。」（三民主義與中國之前途）這裏所談到的天性和種性，也正是民族的基礎和倫理的根源所在，亦是強調倫理為民族主義的本質。

一個人在確定其與家庭、社會、國家乃至於全人類的關係時，亦都出於此種倫理思想。所以倫理確是民族主義的立足點，而實行民族主義也正是倫理精神高度發揚的極致表現。「我們今日如要召回我們的民族靈魂，提振我們的民族精神，恢復我們民族的自信心，就要以倫理為出發點，來啟發一般國民的父子之親，兄弟之愛，推而至於鄰里鄉土之情，最後就是要如 總理所說：『用民族精神來救國！』」（先總統 蔣公：三民主義的本質）

貳、民權主義的本質為民主

民權主義無論在理論上和實踐上，都是名符其實的民主。國父說：「余之民權主義，第一決定者爲民主。」（中國革命史）「要實現民權主義必要用民主來實踐的。」「建設以民主爲基礎的民權主義，這樣的民權方能穩固。」（先總統 蔣公：三民主義的本質）由此可知民權主義的本質是民主。民主著重於「過程」，民權著重於「內容」；惟有以民主之「過程」，方能保障民權之「內容」。如果高倡民權，而不施行民主政治，則是自欺欺人。

再以 國父民權主義中的特點來看：「第一就是全民政治，第二是權能區分，第三是五權分立，第四是中央與地方均權，第五是地方自治。我們可以說世界上各個不同的民主政治，都有他的缺陷，都有他的流弊，都還存在某些種族的歧視，和某些政治上不同的階級。只有我們所行的，才是眞正全民的民主政治。」（先總統 蔣公：三民主義的本質）

全民政治是以人民要實施直接選舉、罷免、創制和複決四權，一推一拉，人民對政府運用自如。權能區分以政權與治權分開，授予人民政權並使其高於治權，亦是人民爲主體。五權分立在於避免西方三權分立，造成傷害人民的事實，運用我國固有考試與監察制度加以改進。均權制度仍是以「執兩用中」的態度，保護人民的權益。地方自治的實施，更是民主政治的具體而微的實現。

透過以上的特點，不僅可以順應世界的潮流，而且發揮我國固有的特色。所以 國父的民權主義的本質，是要「決心建立一個共和國，用四萬萬人做皇帝。」用全國的國民作國家的主人，達到眞正的「主權在民」的政治。

叁、民生主義的本質為科學

科學的解釋：「科學者系統之學也，條理之學也。」（孫文學說第五章）先總統 蔣公：「科學意義，就是以一定對象爲其硏究的範圍，而於其間求得確實統一之知識者，謂之科學。因之，凡是有組織、有系統的知識，均可稱之爲科學。」（科學的道理續編）又說：「我們所要的科學，是民生主義『保民』與『養民』的科學！」（三民主義的本質）

民生主義的本質之所以爲科學，因爲它是根據科學的道理建立起來的。且民生主義尤須藉科學來實踐其福國淑世的理想。因此 國父在民生主義第一講就說：「凡事都要憑科學的道理，才可以解決，才可以達到圓滿的目的。就是講到社會問題解決方法，也要從科學方面硏究淸楚了之後，才可以得出結果來。」同一講中又說：「所以我們解決社會問題，一定要根據事實，不能單憑學理。」先總統 蔣公：「建設民生主義，必要用科學來實踐的。」（三民主義的本質）又說：「實行民生主義的兩個方法，一個是平均地權，一個是節制資本，無論平均與節制，都要用科學的方法和精神來從事，尤其是要在民生的食衣住行四大需要上，去從事科學的計畫、科學之管理、與科學之發展。」（同上）所以說民生主義的本質爲科學。科學的兩大質素：邏輯、事實。儘管學說理論的本身符合邏輯上的推理，然而如果脫離了事實，則學說理論必不能付諸實行。共產主義姑不論其邏輯上有待商榷，最大的誤謬卽是偏離事實。馬克斯專心致志的用他偏激的哲學觀點和經濟思想，形成一套所謂完整的科學的理論體系，結果窒礙難行，造成人類的禍患。

作業題

㈠倫理與天性有何關係？倫理與民族主義有何關係？試分別加以說明。
㈡民主與民權主義有何關係？試加以說明。
㈢何以說民生主義的本質爲科學？試述其要。
㈣試釋「倫理」與「科學」之意義。並請以 國父與先總統 蔣公見解爲參考。

第四節 維護道統與復興文化

本節包括：㈠自中學爲體講到文化危機，㈡共匪是摧殘民族文化的罪人，㈢共匪毀滅民族文化將自掘墳墓，㈣我們要積極推行中華文化復興運動。

壹、自中學為體講到文化危機

滿清末年，新進人士鑒於中國過去閉關自守，夜郎自大，無法適應外來的侵略，爲了勵精圖治，故主張廢科舉，興學校，吸收西洋文化，尤其是國防科學與應用科學。但有些重臣元老，恐洋化運動將傷害或忘卻固有文化。張之洞等提出折衷辦法，便主張「中學爲體、西學爲用。」一時響應者不少，故能於光緒三十三年間，公布奏定學堂章程，達到廢科舉、興學校的目的。曾國藩、李鴻章等，強調「以夷制夷」的政策，著眼國防科學，認爲「船堅砲利」，便可挽救危亡，提出「自強運動」。康有爲、梁啟超等人認爲「船堅砲利」還不夠，仍要同時從政治方面著手，要學英、日的君主立憲，故提倡維新運動。國父更進一步，在發現「君主立憲」仍不足以起衰振弊，必須推翻滿清帝制，實行民主共和，提倡國民革命運動。以上都是吸收西方文化的事實。

五四運動發生後，由學生愛國運動演變爲提倡「民主」與「科學」的新文化運動。當時陳獨秀、吳虞等主張打倒「孔家店」，澈底廢除固有倫理道德，胡適等除相當贊成外，更主張「全盤西化」。彼時雖亦有人主張要重視固有文化，整理國故，但敵不過「全盤西化」的呼聲。

五四運動後，一般學者盲從全盤西化，民族文化精神幾乎已蕩然無存。此時，中國共產黨在民國十年成立，陳獨秀等共產黨人的「全盤西化」是轉向爲馬克斯的共產主義。另一些美國留學生的「全盤西化」是以杜威的實用主義爲目標。但就文化戰與思想滲透來說，後者不敵前者。因此，當時的所謂「全盤西化」幾等於「全盤俄化」。馬克斯的唯物辯證法、唯物史觀、階級鬥爭論、資本論與剩餘價值說等，流行於學校、文化界，甚至於農工階級。

民國二十四年在上海王新命、何炳松、陶希聖、薩孟武等十位教授，針對當時「全盤西化」所引起的民族文化危機，發表「中國本位文化建設宣言」首稱：「在文化的領域中，我們看不見現在的中國了。」宣言第二段認爲我們既不能復古，亦不能仿效英、美、蘇俄或德、義，照單全收。其結論是：不守舊，不盲從。對於固有文化，要「去其渣滓，存其精英」；對於西洋文化，要「取長捨短，擇善而從。」由此可知中國本位文化宣言，不是偏於中國固有文化，乃是主張中西文化交融，反對全盤西化而已。

民國十六年四月，南京政府宣布清共，同年七月武漢政府亦清共，陳獨秀雖失掉了中共的政治領導權，而打倒孔家店、破壞舊文化之風，仍然在共巢中旋轉。直到民國五十五年初，毛匪發動「文化大革命」，運用紅衞兵造反，在政治上，是奪當權派劉少奇的權，在文化上，是以澈底破壞固有文化爲目的。所謂破四舊，以舊思想、舊文化、舊風俗、舊習慣爲對象。要把中國固有優良道德與傳統文化掃除盡淨。這是中華民族的大悲劇，也是中華文化空前未有的浩劫。

貳、共匪是摧殘民族文化的罪人

由於中國傳統的文化，以孔子的思想爲中心，基於仁義忠恕之道，講「泛愛眾」主張相互親睦，不應鬥爭相殘；講「克己復禮」，要求律己以嚴，恢復倫理秩序；「己所不欲，勿施於人」，強調推己及人，反對迫害；「大道之行也，天下爲公」，反對專制及無產階級一黨專政。儒家的仁政思想，無一不是中共暴政的剋星。因而共匪為了破壞中華民族的精神，以利其統治，對固有的優良傳統文化，極盡摧殘之能事，舉其犖犖大者：

㈠破壞家庭制度及倫理道德。

㈡實施所謂「教育革命」，企圖從根本上消滅固有的學術思想為目標。

㈢用洗腦、交心、自白、勞改、屠殺、精神迫害等方式殘害知識份子的心靈、人格及自尊，使固有文化傳承乏人。

㈣竄改史書，以偽造史實，假造抗戰史實，並以唯物史觀扭曲歷史，企圖矇混國民，將中國正統歷史臍帶割斷。

㈤大規模焚燬書籍，模仿秦始皇的焚書作法，以期從文化上消滅固有的優良傳統知識寶庫。

㈥破壞文字，推行羅馬拼音法，企圖以拉丁字代替漢字，最後消滅漢字，使得後代的中國人與中國歷史因文字互異，而無法了解傳統文化與歷史。

㈦固有的思想、文化、風俗與習慣，因為富有仁愛的思想，與中共的仇恨及鬥爭的本質不相容，故而一律予以否定、破壞。

中共這些暴政泯滅人性，致使大陸同胞不僅相互猜疑鬥爭，並且漸漸失去中國人素有的勤勞與博愛的德性，遊蕩懶散成習，毫無人格尊嚴與自信。這種民族危機，值得警惕。中共是這場民族文化刼難的罪魁禍首，是全世界有目共睹的事實。

叁、共匪毀滅民族文化將自掘墳墓

中國傳統文化，在全世界各種古文化中，巍然獨存，在孔子以後傳衍兩千多年而愈盛，就因爲孔子集堯、舜、禹、湯、文、武、周公之大成，爲中國文化建立一個道統，有以致之。正如子貢所說：「無以爲也！仲尼，不可毀也。他人之賢，丘陵也，猶可踰也，仲尼，日月也，無得而踰焉。人雖欲自絕，其何傷於日月乎？多見其不知量！」（論語，子張第十九）中共實自不量力，亦是對中國歷史與傳統文化的無知，面對大陸人民，經過中共欺騙以後，發覺共產主義的邪說，如罔顧民命，視人民如草芥，戕害國家幼苗，灌輸仇親思想，實行恐怖統治，較諸秦始皇猶過之，毛匪澤東就曾大言不慚的說：「罵我們是秦始皇，是獨裁者，我們一貫承認。」又說：「我們超過秦始皇一百倍。」參加韓戰、越戰，不惜以民族生命作賭注。在在地欲置民族文化前途於死地。逐漸形成中華民族文化精神覺醒的洪流，對抗中共違反仁道的措施。

中共爲了挽救其滅亡的命運，阻擋這股洪流，避免其擴張蔓延，展開一連串反中華民族文化鬥爭。過去大陸上雖曾經過無數次的整肅鬥爭，但從沒有這一次的乖張與瘋狂。究竟是什麼道理呢？正如同毛匪所說：「這次文化大革命，是中國共產黨之生死存亡的大鬥爭。」無疑的，是因爲中國傳統文化，在大陸上發生了偉大的力量，給予中共政權致命的打擊。實際上，中共政權任何毀滅中國文化的作法，不僅無損於禁得起考驗的中華文化，反而加速了中共政權的滅亡。要知，中國文化的偉大、崇高之處，在於根深柢固，歷經五千年長久歲月的鍛鍊，早已成爲世界文化的一種主流，絕不是共產政權的邪惡思想所能動搖，反而因此使中國傳統的道統更能顯出其眞正的價值所在，與對人類歷史文化前途的影響。

肆、我們要積極推行中華文化復興運動

中西文化激盪二百餘年，其間對中華文化前途如何，議論紛紜，莫衷一是。國父創建三民主義，提出正確的發展方向。認爲要復興國家民族，首先要恢復我國的固有倫理和知能，並同時吸收西方科學文明。不幸共匪叛國，大陸沈淪，中共妄圖摧毀中華民族道統，亦卽是妄圖破壞三民主義的本源。先總統　蔣公乃於民國五十五年十一月十二日，發表「　國父一百晉一誕辰暨中山樓文化堂落成典禮紀念文」（簡稱中山樓文告）昭告全國同胞：「我們中華民族文化歷五千年而業益光，道益盛。不惟無人能予以搖撼摧夷，亦且愈經搖撼摧夷，愈見其剛健煥發，而可大可久。故　國父三民主義之思想，不惟爲中華民族文化之滙歸，而三民主義之國民革命，乃益爲中華民族文化之保衞者也。」又說：「惟有我青天白日之光輝，普被於大陸之疆土，倫理、民主、科學三民主義之福祉，均霑於大陸全體之同胞，一如今日自由基地之臺灣者然，而後始無愧於屋漏，無愧於　國父與先民之遺規，且以此爲復興我中華文化明德新民之契機，則庶幾乎！」於是倡導中華文化復興運動，以維護中華民族之道統。

這裏還要補充說的是，吾人復興中華文化之際，當知：㈠要復興中華文化，除民主與科學外，還要加上倫理。㈡中華文化的基石與三民主義的本質都是倫理、民主與科學，故復興中華文化卽需闡揚三民主義；反之能闡揚三民主義，卽能推行中華文化復興運動。㈢推行中華文化復興運動，要糾正全盤西化或俄化，要挽救共匪自「打倒孔家店」以至「文化大革命」的空前絕後之浩刼。㈣推行中華文化復興運

動，既不是全盤西化或俄化，亦不是完全復古，對固有文化要能去腐存菁，對西方文化要能截長補短。也惟有如此，才能把中華民族從根救起，也才能拯救世界危機，而開創人類光明的前途。

作業題

(一)張之洞何以要提出「中學爲體、西學爲用」？試述其理由。
(二)全盤西化與全盤俄化有何關係？試述其演變經過。
(三)何謂中國本位文化？其內容如何？
(四)何以說中共是中華文化的罪人？試申論之。
(五)中共爲什麼要毀滅中華文化？結果如何？試略述之。
(六)爲什麼要積極推行文化復興運動？試抒所見。
(七)中華文化與三民主義的關係，試略述之。

第九章　三民主義統一中國與三民主義世紀

本章包括四節：㈠二十世紀世界潮流的趨向，㈡三民主義與五大建設，㈢三民主義統一中國，㈣弘揚三民主義於世界。

第一節　二十世紀世界潮流的趨向

本節討論範圍：㈠三民主義的世紀，㈡解決民族問題的必然趨向，㈢解決政治問題的必然趨向，㈣解決社會經濟問題的必然趨向。

壹、三民主義的世紀

大抵自十八世紀開始，英國產生了產業革命，從此人類的生活開一新紀元，但是產業革命造成了西方國家的新帝國主義。到了二十世紀，演變成三大問題，卽：一、民族主義與國際主義的對立；二、民主主義與極權主義的對立；三、資本主義與共產主義的對立，以致造成世界局勢的紊亂，犧牲了無數的生命，迄今未見稍戢。人類在多年來的痛苦經驗中，謀求解決此三大問題之道，已逐步趨向三民主義。先總統　蔣公早在民國五十一年就指出：「六十八年來，不論國際政治潮流如何在衝擊，人權理念如何被戕賊，科學文明如何被濫用，在在都只有更加證明二十世紀乃是三民主義的世紀。尤其是在自由世界與共產集團鬥爭之中，特別顯出惟有三民主義，才能撥亂世反之正，以重建人類福祉的社會，所以二十世紀不得不爲三民主義擅場世紀」（復國建國的方向和實踐）亦可以說，三民主義不僅是二十世紀的思想主流，其最高原則是永遠爲世界人類的生存指導方針。

在另一篇專題演講裏，先總統　蔣公更指出：「今天世界局勢的混亂，國際環境的複雜，業已到了微妙莫測，不可想像的地步；然而大家也可以認定，無論世界局勢臨到怎樣陰謀技術，變化無常的地步，然其最後澄清的途徑，必不能越出我們三民主義時代主流之外。今天資本主義和社會主義的流弊，特別是共產主義的罪惡，正成爲人類的浩刼，成爲戰爭、饑餓、死亡的魔咒。根據人性的發展和要求，只有三民主義才是人類自由幸福的惟一出路，亦是惟一的結局。不但今天的二十世紀，是三民主義的世紀，今後的世界，也將是三民主義燭照光輝的世界。」（黨員總登記的意義和黨務革新的要務）

時至今日，二十世紀的八十年代，更得了史實證明，卽資本主義業已過時，共產主義業已破產，環顧宇內，只有三民主義才是世界上一線曙光。因爲三民主義把西洋的文化與中華文化融會貫通冶於一爐，符合了中國的歷史與世界潮流，成爲人類進化法則必然途徑。

貳、解決民族問題的必然趨向

民族問題到了現代，益見複雜。始以列強民族主義演變成帝國主義，欺壓弱小民族，激起被壓迫民族革命運動，雙方以敵對態勢，進入了二十世紀。第一次世界大戰期間，美國總統威爾遜提出「民族自決」的主張，以期加速戰爭勝利，並消弭民族糾紛，但是在戰後，參戰的弱小國家，並未能獲得平等待遇，「國際聯盟」(League of Nations) 組織立意雖佳，但在強權操縱之下，未幾就淪爲帝國主義的工具，而告瓦解。德義兩國原是民族運動成功的兩個典範，但轉眼間一個提倡大羅馬主義，一個則提倡德國納粹主義，意圖統治世界。日本及蘇俄亦由民族主義的發揚，很快的就變成所謂大東亞共榮圈及赤色帝國主義，開始其侵略擴張的野心。

二次大戰後，美國羅斯福總統，發起組織聯合國 (United Nations)，維持國際和平，但因參加各國，各懷異志，且權力分配與運作方式不當，使「聯合國」淪爲受匪俄操縱，共黨叫囂鬥爭的舞臺。這些事實，證明了西方國際主義，不僅是空想，且爲世界各民族造成更多的紛擾。

那麼民族糾紛的出路在那裏？　國父認爲民族是自然力形成的，王道的，而各民族也隨著歷史演進，逐漸滙合，終必在人類的道德覺醒之下，歸於大同世界。所以創建了不同於西方民族主義的三民主義的民族主義。以民族獨立爲起點，以世界大同爲目標，先爭取各民族的平等地位，以興廢繼絕的精神，協助弱小民族，再共進於大同，這才是消弭民族紛爭的根本，也是解決民族問題的不二法門。

叄、解決政治問題的必然趨向

民主主義潮流，以排山倒海之勢，由十九世紀進入二十世紀以後，突然遭遇各種極權主義的層層阻礙。首先共產主義在俄國產生，義大利的法西斯主義，德意志的納粹主義，日本的軍國主義相繼興起。結果，民主政治一再遭受到挫折，人民的主權幾乎喪失殆盡。至第二次世界大戰以後，德義日的極權政治，成為歷史的陳跡；但共產極權統治，卻乘機擴張，為禍人類，造成歷史上絕無僅有的獨裁政治。

現在世人已從噩夢中普遍的覺醒，知道民主與自由的可貴，體認了國父所主張的觀念：「人民必須能夠治，才能夠享，不能夠治，便不能享。」（五權憲法）鐵幕內人民爭取自由的怒潮，日益澎湃，共產極權主義的政治，定為人們所拋棄。另一方面，多年來事實證明，歐美民主主義的拖沓遲緩，又金錢暴力介入選舉，利益團體腐蝕政府威信，造成政治汚染，而間接民權，民意不張。國父為了改進西方民主政治的缺失，以及消除極權專制的滋萌，創立人民有權——政權，政府有能——治權的理想，指出自由平等的眞諦，倡建權能區分的政治原理，主張直接民權，採取專家政治，建立萬能政府，從而構成三民主義的民權主義。今後要解決政治問題，捨此莫由。

肆、解決社會經濟問題的必然趨向

自工業革命以來，資本主義流弊，所造成的社會經濟問題，到二十世紀，形成資源的浪費，環境嚴重的汚染，以及貧富極度懸殊，惡性經濟循環，乃至於過度放任的社會福利政策，造成民生權益不正常發展，反而造成怠惰者養成依賴的惡習。而共產主義的經濟制度，由於違背人性，凡是施行共產主義的地方，就有配給，一定有排隊購物的長龍。顯見資本主義與社會主義都未能妥善解決社會經濟問題。貧富差距不但未見縮小，反而愈來愈大，造成社會不安。一切歸公，也未能解決生活現實問題。兩者皆有所偏，偏則有失。在解決社會經濟問題上，不但沒有益處，反而有時適得其反。

國父創建的民生主義，旣保障個人生活安全，承認合法的私有財產，同時發達國家資本。旣重整體，亦維護個體，從而建設均富、安和、好禮的社會。共產制度的破產，使得共黨政權不得不採取私有公有並存的「混合經濟」思想，資本主義亦不得不採取「均富」措施。這些事實，在在顯示若要解決社會經濟問題，不得不走三民主義的民生主義的道路。

現在世界思想潮流轉變趨向，可說是萬流歸宗，都走向三民主義的範疇。所以 國父說：「我們想造成一個完完全全的新世界，一定要用三民主義來做建設這個新世界的工具。大概的講；就是要把民有、民治、民享三個主義一齊實行。」（三民主義爲造成新世界之工具）

作業題

㈠何以說二十世紀是三民主義擅場世紀？試述其理由。
㈡解決民族問題必然趨向是什麼？試略述之。
㈢解決民權政治問題必然趨向是什麼？試略述之。

㈣解決社會經濟問題的必然趨向是什麼？試略述之。

第二節　三民主義與五大建設

本節研究範圍：㈠理論與實踐合一，㈡心理建設，㈢倫理建設，㈣政治建設，㈤社會建設，㈥經濟建設。

本節除包含七十六年高中三民主義新編課本內容外，並針對各種考試，作適當補充。

壹、理論與實踐合一

國父為救中國、救世界，創建了三民主義的理論，其首要之務在求實踐；所以又著成建國方略，為實踐三民主義的依據。理想與救世、救人、救國的主張，不能實踐，只不過是幻想、空想、一種觀念而已，一切理論，貴能實踐。國父的理論，可貴之處，在於有一套可行的、具體的建設方案。以政治方面而言，就有其循序漸進的步驟，由破壞到建設，由軍政經由訓政最後達到憲政之治。

㈠建國方略的內容與擴充

國父原著建國方略包括三部分：1.孫文學說即心理建設，2.實業計畫即物質建設，3.民權初步即社會建設。民國二十四年先總統　蔣公講　國父遺教概要，將　總理遺教有關政府組織與地方自治的部分，列入「政治建設」項目。民國二十八年再講三民主義之體系及其實行程序，配合建國需要，又補充

「經濟建設」，合成爲五大建設，卽心理建設、倫理建設、社會建設、政治建設與經濟建設。先總統 蔣公在民國三十二年發表「中國之命運」一書，將上述五大建設作爲國家建設的重點。由此可知，五大建設是由三大建設隨國家建設的進展而擴充，同時，五大建設的實施，是使三民主義由理論成爲事實的必經之途徑。

(二)五大建設的相互關係

上列五種建設，在名稱上雖分爲五種，但是「這五種建設彼此之間又是相互關聯，互爲因果的。尤其心理建設與倫理建設有表裏不可分的關係，社會建設和政治建設也有密切的互爲因果關係。所以從事倫理建設的時候，要注意到心理建設；從事政治建設的時候，也同樣的要注意社會建設；不但如此，就是經濟與政治的建設，也有密切的關係。」（先總統 蔣公，中國之命運）

貳、心理建設

(一)心理建設是一切建設的基礎

心理建設的意義，先總統 蔣公：「心理建設就是國民精神建設，爲革命建國的基本。」（三民主義之體系及其實行程序）而心理建設的範圍，是以 國父的「知難行易」學說和先總統 蔣公的「力行哲學」爲主要內容。這項建設是一切建設的基礎。 國父說：「國者，人之積，人者，心之器也。」「夫心也者，萬事之本源也。」（孫文學說）「一國之趨勢，爲萬眾心理所造成，若其勢已成，則斷非一二因利乘便之人之智力所可轉移也。」（同上）所以建國的基礎，發端於心理。因此，爲實行三民主義，建設國家，首先，要打破過去「知之非艱，行之維艱」的畏難卻顧的心理，本「知難行易」學說的眞理，本一往無前的力行精神，爲一切建設，奠定健全的心理基礎。

有關孫文學說的㈠十事爲證，㈡知行三時期，㈢人羣三系，㈣能知必能行，㈤不知亦能行，㈥有志竟成等已於第五章實踐哲學部分討論，不再贅述。

㈡心理建設的原因

先總統 蔣公：「爲什麼要講心理建設呢？主要是改變國民的氣質，提起積極精神，確立自信，力行革命。我常說：『生活的目的，是增進人類全體的生活；生命的意義，是創造宇宙繼起的生命。』這一個革命的人生觀，完全由於體念 總理的革命哲學而得來，上一句話是從空間說明天下爲公的意義；下一句話是從時間上闡明自強不息的眞諦。合起來引用於人生，可以改革我們國內苟且偷生冷酷自私的惡習，而喚起其獨立自尊力行不輟的勇氣，這是我們的心理建設。」（三民主義之體系及其實行程序）

叁、倫理建設

㈠倫理建設的意義

倫理建設的意義，先總統 蔣公：「倫理建設就是國民道德建設。要以 總理所講的忠、孝、仁、愛、信、義、和、平八德爲精神，以昌明我國固有的人倫關係，即所謂五倫爲內容，以實行禮運篇的博愛、互助、盡己、共享爲原則。」（三民主義之體系及其實行程序）

㈡倫理建設的目的

倫理建設的目的，先總統　蔣公：「簡單的說是要打倒自私自利的個人主義以掃除革命建國的障礙。在積極的方面，是要改進人民的行爲，恢復民族固有的道德，從而發揚光大，養成國民高尚健全的人格；使我們四萬萬五千萬同胞，人人能夠犧牲小我，捨己利羣，盡忠國家，盡孝民族，講信重義，仁民愛物，和平互助，如手足兄弟一樣，禦侮建國，合力共赴。」（三民主義之體系及其實行程序）

㈢五倫的新解釋（新觀念）

先總統　蔣公：「中國倫理哲學的精要在於五達道——這就是五倫；實在是闡明人生個人對於其他份子的正當關係而課以積極責任的教條，也可以說是規定羣己關係的標準。五倫中的君臣關係，表面上看，現在似已過去不實用，但實際在解釋上不可泥於一義。就現今情形說，就是國民對國家（國民是臣，國家是君）或公務員對國民（公務員是臣，國民是君）的關係。在這種關係中應當貫以忠的精神，就是說要忠於國家、忠於所事。至於父子、夫婦、兄弟的家庭關係，雖不必如宗法時代，那樣規定的呆板，但家齊爲國治之本，在責任的觀念上並沒有今古的不同。再則此種家庭關係，現在更應該擴而大之爲鄰里鄉黨的關係，亦要貫以孝悌、仁愛、和平的精神，盡其相親相扶、相勉爲善的責任。朋友一倫則應推而廣之爲對同志、對同胞的關係，而應貫以信義仁愛和平的精神，竭盡互助互信生死患難與共的本分。總之，古時的五倫和現時的倫理觀念，在形式上雖有不同，其精神是一致的。」（同前）

國父在民族主義第六講中，對於忠孝、仁愛、信義、和平均給予新的意義，值得重視。

㈣倫理與中國社會之關係

著者常說：希臘以哲學立國，以色列以宗教立國，而中國可以說是以倫理立國。

講倫理，便要講到五倫。五倫是君臣、父子、兄弟、夫婦、朋友五種關係，內中以家族爲中心，故中國社會以家族爲基礎。故　國父說：「國民和國家結構的關係，外國不如中國。」（民族主義）「中國國民和國家結構的關係，先有家族，再推到宗族，然後才是國族。這種組織，一級一級的放大，有條不紊，大小結構的關係，當中是很實在的。」（同上）而維持此種關係的，就是我國固有道德和倫理。

肆、政治建設

先總統　蔣公曾就政治建設的意義，分廣、狹兩義解釋：「廣義而言，總理的三民主義、五權憲法、建國方略、建國大綱等全部遺教，都可包括在內。而我們在此處所講的政治建設，比較是採狹義的，卽指普遍所謂『政治』的範圍以內之實際事務，特別是指國家政治機構之建設與運用而言。基此意義，可知建國大綱，就是　總理關於政治建設最簡要切實的寶典，而地方自治開始實行法爲其補充的規定。至於五權憲法，則爲政治建設所要建設的理想制度。」（國父遺教概要）由此可知政治建設就是國家建設，也就是有關國家的機構、法律、制度的建設。一方面要建立中央的法制體系；一方面要完成地方自治的民治基礎。在中央則由國民大會行使統治權，而由五院本五權而各盡其能；在地方則以民政、財政、教育、建設、軍事各種業務爲政治建設的內容。

政治建設與社會建設在訓政時期，大體來說：鄉鎮以下是自治部分，屬社會建設；區以上是縣政部分，屬政治建設。訓練人民行使四權爲政治建設的起點，社會建設是政治建設的基礎；政治建設是以社會建設爲憑藉。

伍、社會建設

㈠社會建設的意義

先總統 蔣公：「社會建設實際就是具體而微的政治建設，條目上和政治建設大同而小異，所不同者其範圍更切近於民眾，其功效更著重於基層。（三民主義之體系及其實行程序）

社會建設以民權初步為主要內容，國父認為：「集會者，實為民權發達之第一步。」（民權初步）在本質上民權初步並不只是講普通開會議的法則，而是實現民權，建立現代社會國家之典範。由一般集會議事的訓練，注重整體合作，養成民眾重紀律、守秩序的習性，從而團結人心，增強民力，使社會成為一個有組織的現代化的社會，奠立建設國家的穩固基礎。

㈡民權初步的由來與基本精神

國父：「中國人因為現在自由太多，發生自由的毛病。」（民權主義第二講）又說：「各人都擴充自己的自由，於是由於太過自由，便發生了許多流弊。」（同上）建設社會，必須羣策羣力，故而國父特別重視會議規則。乃於民國六年，將美國沙德夫人所著婦女參加會議手册，譯為民權初步，供國人集會訓練之依據。

該書對於議事種種法則、方法與程序，均有詳細的說明。其基本精神有：①注意集會秩序與和諧，②會議時有討論溝通表達的自由，③重視成員的平等與會議的公正性，④會議程序合法，⑤遵守民主基本原則，少數服從多數，⑥重視民主的特質，同時多數應尊重少數，避免暴力多數。

㈢民權初步的目的

按先總統　蔣公所指出：「其直接目的當然是要教一般國民能夠熟習這些法則，以完成民權初步的訓練。而且間接的作用，尤在藉此養成一般國民重秩序、守紀律、有組織之習性，從而團結人心，增強民力，發展民權，造成有組織的現代化社會。」（總理遺教六講）

爲應考試之需要，特將民權初步要點於本書之附錄中列入，供參考之用。

陸、經濟建設

㈠經濟建設的意義

經濟建設就是實業計畫的物質建設。澈底了解實業計畫，可知其「爲國家經濟之大政策」（實業計畫自序）。推動實業計畫，可使國家富源得以開發，實業振興，發達生產，增加國家財富，溥利民生。

㈡實業計畫之要項

四大原則　國父主張國家經營事業開發計畫之先，有四大原則必當注意：

1. 必選最有利之途以吸外資。
2. 必應國民之所最需要。
3. 必期抵抗之至少。
4. 必擇地位之適宜。

十大綱領　實業計畫以如何發展中國實業，以及如何使得國際共同合作推動實業計畫，以解決世界三大問題。分而言之，如下列十項：

1. 交通之開發。
2. 商港之開闢。
3. 鐵路中心及終點，並商港地，設新式市街，各具公用設備。
4. 水力之發展。
5. 設冶鐵製鋼，並造士敏土之大工廠，以供上列各項之需。
6. 礦業之發展。
7. 農業之發展。
8. 蒙古、新疆之灌溉。
9. 於中國北部及中部建造森林。
10. 移民於東三省、蒙古、新疆、青海、西藏。

六大計畫

1. 第一計畫　開發北部富源，以北方大港為中心。
2. 第二計畫　開發中部富源，以東方大港為中心。
3. 第三計畫　開發南部富源，以南方大港為中心。
4. 第四計畫　鐵路建設。
5. 第五計畫　民生工業。

6.第六計畫 開發礦業。

㈢實業計畫與國防

實業計畫不僅以實現民生主義爲目的，而且是實踐民生與國防合一的國家經濟建設。先總統蔣公：「實業計畫與國防計畫，根本是一體兩面，不能分離的東西。」（總理遺教六講，第三講）「總理實業計畫這部書所定出來的東西，都是發展國計民生最切要的根本企圖，明白的指示了我們達成這個目的方針和具體方法，而且就開港築路以及設置食、衣、住、行物料的各種工廠的內容看起來，實在又是一部極精密的國防計畫」（同上）港口在平時作商港，戰時就是軍港；鐵道分區建設，就是國防經濟區之設立；鐵路系統，有直線的有環狀的，其中心點就是國防上軍事根據地；西北與高原鐵路系統，在軍事價值上大於經濟利益；蒙古、新疆之移民，一方面爲經濟上開墾，另一方面也是爲了實邊。以上種種，都在在說明了實業計畫是國防經濟計畫的基礎，民生與國防合一的明證。

㈣實業計畫與三大戰爭及二種革命

「世界有三大問題，卽國際戰爭、商業戰爭與階級戰爭是也。」（實業計畫）又自機器發明以來，產生兩種革命：一爲工業革命，二爲社會革命。 國父欲藉實業計畫之實現，在於「利用此絕無僅有之機會以謀世界永久和平之實現也。」（同上）「可以消滅現在之國際商業戰爭與資本戰爭，最後且可消除今後最大問題之勞資階級戰爭。」（同上）「中國兩種革命，必須同時並舉。」而以「外國之資本主義，以造成中國之社會主義。」（同上）

㈤實業計畫中的資本、人才與技術問題

國父說：「㈠我無資本，利用外資。㈡我無人才，利用外國人才。㈢我無良好方法，利用外人方法。」（批撥外人承辦鐵路之利益）此外 國父認爲借用外資應注意：

1.主權操之在我： 國父「惟只可利用其資本人才，而主權萬不可授之於外人，事事自己立於原動地位，則斷無危險。」（演講，廣西善後方針）「惟發展之權，操之在我則存，操之在人則亡，此後中國存亡之關鍵，則在此實業發展之一事也。」（實業計畫）

2.必須用於興利之事： 國父認爲借外資用於興利之途，則外人必樂於投資，「借外資以營不生利之事則有害，借外資以營生產之事則有利。美洲之發達，南美、阿根廷、日本等國之勃興、皆得外債之力。」（實行社會革命）

補充資料

臺灣爲什麼未列入實業計畫？

臺灣之高雄、基隆等港，都是具有良好條件的優良港口，應可列入二等港，因當時臺灣被日人佔領，不便列入。又如：山東之青島與廣東之湛江亦皆爲優良港口，前者原爲德人所佔領，後者是法人勢力範圍，故均未列入。俟我統一中國後，自當重行評估。

作業題

㈠建國方略內容與擴充之經過，試略述之。

(二)試述心理建設的意義與範圍。
(三)試述倫理建設的意義與範圍。
(四)試以先總統　蔣公觀點解釋「五倫」。
(五)試述政治建設的意義以及與社會建設之差異。
(六)試述社會建設的意義與內容。
(七)民權初步的由來與基本精神爲何？
(八)實業計畫的四大原則、十大綱領與六大計畫爲何？
(九)實業計畫與國防的關係爲何？
(10)　國父在借用外資方面，曾強調注意何事？
(二)實業計畫之實現，何以能消弭三大戰爭？試以　國父論點敍述之。

第三節　三民主義統一中國

本節包括：(一)三民主義的建國目標，(二)五項現代化建設之內涵，(三)三民主義統一中國之理念，(四)如何以三民主義統一中國。

壹、三民主義的建國目標

先總統　蔣公在我們建國的精神志節和建國的目標方略的講詞之中，提示出建國各階段的目標與有系統的條目以及實施步驟，勾勒出建國的輪廓：

㈠遠程目標

弘揚三民主義於世界；

實現禮運大同的政治境界；

保障全人類永久的自由、和平、福祉。

㈡中程目標

實現三民主義於全國；

達成民族獨立，民權平等，民生康樂的境域；

儲備科學人才，提高教育質量，作育現代國民，建立現代社會；

使中國躋於有進而無退，一治而不復亂的境界。

㈢近程目標

進一步擴建三民主義模範省；

隨軍事進展，推行以三民主義爲中心的戰地政務；

徹底摧毀匪僞組織，徹底消滅共產餘毒，徹底實現三民主義；

從頭做起，重新建設，奠立人民現代生活的基礎，預防共匪死灰復燃的禍因。

貳、五項現代化建設之內涵

先總統　蔣公認爲：「三民主義新中國的建設，必須先經由現代化政治、現代化的經濟、現代化教育、現代化社會和現代化生活的建設，才能確實植基。」（復國建國方向的實踐）此外，先總統　蔣公在講「我們復國的精神志節和建國的目標方略」時，除了上列四項現代化項目，另外加入「現代化國防」一項，作爲加強復興基地三民主義建設的指針。

㈠現代化政治

現代化政治的潮流趨向民主與自由。貫徹有組織的民主與有紀律的自由。以地方自治與基層建設入手，達到政府有能，人民有權的全民政治。

㈡現代化經濟

以均富與互助爲目標。初期以農業建設爲重點，安定農村，支持工業發展，來發展工業，促進農業。並以開發交通、闢地利、均供求，以期貫徹利用、厚生、正德，以養育、保健爲主的民生經濟。

㈢現代化社會和現代化生活

以矯正農業社會散漫落後的習性和工業社會近利競爭的失調。以育樂兩篇的構想爲藍圖，以實踐新生活的要求爲生活規範，務使精神物質層面得以調和，均衡發展。

㈣現代化教育

恢復固有的民族精神的倫理教育，以德、智、體、羣四育並重與文武合一的教育，培養術德兼修的青年。

㈤**現代化國防**

現代的總體戰，除去科學以外，要注重國防政策，以全面動員，整體配合爲著眼，務使國防與民生合一，始能發揮整體戰力。此外，國家武力應與國民相結合，亦是現代化國防要求。

中華民國政府與民眾，在復興基地上，按既定政策與目標，在安定中求進步，三十多年來從事國家現代化建設，已經成功的展示出繁榮、進步、安和與均富的成果。

叄、三民主義統一中國之理念

㈠**三民主義優於共產主義**

在理論上：

1. 民生史觀勝過唯物史觀。
2. 社會經濟利益調和說（社會互助論）勝過階級鬥爭論。
3. 社會價值論優於剩餘價值論。
4. 民族平等的民族主義優於共產國際主義。
5. 政治平等的民權主義優於共產極權主義。
6. 經濟平等的民生主義優於共產奴工主義。

在實際表現上：

1. 政治方面：三民主義的全民政治優於階級專政。
2. 經濟方面：三民主義的公私並存經濟優於集體統制。
3. 社會方面：三民主義的開放性的社會優於閉塞封建。
4. 教育方面：三民主義的平等與人性的教育優於階級性與工具性。

三民主義救中國，而共產主義禍害中國，經過半個多世紀以來，特別是近三十多年來，海峽兩岸的中國人，可說是一場競爭與實驗，更證明三民主義的完美。今天在復興基地的中國人所享受的豐衣足食與安和樂利的生活，是中華民族五千多年歷史上所未有的盛世，與中共統治下的大陸是饑餓、貧困、奴役、鬥爭恰好成爲鮮明的對比。這就是三民主義優於共產主義，也是中華文化的勝利與馬列共產邪說的徹底失敗。

㈡共產主義的徹底失敗

馬克斯的共產主義是以解決資本主義國家的社會問題爲著眼，以階級鬥爭爲手段，推翻資本家爲基礎的社會，解放勞工。但是，在資本主義最發達的英、美等國家，不但沒有發生馬克斯預料的資本主義社會的崩潰，反而在工業落後的蘇俄、中共、越南、古巴，這些以農業爲基礎的地區發生，這可能是馬氏始所未料的結果。

在實行共產主義的地方，沒有一個國家的政治是民主的，社會是和諧而安全的，經濟會不要排隊又不虞匱乏。在歐洲的東德、蘇俄，以及華沙各國比諸西德、北大西洋各國相差甚遠；在亞洲的北韓、中共更無法與南韓、中華民國相匹敵。以上種種事實均足以證明，共產主義由於舉世共棄，而被扔進歷史的灰燼，是朝夕之間的事了。

(三)三民主義的實現於中國是歷史任務

國父創立三民主義，推翻滿清，建立亞洲第一個民主共和國，先總統 蔣公繼承遺志，領導國民革命，消滅軍閥，完成北伐。抗日軍興，浴血八年，終於獲得最後勝利。復興基地，實施三民主義建設，成效普獲舉世讚譽，更爲大陸人民所嚮往。蔣故總統經國先生遺囑，亦以實行三民主義統一中國爲最後對全國上下的期望。因之，統一中國唯一的道路是在於全中國實行三民主義。也是當前海內外全體中國人共同一致的心願，同時也是解決中國問題的唯一道路。這也是中華民族的歷史任務——消滅共產主義，建立三民主義的新中國。

肆、如何以三民主義統一中國

1. **加強基地各項建設爲三民主義模範省**：三十多年以來，政府以三民主義爲原則，從事基地各種建設，成果輝煌，這完全以本土化的方式，所獲得成功的經驗，足可爲重建大陸之藍圖。因此，「建設臺灣與統一中國是不可分的。惟有建設臺灣，才能以三民主義統一中國；也惟有以三民主義統一中國，才能使臺灣永遠保持安定與進步。」（蔣故總統經國先生講詞：「堅苦卓絕，繼往開來」）

2. **堅持三民主義**：奉行三民主義，爲反共、復國、統一、建國之南針。因三民主義是舉世唯一能克制共產主義的武器。無論在理論上或是實際上都業經證明三民主義的優異特質。這不僅是意識型態上的優異性，而且在與實際相結合更能顯示其獨特可行體系。對共產主義思想以及制度，都足以致命的打擊與批判，而立於不敗之地。也是建設三民主義新中國的指針與保證。

3.對大陸的號召與行動：蔣故總統經國先生認爲中國之統一原則：「重建大陸，必以中華文化爲基，以民眾爲本，依據臺灣復興基地三民主義建設的藍圖，爲未來的中國長治久安，奠定一個民族獨立、民權平等、民生樂利的制度。」（中國之統一與世界和平）

一個統一的中國，我們的奮鬥目標是：

統一的中國，必須是眞正獨立之中國。

統一的中國，必須是眞正民主之中國。

統一的中國，必須是眞正平等之中國。

統一的中國，必須是自由之中國。

統一的中國，必須是均富之中國。

統一的中國，必須是開放之中國。

統一的中國，必須是和平之中國。

統一的中國，必須是法治之中國。

根據三民主義的原則，作各項建設的政策如下：

「在政治上，秉持天下爲公的精神，把中華民國憲法帶回大陸，全面推行民主憲政，根除極權獨裁和階級專政的遺害，切實做到國是決之於公意，政權歸屬於全民，法律之前，人人平等。

在經濟上，秉持自由企業的理則，保障私有財產，維護就業自由和私人經濟活動，使生產者享有經營的所得，提高國民生活素質，促進國民經濟與國家整體利益的調和發展，讓貧窮落後永遠成爲歷史名詞。

在社會上，一本機會均等原則，取消共產制度下的特權階級，廢除下放勞改以及一切加於思想和身分的禁錮，讓中國大陸同胞的善良人性復活，使社會充滿自由、開放、和諧的朝氣和活力。

在文化教育上，以培養民族意識爲基礎，採兼容並蓄、創新融和的精神，獎勵學術自由，擷取世界文化菁華，弘揚傳統倫理道德，使中華文化萬古常新。

在對外關係上，本平等互惠原則，恪盡國際義務，並歡迎國際合作，相扶相助，在尊重主權的基礎上，促進發展，維護和平，使共產主義的「革命輸出」永成歷史陳跡。」（同上）

中國的富強，以及世界的和平，只在共產主義的暴政被消滅之後，以三民主義統一中國，才能實現，也只有三民主義統一的中國，才能根絕世界被赤化的禍患，人類的和平與福祉，才能有所保障。

作業題

㈠三民主義建國遠、中、近程目標爲何？

㈡現代化建設內涵爲何？試略述之。

㈢三民主義統一中國之理念爲何？試略述之。

㈣三民主義現階段歷史任務爲何？

㈤三民主義統一中國的實踐，我們對大陸的號召與行動有那些？

第四節　弘揚三民主義於世界

本節包括：㈠舉世困擾的三大問題，㈡中西文化的融合與創新——解決之道，㈢三民主義新世紀的展望。

壹、舉世困擾的三大問題

自十八世紀以來，到二十世紀的現在，世局混亂情形，有增無已，國際局勢既無道義，亦無是非標準，一切惟強權，原有的價值觀，已被摧毁，既有的秩序亦蕩然無存。造成了政治、經濟、社會與民族上的全面不平等。大致不出下列三個問題的範疇。

1. 民族主義方面的族國主義與帝國主義的問題。
2. 民權主義方面的民主主義與極權主義的問題。
3. 民生主義方面的資本主義與共產主義的問題。

三大問題，構成今日世界問題的經緯，民族間的鬥爭。政治運動彼起此落，爭民主反專制、反獨裁。貧富懸殊造成社會階級的不平，進而發生鬥爭，由經濟問題變成社會問題、政治問題，發生爭執，繼之啟發戰爭，世界各地戰禍頻仍，甚至同一民族，因生活方式與政治理想的不同，發生戰事，輾轉循環，觸角所及，烽火四起，無不與此三大問題直接相關，世界第一次與第二次大戰，以及中共竊據大陸、韓戰、越戰、南非種族動亂、阿富汗的蘇俄入侵、菲律賓的政局動盪、南韓的總統選舉與學潮迭起、乃至兩伊戰爭，以及以色列在中東的戰爭，其根本原因，均在於此。如今欲解決此三大問題，惟有三民主義大行於天下之時，始能直透問題核心，順利解決，亦是世界人類希望所寄。

貳、中西文化的融合與創新——解決之道

「西方文化的長處在於科學方法，中國文化的長處在於合理的人生觀，吾人希望二者能夠逐漸合而為一。」（羅素語）在世界的局勢長久混亂的情形之下，歷史學家湯恩比認為：「得救之道存乎尋求一個中間路線。」國父：「三民主義，實在是集合古今中外底學說，順應世界潮流，在政治上所得的一個結晶品。」（三民主義的具體辦法）又說三民主義：「有因襲我國之固有思想者，有規撫歐洲之學說事蹟者，有吾所獨見而創獲者。」（中國革命史）如何融合東西文化，創造出符合世界潮流的新理想，來解決世界混亂，重建合理的理想世界。

1.民族主義：主張民族平等、解放被壓迫的世界弱小民族、實施民族自決、濟弱扶傾、民族同化、王道精神等，才是解決世界民族問題最合理可行的途徑。

2.民權主義：主張民權潮流不可遏止、創革命民權、以直接民權代替間接民權、力倡權能區分、萬能政府、專家政治等具體辦法，才能遏阻極權專制的暴政，實現主權在民的理想政治。

3.民生主義：反對資本家壟斷、主張節制私人資本、提倡國營事業、發達國家資本、務須實現均富政策、加強照顧老、弱、婦孺，防止貧富懸殊，唯有實現民生主義的各項政策，才能免除資本主義與共

產主義加諸人類社會的禍害。

三民主義的實現，合民族、民權、民生三大問題，一舉解決。因爲三民主義是集合中國固有優良傳統，可以補正西方現實主義、競爭近利，趨於極端的偏失，但對於西方文化中優良政治制度與科學器用，則予以充分運用。如此以兼容並蓄的態度，截長補短，成爲最好之新世界建立的藍圖。「使地球上人類最大之幸福，由中國人保障之，最光榮之偉績，由中國人建樹之，不止維持一族一國之利益，並維持全世界全人類之利益焉！」（國父：五族協力以謀全世界人類之利益。）

叁、三民主義新世紀的展望

國父的三民主義融合了東、西的思想及優良制度，因此，三民主義的實現，一定能夠達成大同世界的理想，進而以三民主義的新中國爲基礎，促進天下爲公的大同世界。所以國父說：「我們想造成一個完完全全的新世界，一定要用三民主義來做建設這個新世界的工具。大概的講，就是要把民有、民治、民享三個主義一齊實行。」（三民主義爲造成新世界之工具）並認爲：「用固有的道德、和平做基礎去統一世界成一個大同之治。」（民族主義第六講）對於理想的新世界，國父主張：「在吾國數千年前，孔子有言曰：『大道之行也，天下爲公。』如此，則人人不獨親其親，人人不獨子其子，是謂『大同世界』，卽所謂『天下爲公』」（民族主義第六講）大同的理想：

「大道之行也，天下爲公。選賢與能，講信修睦，故人不獨親其親，不獨子其子，使老有所終，壯有所用，幼有所長，矜寡孤獨廢疾者皆有所養，男有分，女有歸。貨惡其棄於地也，不必藏於己；力惡其不出於身也，不必爲己。是故謀閉而不興，盜竊亂賊而不作，故外戶而不閉，是謂大同。」

而近年來世界各國所發生的問題，多不出 國父三民主義的範圍，而解決政策，又均趨向三民主義而多能吻合，如兩次世界大戰以後，弱小民族，紛紛獨立，合於民族自決的主張，又聯合國大會，不論大、小，一票等值，合於民族平等。各國政治，多採取民主憲政，合於民權主義，行政權之擴大，專家政治，全民參與合於權能區分主張與直接民權的理念。又總體經濟理論與福利國家普遍受到重視，完全合於民生主義。事實斑斑可考，足證二十世紀是三民主義的世紀。

作業題

(一)舉世困擾的三大問題爲何？

(二) 國父解決此三大問題的主張爲何？

(三)三民主義的理想大同世界爲何？

附錄一：建國的步驟

先總統 蔣公在上面三個目標之後，還講到建國的步驟，茲附錄如後。

1. 新的教育——新的國民——新的鄉村——新的社會——新的國家（由內而外，逐層發展）。
2. 從民生安定的基礎上，實現健全的民主憲政（亦即由光復初期的軍法之治，兼行地方自治，並達成憲法之治）。

3.由戰地政務的管、教、養、衛，到全民政治的民有、民治、民享（亦即由金馬地區的政治形態，進於臺灣地區的政治形態，再進而促致三民主義倫理、民主、科學的全部實現）。

附錄二：自由安全社會的藍圖

先總統　蔣公論未來自由安全社會的藍圖說：「我們從大同與小康兩個階段社會來比較研究，即可知民生主義的建設乃是從小康進入大同的階梯。我們革命建國的事業要踏著這一階梯向前進步，就可以到達自由安全社會即大同世界。在這自由安全的社會裏，『法定男子，五六歲入小學堂，以後由國家教之養之，至二十歲為止，視為中國國民之一種權利。學校之中備各種學問，務令學成以後，可獨立為一國民，可有參政自由平等諸權。二十歲以後，當自食其力，五十歲以後，年老無依者，則由國家給與養老金。如生子多而無力養之者，亦可由國家資養。此時家給人樂，則中國之文明康樂，不僅與歐美並駕齊驅而已。』　總理這一段話，就是我（　先總統自稱）補述民生主義育樂兩篇的藍圖。我們今日必須依照這一個藍圖，來設計，來實施，來完成　總理所遺留給我們的民生主義社會建設的使命。」這裏雖然標明為民生主義育樂兩篇的藍圖，也就是三民主義未來理想社會的藍圖，也就是大同社會的輪廓。

國父所期求的大同社會，不是專為一國的，乃是為全世界人類著想的。他曾說：「主張大同，使地球上人類最大之幸福，由中國人保障之，最光榮之偉績，由中國人建樹之，不止維持一族一國之利益，並且維持全世界全人類之利益。」（五族協力以謀全世界人類之利益）

附錄三·三民主義爲反共的思想武器

三民主義既是復國建國的指導原則，也是反共的思想武器。

思想武器有利鈍之分，亦就是有深淺之不同。推翻滿淸，以「驅除韃虜，恢復中華」爲口號足矣；討袁護法，以「維護約法，保障民國」爲口號足矣；北伐可以「打倒軍閥及其所賴以生存之帝國主義」爲號召；抗戰可以「反抗侵略，打倒日本帝國主義」爲號召。至於反共抗俄的思想武器則比較要深刻而廣泛。爲什麼呢？因爲馬克思主義本來就很複雜，加上了列寧以及毛匪的邪說和惡行，那就更複雜了。

馬、列共產主義的主要內容爲：⑴辯證唯物論，⑵唯物史觀，⑶階級鬥爭論，⑷剩餘價值論（資本論），⑸唯物辯證法，⑹「工人無祖國」與國際共產主義。至於其演變的事實，則有：⑺暴力統治的極權主義，⑻經濟剝削的共產主義，還可加上⑼赤色帝國主義與新殖民主義等。內中含有哲學、政治學、經濟學、主義和政策等。現代的美國或其他民主國家，多未將哲學、政治學、經濟學、主義、政策等組成一條鞭以對付馬、列共產主義，尤其是哲學。因爲西方國家往往把哲學置於政治實施之外，許多政治領導人物多不注意哲學，對於唯物論與辯證法用作思想武器，不僅無法對付，甚至於無法瞭解。惟有我們的　國父思想加上　先總統言論與學者們數十年的闡揚與研究的結果，今天在中華民國的學說言論界已經造成一套理論與政策，可以對付並打擊馬、列共產主義，茲分列如下：

㈠以民生史觀打擊唯物史觀；

㈡以社會互助論（經濟利益相調和說）打擊階級鬥爭論；

㈢以社會價值論打擊剩餘價值論；

㈣以科學方法打擊唯物辯證法；

㈤以心物合一論打擊辯證唯物論；

㈥以民族平等的民族主義打擊共產國際主義——赤色帝國主義；

㈦以政治平等的民權主義打擊暴力政治的極權主義；

㈧以經濟平等的民生主義打擊經濟剝削的共產主義。

此外，還有：⑴以耕者有其田的土地政策打擊陷人民於赤貧的「人民公社」，以公私財產並存制打擊完全公有（或稱官有）的財產制，以公私營並存的經濟制度打擊取消私營的公占制度，以中華文化復興運動打擊破壞中華文化的「文化大革命」，以機會平等的教育制度打擊祇認階級不認才智的階級教育制度，以自由生活方式打擊奴役生活方式等等。

以上我們所有破馬、列共產主義的一套思想武器，不僅可以運用於中國，而且可以運用於世界，世界有心防共或反共的愛好自由民主國家，都亟應選用這一套有力的思想武器。（見周世輔著國父思想新論，三民書局出版）

民國五十四年印度小甘地來臺訪問之後，對蔣緯國先生及他人都說：「走遍全世界惟有你們自由中國，才有一整套打破共產主義的理論與政策。」可謂知音。

附錄四：民權初步要點（會議常識）

民權初步一書，計五卷二十章，對集會議事的法則闡述甚詳。此書乃集會議事之實用法則，非一般理論性之著作，誠如　國父所云：「此書譬之兵家之操典，化學家之公式，非瀏覽誦讀之書，乃習練演試之書也。若以瀏覽誦讀而治此書，則必味如嚼蠟，終無所得，若以習練演試而治此書，則將如啖蔗，漸入佳境，一旦貫通，則會議之妙用，可全然領略矣。」（民權初步，自序）。由此可知民權初步乃實踐之書，非專言理論之書。下面分爲：㈠臨時集會與永久集會，㈡動議與附屬動議，㈢討論及修正案，㈣表決與復議。（註：參考會議規範增加了一點）

㈠臨時集會與永久集會

㈠集會

所謂集會，須「三人以上而循有一定之規則者，則謂之會議。」會議有三種：「其一臨時集會，爲應付特別事而生者。其二委員會，乃受高級團體之命令而成，以審查所指定之事，而爲之解決，或爲之籌備者。其三永久社會，爲有一定目的而設者。」

㈡臨時性之集會

臨時性之集會方法如下：

1.須先發通告。說明集會之目的及時間地點。通告方式有口傳、書面通知、報上刊登廣告，或標長紅於通衢，擇其一即可。

2.定開會秩序（即程序）。屆時會衆齊集，即按程序進行。

3.選舉主席以及書記（記錄）。開會之始，請大衆就秩序，即選舉主席以及書記。而後，按提名之先後逐一表決之。

4.主席主持開會。除宣佈開會之目的以外，例皆先請會衆通過議事程序，然後按程序進行報告、討論、選舉等事項。委員會之集會與上同。若高級團體委任委員之時，已選定其主席，則開會時不必再選，否則於開第一次會時，由委員中互選之。書記一職，雖有時選用，而主席常可兼之。

㈢永久性之集會

永久社會之成立法如下：

⑴依臨時集會法開第一次會議，訂立章程規則，並選舉常任職員。

⑵團體成立後，會中職員，即依照所定之規則進行工作。

凡會議必有其程序與額數；會議之程序為：

1. 宣讀開會。
2. 宣讀上次紀錄並認可之。
3. 宣布開會宗旨。
4. 報告。
5. 選舉。
6. 討論：包括前會指定之事，前會未完之事，新生事件，本日計畫之事。
7. 散會。

至於開會額數，臨時會不發生額數問題普通以過半數為合法數（另有規定者例外），到會足額方能開會。開會後之缺額，須經過會員之動議點明證實，即宣布散會，或改開座談會，其決定事項可提下次會討論通過。

㈣會員之權利與義務：

1. 會長（主席）有維持秩序集中公意之義務。
2. 會長有發言權、投票權、及處決秩序爭點權，但發言須請人暫代主席。

3. 會員有協助會長維持秩序，並且持友恭態度而討論的義務。

4. 會員有發言、表決、選舉之權利。

5. 副會長遇會長缺席有代理之權。

6. 書記有記錄當場重要言論及正式議案，並通告委員被委任事之義務。

(二)動議與附屬動議

(一)動議

議場每行一事，其手續有三，即動議、討論、表決。此三者乃一線而來，無論如何複雜之程序，皆以此貫之。

動議爲對事體處分之提案。

1. 動議之手續

甲、會員起立呼主席，求得發言地位。

乙、主席起立，承認發言。

丙、會員發動議畢即坐下。

丁、主席接述其動議，或更徵求附和動議。

戊、付討論。

己、表決後宣布結果。

2. 動議詞句尙簡明。

3. 投票時不能發動議。

4.動議既經主席接述後，非全體一致，本人不能隨意收回之。

5.主席必要時將動議分段表決之。

㈡附屬動議

在討論進行之中有附屬動議發生，附屬動議有七種，其處理表決之優先順序，則按：

1.散會議。

2.擱置議。

3.停止討論議。

4.延期議。

5.付委議。

6.修正議。

7.無期延期議。

散會、擱置、延期之目的，在緩遲行動。停止討論之目的，在催促行動。付委、修正之目的，在整備及改變。無期延期之目的，爲最後之廢置。散會動議並非毫無限制，在會員得地位發言之時；在進行表決之時；表決停止討論之時；在散會動議才否決後而無他事相間者，均不得提出散會動議。延期動議有兩種：即定期延期，無定期延期。前者所以愼考動議，後者則求打消動議，故定期延期不能改爲無期延期。

㈢討論及修正案

㈠討論

討論之一般規則如下：

1.由會員動議而經主席接述，方能開始討論。

2.以「非待會員發言一遍，不准一人發言兩次，及規定每人發言時間」以限制冗論。

3.在二會員以上競爭發言難辨先後時，主席得逕允許離座最遠而不常發言者發言。

4.取得發言權後，如遜讓他人發言，則卽喪失其已取得之發言權。

(二)停止討論

為防止纏綿之討論，而有停止討論之動議，其處理方法如下：

1.此動議既發，經主席接述，當立時停止討論以表決之。

2.此動議本身之討論，普通以十分鐘為度。

3.此動議由三分之二會員通過之。

4.此動議表決後，原行討論之問題，得立行表決之。

5.此動議外，尙有定時停止討論之動議。

(三)修正案

在討論過程中有修正案之發生，修正之作用在於改良所議之事件，故修正案須以與本題有關係者為限。修正案之方法如下：

1.修正有三法如左：

甲、加入字句。

乙、刪除字句。

丙、刪除一部分而加入他部分以代之。

2.加入字句須有新穎意義，若經否決，不得再有同樣動議。

3.語句表決刪除後，除非經復議手續，不能再行加入。語句否決刪除，則所擬刪除各字，得以確立。

4.一修正案不許加入或刪去「不」字，而使動議之意義適成反面。

5.刪除與加入，不得分爲兩案，否決原語必當十分確定。

6.其它尚有刪去全案而以新案代之者。

7.除非爲修正案之修正案，同時只接受一個修正案。

8.先表決修正案而後表決原案，若有第一第二修正案，則先表決第二、次第一、末原案。又散會、擱置、抽出、停止討論、延期各動議，不受修正。

(四)表決與復議

(一)表決

表決方式有用聲表決、舉手表決、起立表決、分兩部表決、點名表決、及投票表決六種。但普通集會，宜只採一、二種。惟拍掌不得用作表決。表決必須正反兩面俱呈，經過主席宣布結果，乃云決定。表決後如發生疑問，有人要求複表決時，而表決的結果，爲正反兩面同數的話則爲打消（否決），不是保留，因爲要求者未獲得過半數。

(二)復議

1.復議動議只可發表於同時或下期會，兩會期後，不能再發。若發於同時，可以立卽開議，又可由決議及表決延至下期開議。若發於下期，必當立時開議。但兩者皆無立時決斷之必要。

2.復議發於同時，則正反兩方人均可提出，發於下會期，只有表決得勝方面的人，乃可提出。

3.復議本身之討論，亦以十分鐘爲限。

4.復議之限制：散會、擱置、停止討論、付委、復議、申訴、選舉及投票等表決，皆不得復議。又表決案已執行者，亦當然不得復議。

(五)權宜及秩序問題

(一)權宜問題

所謂權宜問題，乃有關於在場之額外事件，常起於關乎全會自身之權利，或個人自身之權利。如「十數年前在美國元老院發生一好先例，當秘密會議之時，疑有報館訪員藏於院閣之傍聽座，此爲侵犯元老秘密會議之權利也。於是一元老提出權宜問題，而設法驅逐記者外出。其他之例，例如忽而燈光熄滅，或空氣不通，或有人擾亂會場秩序，或有會員卽有遠行而欲速於言事，或報告而求優先權利者是也。」

權宜問題不屬動議，而超乎各動議之前，能間斷一切事件，並奪去正在發言者地位，須待此問題解決之後，當議事件，方能復原。而事件復原之時，當由間斷之點繼續再議。

權宜問題之順序，駕乎秩序問題之前。其判定是否爲權宜問題之權，操於主席。若主席以爲否，而提者不服，可訴之於衆。若以爲是，則隨有動議，將事提出於衆，以備討論。或屬於特別事件，則不待動議，而主席自行將事處分之。權宜問題動議，須卽時討論，但非必卽時表決，亦猶乎他種動議，可以擱置、延期。

(二)秩序問題

所謂秩序問題，在直接關係當議之事件，而有所改正，或完備其進行之手續者。如「言語離題，或動議不當其序，或論及個人，或破壞議法，皆其類也。」即無論會員或主席，有破壞會議秩序，違背議法者，即發生秩序問題。除權宜問題外，非待秩序問題解決，不能復原討論。秩序問題之判決權，亦操之主席，有不服者，可以申訴，惟此問題初不付討論，不呈表決，有人附和，主席即須接受，取決於衆，若表決得同數票，即維持主席之判決。因爲反對主席者未獲得過半數。

附錄五‧實施耕者有其田條例要點

民國四十二年一月廿六日總統令公布全文卅六條
民國四十三年二月廿二日總統令公布修正第十六條
民國四十三年十二月廿四日總統令公布修正第廿八條

第二章　耕地徵收

第八條　左列租耕地，一律由政府徵收，轉放現耕農民承領：

一　地主超過本條例第十條規定保留標準之耕地。

二　共有之耕地。

三　公私共有之私有耕地。

四　政府代管之耕地。

五　祭祀公業、宗教團體之耕地。

六　神明會及其他法人團體之耕地。

七　地主不願保留申請政府徵收之耕地。

第一項第二款、第三款耕地出租人如係老弱、孤寡、殘廢，藉土地維持生活，或個人出租耕地，因繼承而爲共有，其共有人爲配偶、血親、兄弟、姊妹者，經政府核定，得比照第十條之保留標準保留之。

第一項第五款祭祀公業及宗教團體保留耕地，比照地主保留耕地之標準，加倍保留之。但以本條例施行前原已設置之祭祀公業及宗教團體爲限。

第九條　左列耕地經省政府核准者，不依本條例徵收：

一　業經公布都市計畫實施範圍內之出租耕地。
二　新開墾地及收穫顯不可靠之耕地。
三　供試驗研究或農業指導使用之耕地。
四　教育及慈善團體所需之耕地。
五　公私企業爲供應原料所需之耕地。

省政府爲前項之核定，應報請行政院備案。

第十條　本條例施行後，地主得保留其出租耕地七則至十二則水田三甲，其他等則之水田及旱田，依左列標準折算之：

一　一則至六則水田，每五分折算七則至十二則水田一甲。
二　十三則至十八則水田，每一甲五分折算七則至十二則水田一甲。
三　十九則至二十六則水田，每二甲折算七則至十二則水田一甲。
四　一則至六則旱田，每一甲折算七則至十二則水田一甲。
五　七則至十二則旱田，每二甲折算七則至十二則水田一甲。
六　十三則至十八則旱田，每三甲折算七則至十二則水田一甲。
七　十九則至二十六則旱田，每四甲折算七則至十二則水田一甲。

前項保留耕地，由鄉（鎮）（縣轄市）（區）公所耕地租佃委員會，依照保留標準，查實審議，報請縣市政府耕地租佃委員會審定後，由縣（市）政府核准之，耕地租佃委員會爲審議或審定時，得視土地坵形百分之十以內之增減。

地主不願保留耕地時，得申請政府一併徵收之。

第十一條　地主如於出租耕地外兼有自耕之耕地時，其出租耕地保留面積，連同自耕之耕地合計，不得超過前條保留標準。但兼有耕地面積已超過前條標準者，其出租耕地不得保留。

第十二條　本條例施行之日起一年後，現耕農民承買第十條規定地主保留之耕地時，得向政府申請貸款，其貸款辦法，由省政府擬訂報請行政院核定之，地主保留之耕地出賣時，現耕農民有優先購買權。

購買地價由雙方協議，協議不成，得報請耕地租佃委員會評定之。

第十三條　被徵收耕地範圍內，現供佃農使用收益之房舍、晒場、池沼、菓樹、竹木等定著物及其基地，附帶徵收之。

前項定著物及其基地之價額，由鄉（鎮）（縣轄市）（區）公所耕地租佃委員會評估，報請縣（市）政府耕地租佃委員會議審定後，層報省政府核定之，其價額併入地價內補償之。但原有習慣，土地買賣時定著物不另計價者，從其習慣。

第十四條　徵收耕地地價，依照各等則耕地主要作物正產品全年收穫總量之二倍半計算。

前項收穫總量，依各縣（市）辦理耕地之三七五減租時所評定之標準計算。

第十五條　徵收耕地地價之補償，以實物土地債券七成及公營事業股票三成搭發之。

第十六條　實物土地債券，交由省政府依法發行，年利率百分之四，本利合計，分十年均等償清。

其發行及還本付息事務，委託土地銀行辦理。

前項債券持券人，免繳印花稅、利息所得稅及特別稅課之戶稅。

第十七條　徵收耕地之程序如左：

一　縣（市）政府查明應予徵收之耕地，編造清冊予以公告，公告期間為三十日。

二　公告徵收之耕地，其所有權人及利害關係人認為徵收有錯誤時，應於公告期間內申請更正。

三　耕地經公告期滿確定徵收後，應由縣（市）政府通知其所有權人，限期呈繳土地所有權狀及有關證件，逾期不呈繳者，宣告其權狀證件無效。

四　耕地所有權人於呈繳土地所有權狀及有關證件或其權狀證件，經宣告無效後，應依本條例規定領取地價，逾期不領取者，依法提存。

依本條例第十三條規定附帶徵收之定著物及其基地，亦依前項規定之程序辦理。

第十八條　耕地經徵收後，其原設定之他項權利，依左列規定處理之：

一　地役權、地上權，隨同移轉。

二　永佃權、典權、抵押權視為消滅，其權利價值由縣（市）政府按耕地所有權人所獲補償總額內，依股票債券之比率，於補償時代為清償。但以不超過該項地價之總額為限。

第三章　耕地放領及承領

第十九條　耕地經徵收後，由現耕農民承領，其依第十三條附帶徵收之定著物及基地亦同。

第二十條　承領耕地地價準照第十四條之規定計算，連同定著物及基地價額，並按周年利率百分之四加收利息，由承領人自承領之季起，分十年以實物或同年期之實物土地債券均等繳清，其每年平均負擔以不超過同等則耕地三七五減租後佃農現有之負擔爲準。但承領人得提前繳付一部或全部，獎勵提前繳付之辦法，由省政府擬定，報請行政院核定之。

第二十一條　放領耕地之程序如左：

一　縣（市）政府查明應行放領耕地之現耕農民，編造放領清册。

二　放領清册經鄉（鎮）（縣轄市）（區）耕地租佃委員會審議，報請縣（市）耕地租佃委員會審定後，由縣（市）政府予以公告，公告期間爲三十日。

三　耕地承領人及利害關係人認爲放領有錯誤時，應於公告期間內申請更正。

四　耕地承領人應於公告期滿確定放領之日起，於二十日內提出承領申請，由縣（市）政府審定後，通知承領人限期辦理承領手續，繳清第一期地價。

五　耕地承租人不按前款之規定辦理者，爲放棄承領。

附錄六：貫徹以三民主義統一中國案

中國國民黨第十二屆全國代表大會通過

三民主義救中國，共產主義禍中國，已由近半個多世紀中國歷史特別是三十一年來海峽兩岸不同的制度與經驗所證明。因此，三民主義爲全中國人民所擁護，共產主義爲全中國人民所唾棄。以三民主義統一中國，乃成爲當前海內外全體中國人一致的心聲；更是中國國民黨全體同志一貫追求的目標與應盡的職責。

中國國民黨第十二次全國代表大會，確認中華民國七十年代是三民主義勝利的年代。爲順應全國同胞的願望，特針對當前情勢，制定「貫徹以三民主義統一中國案」，團結海內外全體中國人共同奮鬥。

㈠三民主義歷史任務

總理首創三民主義，建立民國；總裁繼志承烈，領導國民革命，目的都在以三民主義統一中國，實現中國的獨立、自由、平等。是以憲法第一條，明定中華民國基於三民主義爲民有、民治、民享之民主共和國。

三民主義淵源於中國歷史文化，擷取西方近代思潮之精華，主張：

民族主義，本諸倫理，求國家的自由平等，反對侵略擴張。

民權主義，本諸民主，求政治的自由平等，反對極權專政。

民生主義，本諸科學，求經濟的自由平等，反對集體控制。

三民主義博大精深，解決人類三大問題，畢其功於一役。中共師承馬列邪說，出賣民族，摧殘文化，成爲近六十年來中國一切禍亂的根源，雖屢次誓言服膺三民主義，但事實上却背叛三民主義；表面上標榜國家統一，實際上却破壞國家統一。觀夫中共於北伐、抗戰前後所作之聲明，其言行相悖，可爲佐證。自其竊據大陸以來，更積三十一年來的罪惡，造成政治腐敗、經濟衰退、文化落後、社會混亂；倡言「四化」而貧困日甚，叫囂「安定」而內鬥不已。由此證明共產主義完全破產，共產制度徹底失敗。現在海內外全體中國人唯一的期望，是要中國國民黨盡其歷史責任，將三民主義在臺澎金馬復興基地實踐的成果，光大於大陸，重建自由化、民主化、中國化統一的中國。

㈡三民主義實踐經驗

中國國民黨奉行三民主義，領導國民革命，打倒軍閥，完成統一。民國十六年至二十六年間，雖有中共竄擾破壞，但仍戮力從事國家現代化建設，卓有成就，奠定對日抗戰勝利之基礎。終能擊敗強敵，收復失土，取消不平等條約，恢復我國國際地位之平等。設非中共叛亂，則以三民主義建設現代化統一國家之目標，早已圓滿達成。中華民國政府近三十一年來在臺澎金馬復興基地，實施三民主義建設，成效大著，更爲大陸人民所嚮往。

在政治建設方面：基於中華民國憲法，人民有權，政府有能。地方實行自治，公職人員由公民選舉，國家政策由民意決定，國民享有憲法保障的一切權利與自由，法律之前，人人平等。

在經濟、社會建設方面：基於均富理想，實行耕者有其田，保障人民私有財產，發展公營事業，獎助民營企業，提高工、農生產，推行社會福利，以是人民充分享有食、衣、住、行、育、樂之幸福生活。每人國際貿易額爲大陸同胞的七十倍，國民所得爲大陸同胞的九倍，且分配平均，貧富差距縮小，均富社會的理想得以具體實現。

在文化建設方面：基於民族文化傳統，復興中華文化，實施教育普及，機會均等，使知識與學術水準不斷提高，人才輩出。學者專家、工程科技及企業管理人員皆能自由發展，貢獻其才智於國家建設。近年來在自然科學與人文、社會科學各方面均有創新發明；在文學、藝術、音樂、影劇、舞蹈等方面之創作，亦皆推陳出新；而敦親睦鄰，互助合作的善良風俗，更爲和諧社會展現出一片生動活潑、安和樂利的景象。

今日臺澎金馬復興基地三民主義建設的成就，即爲大陸重光後，國家建設的藍圖。

㈢三民主義統一中國

統一中國唯一的道路是在全中國實行三民主義。本黨應繼續執行第十一次全國代表大會所訂之「反共復國行動綱領」暨「以復興基地建設經驗，策進光復大陸重建國家」兩案，並對中國大陸積極策進下列之號召與行動：

——奉行三民主義，建設自由、民主、均富統一的新中國。

——實行民主憲政，恢復人民依中華民國憲法所應享有的權利與自由。

——復興中華文化，恢復倫理道德，維護家庭制度，建立和諧社會。

——廢除已爲人民唾棄而中共仍繼續堅持的「社會主義道路」、「無產階級專政」、「共產黨領導」、「馬列主義、毛澤東思想」等「四項基本原則」，徹底淸除共產主義流毒。

——廢除顚覆鄰邦、赤化世界的陰謀與行動，以仁愛代仇恨、以互助代鬥爭、以自由代極權、以民主代專政。

——廢除「人民公社」，實施耕者有其田，厲行平均地權，節制資本，保障人民私有財產，使生產成果爲生產者所享有。

——廢除一切壓榨勞工的暴政，維護勞工權益，提高勞工待遇，改善勞工生活。建立現代化生產體系，提高生產力，加速經濟發展；及建立以滿足人民基本生活需要爲優先的生產次序。增加國民所得，徹底改變貧窮落後之現狀。

——廢除一切壟斷經濟的控制與配給制度。恢復自由市場，發揮自由企業精神，實施有計畫的自由經濟制度。保障人民經營農、工、商業及選擇職業之自由。

——廢除下放勞動及以政治成份為升學條件的一切暴政。保障青年升學、就業、婚姻之自由。尊重知識份子人格尊嚴及學術研究之自由，並獎助創造發明。

——推行社會福利措施，取消特權利益，達成均富目標。

——依據「實業計畫」的精神與方針，以及三民主義在復興基地實踐經驗，與國際資本技術合作，共同開發，建設三民主義新中國，促進世界人類福祉。

為貫徹以三民主義統一中國，本黨亟須團結海內外全體中國人共同努力之急務：

——強化三民主義理論與實際相結合之研究，宣揚復興基地實踐三民主義的成果，對共產主義思想制度作全盤深入的批判。

——響應海內外所發動的「勸告中共放棄共產主義運動」，喚醒中共黨員，放棄共產主義思想及其制度，體認惟有走三民主義的道路，才是中國現代化的光明大道。

——加強三民主義思想登陸，大量製作三民主義及其與共產主義比較的各種書刊與文物輸往大陸。

——鼓勵中共黨員、幹部、共軍官兵為救國救民起義立功，絕對保證不究既往，並論功升用。

——支援大陸同胞爭自由、爭民主、爭人權、爭生存的反共革命運動，期使三民主義統一中國的行動相結合。

——團結海外僑胞、學人、留學生和所有到達海外的大陸人士，坦誠檢討大陸慘狀之根源與中國應走的正確道路，起而聲討中共罪行，粉碎中共統戰陰謀，鼓勵並支援其加入三民主義統一中國的行列，共同為解救大陸同胞而奮鬥。

中國的富強，世界的和平，只有摧毀共產暴政，以三民主義統一中國才能實現。也只有三民主義統一的中國，才能根絕世界被赤化的禍患；才能與世界上愛好和平民主的國家合作，而互信互助，互惠互利，增進彼此國家與人民之福祉。中國國民黨自當團結海內外全體同胞堅苦卓絕，繼往開來，勇往直前，犧牲奮鬥，以早日完成統一中國的任務。

監獄學	林紀東	著	前臺灣大學
交通法規概要	管歐	著	國策顧問
郵政法原理	劉承漢	著	前成功大學
勞動基準法論	林豐賓	著	臺北市政府參事
勞工安全衛生法 ——概論與實務	林豐賓	著	臺北市政府參事
土地法釋論	焦祖涵	著	前東吳大學
土地登記之理論與實務	焦祖涵	著	前東吳大學
引渡之理論與實踐	陳榮傑	著	外交部
國際私法	劉甲一	著	前臺灣大學
國際私法論	劉鐵錚 陳榮傳	著	司法院大法官 東吳大學
國際私法新論	梅仲協	著	前臺灣大學
國際私法論叢	劉鐵錚	著	司法院大法官
現代國際法	丘宏達	著	馬利蘭大學
現代國際法參考文件	丘宏達 陳純一	編輯 助編	馬利蘭大學 文化大學
國際法概要	彭明敏	著	前臺灣大學
平時國際法	蘇義雄	著	中興大學
中國法制史概要	陳顧遠	著	
中國法制史	戴炎輝	著	前臺灣大學
法學概論（修訂新版）	陳惠馨	著	政治大學
法學概論	劉作揖	著	中華醫專
法學緒論	鄭玉波	著	前臺灣大學
法學緒論	孫致中	編著	各大專院校
法律實務問題彙編	周叔厚 段紹禋	編	司法院
誠實信用原則與衡平法	何孝元	著	
工業所有權之研究	何孝元	著	
強制執行法	陳榮宗	著	臺灣大學
法院組織法論	管歐	著	國策顧問
國際海洋法 ——衡平劃界論	傅崐成	著	臺灣大學
醫事護理法規概論	蘇嘉宏	編著	輔英技術學院
最新綜合六法 要旨增編 判解指引 法令援引 事項引得 全書	陶百川 王澤鑑 劉宗榮 葛克昌	編	國策顧問 司法院大法官 臺灣大學 臺灣大學
最新六法全書	陶百川	編	國策顧問

保險法論（增訂新版）	鄭玉波 著	前臺灣大學
保險法規	陳俊郎 著	成功大學
國際商務契約——實用中英對照範例集	陳春山 著	中興大學
合作社法論	李錫勛 著	前政治大學
民事訴訟法	陳榮宗 林慶苗 著	臺灣大學 銘傳大學
民事訴訟法概要	莊柏林 著	律師
民事訴訟法釋義	石志泉原著 楊建華修訂	文化大學
民事訴訟法論（上）（下）	陳計男 著	司法院大法官
破產法	陳榮宗 著	臺灣大學
破產法論	陳計男 著	司法院大法官
商標法論	陳文吟 著	中正大學
刑法總整理	曾榮振 著	內政部
刑法總論	蔡墩銘 著	臺灣大學
刑法各論	蔡墩銘 著	臺灣大學
刑法特論（上）（下）	林山田 著	臺灣大學
刑法概要	周冶平 著	前臺灣大學
刑法概要	蔡墩銘 著	臺灣大學
刑法概要	黃東熊 著	前中興大學
刑法之理論與實際	陶龍生 著	律師
刑事政策（增訂版）	張甘妹 著	臺灣大學
刑事訴訟法論	黃東熊 著	中興大學
刑事訴訟法論	胡開誠 著	監察委員
刑事訴訟法概要（增訂新版）	蔡墩銘 著	臺灣大學
德國刑事訴訟法	Claus Roxin 著 吳麗琪 譯	
行政法	林紀東 著	前臺灣大學
行政法	張家洋 著	政治大學
行政法之一般法律原則(一)(二)	城仲模主編	司法院大法官
行政法總論（增訂新版）	黃異 著	海洋大學
行政法概要（增訂版）	管歐 著	前東吳大學
行政法概要	左潞生 著	前中興大學
行政法之基礎理論	城仲模 著	司法院大法官
行政法導論	李震山 著	文化大學
少年事件處理法（修訂新版）	劉作揖 著	中華醫專
犯罪學	林山田 林東茂 著	臺灣大學 中央警察大學

三民大專用書書目——法律

中華民國憲法與立國精神	胡佛 沈清松 石之瑜 周陽山 著	臺灣大學 政治大學 臺灣大學 臺灣大學
中國憲法新論	薩孟武 著	前臺灣大學
中國憲法論	傅肅良 著	前中興大學
中華民國憲法論	管歐 著	國策顧問
中華民國憲法概要	曾繁康 著	前臺灣大學
中華民國憲法	林騰鷂 著	東海大學
中華民國憲法	陳志華 著	中興大學
大法官會議解釋彙編	編輯部 編	
中華民國憲法逐條釋義(一)～(四)	林紀東 著	前臺灣大學
比較憲法	鄒文海 著	前政治大學
比較憲法	曾繁康 著	前臺灣大學
美國憲法與憲政	荊知仁 著	政治大學
國家賠償法	劉春堂 著	行政院
民法總整理	曾榮振 著	內政部
民法概要	鄭玉波 著	前臺灣大學
民法概要	劉宗榮 著	臺灣大學
民法概要	何孝元 著 李志鵬 修訂	前大法官
民法概要	董世芳 著	實踐大學
民法概要	朱鈺洋 著	屏東商專
民　法	郭振恭 著	東海大學
民法總則	鄭玉波 著	前臺灣大學
民法總則	何孝元 著 李志鵬 修訂	前大法官
判解民法總則	劉春堂 著	行政院
民法債編總論	戴修瓚 著	
民法債編總論	鄭玉波 著	前臺灣大學
民法債編總論	何孝元 著	
民法債編各論	戴修瓚 著	
判解民法債篇通則	劉春堂 著	行政院
民法物權	鄭玉波 著	前臺灣大學
判解民法物權	劉春堂 著	行政院

三民大專用書書目——國父遺教

三民主義	孫　文　著	
三民主義要論	周世輔編著	前政治大學
大專聯考三民主義複習指要	涂子麟　著	中山大學
建國方略建國大綱	孫　文　著	
民權初步	孫　文　著	
國父思想	涂子麟　著	中山大學
國父思想	涂子麟 林金朝　編著	中山大學 臺灣師大
國父思想新論	周世輔　著	前政治大學
國父思想要義	周世輔　著	前政治大學
國父思想綱要	周世輔　著	前政治大學
中山思想新詮 ——總論與民族主義	周世輔 周陽山　著	前政治大學 臺灣大學
中山思想新詮 ——民權主義與中華民國憲法	周世輔 周陽山　著	前政治大學 臺灣大學
國父思想概要	張鐵君　著	
國父遺教概要	張鐵君　著	
國父遺教表解	尹讓轍　著	
三民主義要義	涂子麟　著	中山大學
國父思想（修訂新版）	周世輔 周陽山　著	前政治大學 臺灣大學

人文科學概要叢書（二）

書名	著作人	現職
經濟學概要	趙鳳培	政治大學教授
經濟思想史概要	羅長闓譯	中興大學教授
國際貿易概要	何顯重	中國國際商業銀行總經理
財政學概要	張則堯	考試院考試委員 政治大學教授
財稅概要	普春化	財政部國稅局法務室主任 中原大學教授
金融市場概要	何顯重	中國國際商業銀行總經理
貨幣學概要	楊承厚	臺灣大學教授 政治大學教授
貨幣銀行學概要	劉盛男	臺北商專教授 東吳大學教授
銀行學概要	林葭蕃	臺灣大學教授
保險學概要	袁宗蔚	政治大學教授
會計學概要	李兆萱	臺灣大學教授 政治大學教授
成本會計概要	童綷	前臺灣大學教授
市場學概要	蘇在山	臺灣大學教授
運輸學概要	程振粵	臺灣大學教授
陸空運輸法概要	劉承漢	交通大學教授
企業管理概要	張振宇	淡江大學教授
社會學概要	張曉春等	臺灣大學教授

大專學校教材，各種考試用書。

人文科學概要叢書（一）

書　名	著作人	現　職
國父思想概要	張鐵君	三民主義研究所所長
國父遺教概要	張鐵君	三民主義研究所所長
中國近代史概要	蕭一山	前政治大學教授
中國法制史概要	陳顧遠	前臺灣大學教授
地方自治概要	管歐	東吳大學教授
中華民國憲法概要	曾繁康	臺灣大學教授
民法概要	何孝元	前中興大學教授
商事法概要	張國鍵	臺灣大學教授
商事法概要	蔡蔭恩著 梁宇賢修訂	前中興大學教授 中興大學教授
土地法概要	陳耀全	竹北地政事務所主任
民事訴訟法概要	莊柏林	臺中高分院推事
刑法概要	周治平	前臺灣大學教授
刑事訴訟法概要	蔡墩銘	臺灣大學教授
行政法概要	管歐	東吳大學教授
國際法概要	彭明敏	
政治學概要	張金鑑	前立法委員 政治大學教授
行政學概要	左潞生	前中興大學教授
各國人事制度概要	張金鑑	前立法委員 政治大學教授
中國吏治制度史概要 （中國文官制度史概要）	張金鑑	前立法委員 政治大學教授
交通法規概要	管歐	東吳大學教授

大專學校教材，各種考試用書。